# 非省会中心城市高等教育的创新之路

## ——基于建设高教强国的视角

于红波　著

中国海洋大学出版社

·青岛·

**图书在版编目(CIP)数据**

非省会中心城市高等教育的创新之路：基于建设高
教强国的视角 / 于红波著. -- 青岛：中国海洋大学出
版社，2025.5. -- ISBN 978-7-5670-4096-0

Ⅰ. G649.2

中国国家版本馆 CIP 数据核字第 2025XG2109 号

**非省会中心城市高等教育的创新之路——基于建设高教强国的视角**
FEISHENGHUIZHONGXINCHENGSHI GAODENGJIAOYU DE CHUANGXINZHILU——JIYU JIANSHE GAOJIAOQIANGGUO DE SHIJIAO

| | | | | |
|---|---|---|---|---|
| **出版发行** | 中国海洋大学出版社 | | | |
| **社　　址** | 青岛市香港东路 23 号 | **邮政编码** | 266071 |
| **出 版 人** | 刘文菁 | | | |
| **网　　址** | http://pub.ouc.edu.cn | | | |
| **电子信箱** | 502169838@qq.com | | | |
| **订购电话** | 0532-82032573(传真) | | | |
| **责任编辑** | 由元春 | **电　　话** | 0532-85902495 |
| **印　　制** | 青岛国彩印刷股份有限公司 | | | |
| **版　　次** | 2025 年 5 月第 1 版 | | | |
| **印　　次** | 2025 年 5 月第 1 次印刷 | | | |
| **成品尺寸** | 170 mm×240 mm | | | |
| **印　　张** | 13.75 | | | |
| **字　　数** | 260 千 | | | |
| **印　　数** | 1—1000 | | | |
| **定　　价** | 69.00 元 | | | |

发现印装质量问题,请致电 0532-58700166,由印刷厂负责调换。

# 序
## PREFACE

　　近年来,伴随着中国式现代化和高教强国建设的快速发展,部分省会城市的高校集体"出走"成了高教圈的"新气象"。作为我国中部的高教强省,湖北省拥有近130所普通高校,其中大部分坐落在武汉。然而,近年来包括部分"双一流"大学在内的多所高校"出走",落户周边非省会城市,呈现出"下沉式"办学浪潮。与此类似的还有江苏省、浙江省、河南省等多个省份,也有一些高校搬离省会城市,到周边非省会城市办学。此类现象不得不引发我们的思考,省会城市资源相对充足、高质量生源吸引力强,为什么越来越多的高校反而迁往非省会城市呢? 这可能是因为非省会城市在办学条件、办学成本、办学环境等方面具有特色优势,也可能是在国家建设高教强国的大背景下,有关省份致力于更好地打造高教强省,鼓励更多的非省会城市,特别是非省会中心城市发挥出其独特的地理、经济和文化优势,与省会城市协同发力,共同承担高教强省的重任。然而,在高等教育资源分配、政策支持等方面,大部分非省会中心城市与省会城市相比仍存在一定差距。因此,如何推动非省会中心城市高等教育的创新发展和区域高等教育均衡,更好地助力区域经济和现代化建设,成为摆在我们面前的重要课题。本书在建设高教强国的视角下,运用文献研究法、个案研究法等方法和"教育内外部关系规律""三角协调模式"等理论,通过梳理历史发展脉络,分析发展背景与愿景,归纳发展特征,探求其中的经验和规律,解析其中的问题及根源,旨在明确非省会中心城市高等教育创新发展任务,构建非省会中心城市高等教育创新发展的理想模式,提出非省会中心城市高等教育创新发展的应对之策。本书的研究创新点主要体现在所研究问题的新颖性、视角的独特性、方法的系统性、内容的典型性、观点的前瞻性,研究成果有助于更加系统、准确地理解和把握非省会中心城市高等教育发展特征与规律,丰富发展高等教育理论,推动非省会中心城市高等教育事业改革创新,加快现代化建设步伐。

非省会中心城市是指省会城市以外、在一定区域的经济社会和高等教育活动中处于中心地位、对周边区域高等教育发展具有辐射引领作用的省辖区域性中心城市。非省会中心城市高等教育是非省会中心城市中的各类高等教育机构及这些机构的活动、政府有关高等教育的政策与活动及主管高等教育的部门、参与高等教育办学的市场力量等方面的有机集合,高校是其中的核心要素。非省会中心城市高等教育的发展历程大致可分为萌芽成长期、调整趋缓期、加速发展期、改革趋稳期四个发展阶段。非省会中心城市高等教育的发展历史与现状,具有多样性、复杂性、成长性、软弱性、失衡性五大特征。

本书剖析了不同理论视角下非省会中心城市高等教育,建构了非省会中心城市高等教育发展的"三维动力"模型,分析了政府、高校、市场三维动力的相互作用机理,聚焦非省会中心城市高等教育创新发展动力的"软弱性"问题,以青岛市高等教育发展为典型案例进行深入剖析,预判我国非省会中心城市高等教育将迎来"创新提升加速期"。非省会中心城市高等教育改革创新的关键一环是对"权"的掌控运用,三维动力同向发力是非省会中心城市高等教育创新发展的必要条件,政府的引领主导又是其创新发展的关键。非省会中心城市高等教育创新发展的理想模式是:政府引领主导有力+高校自为同心聚力+市场参与积极助力。

最后,本书提出了非省会中心城市高等教育未来的创新发展趋势与对策。第一,非省会中心城市高等教育已迈入充满机遇与挑战的新时代,在高等教育强国战略中的历史使命与地位将日益显现。第二,非省会中心城市高等教育发展水平与中国式现代化建设密切相关,其量与质的"双提升"是实现中国式现代化及高等教育现代化的应有之路。第三,非省会中心城市高等教育发展存在非省会中心城市政府经济支撑力与行政推动力弱、高校聚才难与留才难等诸多"软弱性"问题,需引起高度重视并采取有针对性的破解良策。第四,政府引领主导和市场参与推动是非省会中心城市高等教育为之创新的主要动力,而政府引领主导又是发展的关键。第五,给政府"授权增压"、为市场"放权增责"、向高校"赋权增资"是非省会中心城市高等教育创新发展的理想之策。

　　本书虽已完稿,但非省会中心城市高等教育创新发展的研究不会终止。我还会与团队成员一起根据中国特色高教强国改革发展动态在这个领域继续深耕,密切关注非省会中心城市高等教育的发展,探求其革新发展之路,为中国式现代化和高教强国贡献力量。

于红波

于山东石油化工学院主楼

2024 年 8 月 17 日

# 目 录
CONTENTS

# 第一章　绪　论

伴随着中国式现代化和建设高等教育强国的推进,城市高等教育发展越来越受到关注和重视。然而,针对非省会城市高等教育的研究并不多,特别是鲜有把非省会中心城市高等教育作为一个整体对象进行研究。非省会中心城市将是我国推进中国式现代化和高等教育强国建设的关键一环,其高等教育发展水平对支撑和引领城市发展具有重要意义。

## 第一节　研究缘起

中国式现代化建设的持续深入推进,高等教育逐步大众化、普及化、地方化,为非省会中心城市高等教育的发展带来诸多机遇。不少非省会中心城市积极发展高等教育,然而整体上看,非省会中心城市高等教育尚处于"弱势群体"之列,关注度不高,亟须进行系统研究。

### 一、研究背景

建设教育强国,龙头是高等教育。高等教育的龙头地位,是教育体系结构和不同教育类别的职能分工所决定的,是当代经济社会发展需要和科技人才竞争态势所决定的。

2024年10月27日,"高等教育强国指数2024"发布,数据显示,全球高等教育发展区域差异大,美国保持绝对领先,中国逐步与其缩小差距并继续领跑第二方阵;国内高等教育发展不平衡,北京市一枝独秀,上海市、江苏省分列二三名。"高等教育强国指数2024"由中国教育发展战略学会高等教育专业委员会研制,中国人民大学评价研究中心提供数据和技术支撑。据悉,这是全球首个高等教育强国指数,在全球高等教育治理上发出了"中国声音"。同时,今年首次增加了省域版指数的内容,也是国内首个以省域为单位系统评估高等教育发展水平的指数。在此背景下,高等教育发展现状如何、高教强国如何建设、不同类型地市和高校在其中的分工和定位又如何,值得我们深入探究。

### (一)高等教育规模快速发展的"青岛现象"引发关注思考

张德祥在《大学与城市互动发展研究》一文中精辟地阐述了大学与城市的关系。他认为,大学与城市的互动贯穿于高等教育发展的各个历史阶段,一部高等教育发展史可谓一部大学与城市之间互动发展的历史;大学与城市的互动不是一种偶然现象,而是具有内在的必然性;大学与城市的关系在本质上反映和折射的是大学与社会的关系。[1] 总的来说,当今经济社会发展中城市的发展与大学的建设发展密切相关,大学的存在与发展有力地支撑、引领城市经济社会文化的发展繁荣。非省会中心城市作为现代化强国建设的"生力军"和"潜力股",更需要高等教育的有力支撑与推动,尤其是伴随着国家经济实力的日益提升、高等教育普及化的不断发展和高教强国建设的深入推进,非省会中心城市高等教育的发展迎来了充满机遇和挑战的新时代。

近年来,一些非省会中心城市争先恐后地引进和培育国内知名大学加盟本市,建设新校区或分校、研究院,出现了高等教育"南深圳、北青岛"现象,引起了广泛关注和热议,为研究非省会中心城市高等教育发展提供了典型范例。目前,关于青岛市高等教育发展的理论研究不是很多。王回澜在发展青岛高等教育的对策研究中阐述,一个地区高等学校的数量和水平是该地区经济、社会和文化发展水平的重要标志,青岛市在这方面的实力与一个沿海开放城市的身份相比还很不相称。[2] 青岛市作为我国的计划单列市和副省级城市,作为山东经济发展的龙头城市,在经历了 20 世纪 90 年代初山东纺织工学院、青岛医学院、青岛师范专科学校和原青岛大学等四所高校合并为新的青岛大学的重要改革后,高等教育的规模、结构、质量在较长一段时间内保持平稳发展。合并组建的新的青岛大学的目标就是要打造更高水平的综合性大学,但合并之初主要是结构上的调整,青岛市高等教育在规模、质量上并没有发生大的变化。21 世纪初,青岛市城阳区和西海岸新区分别从山东省内其他城市引进了莱阳农学院(即后来的青岛农业大学)和山东科技大学 2 所普通公办本科高校,为青岛市高等教育增添了新生力量。然而,此时青岛市政府层面并没有出台有关高等教育发展的颇具诱惑力的政策措施。到 2010 年前后,青岛市政府把城市高等教育发展

① 张德祥. 大学与城市互动发展研究[J]. 现代教育管理,2017(9):1-6.
② 王回澜. 发展青岛高等教育的对策[J]. 安徽工业大学学报(社会科学版),2006(1):144-146.

的重要性提高到事关本市更好更快发展的战略高度,积极谋划和制定政策,编制发展规划,采取了许多超常规的举措,大力引进国内外知名高等教育机构,先后全面引进和建设了中国石油大学(华东)、山东大学青岛校区;2014年后进一步加大引进力度,在这一年里引进了20多个高等教育机构,出现了非省会中心城市高等教育快速发展的"青岛现象"。作为一名曾在青岛高校生活、工作的高等教育管理者和研究者,我一直十分关注城市发展与高校发展的互动情况,也希望能够进一步系统、深入地研究分析这个重要的实践和理论问题,把青岛市这座非省会中心城市的高等教育发展进程作为案例,从中总结经验启示,查找矛盾问题,分析影响因素,发现其中的一般规律。多年的关注和研究使我坚信,这是一个十分有意义、有价值和创新性的课题,值得深入系统地探究。

**(二)城市与高等教育发展的相关性、协调性关乎经济社会的发展**

随着我国经济社会文化的繁荣发展和高等教育规模的不断扩大、结构的不断调整、质量的不断提升,城市发展与高等教育发展的相关性越来越受到关注,有关城市与高等教育发展的相关性、互动性、协调性等方面的研究不断深入。张振助指出,高等教育与经济社会发展之间的关系在知识经济时代显得更加密切,伴随中国经济发展的区域化以及高等教育的地区化发展,高等教育与区域良性互动谋求共同发展成为必然。[①] 高耀研究发现,"十五"到"十一五"的十年间,我国100余个主要城市的高等教育与其区域经济的总体协调度呈下降趋势,城市间经济发展速度的差距总体上高于高等教育发展速度的差距。胡冠中认为,不同区域内的经济与高等教育的各个指标间的相关性差异明显。从高等教育和城市经济社会发展间的相互作用的一般规律来看,只有城市高等教育发展水平与其经济发展水平保持适度协调,才有助于实现城市高等教育与经济相辅相成、互为促进。[②] 怎样才能实现我国非省会中心城市发展与高等教育发展的协调、互动、共赢? 它们之间的相关性都体现在哪些核心要素上? 这些问题进一步引发了我的好奇、关注与思考。

---

① 张振助. 高等教育与区域互动发展研究——中国的实证分析及策略选择[J]. 教育发展研究,2003(9):40-45.

② 胡冠中. 区域经济与高等教育协调发展研究[D]. 天津:天津大学,2015.

## (三)高等教育布局不平衡、发展不充分与高教强国建设的矛盾突出

目前,我国高等教育特别是高水平大学主要分布在直辖市和各省会城市,非省会中心城市拥有的高等教育规模和质量大多不理想,其经济社会快速发展的需求与其拥有的高等教育对城市的支撑力、引领力和服务力不协调、不匹配。中华民族伟大复兴和高等教育强国梦想的实现,不可能仅靠省会城市和直辖市的努力,更需要居全国城市主体地位的非省会城市的共同发力,特别是需要在地方经济社会和高等教育发展中居于重要引领作用的非省会中心城市在高等教育发展方面尽快崛起。有研究指出,2013 年我国高校数量最多的城市是北京,为 89 所;其次是武汉和广州,均为 80 所;济南、上海、重庆、西安四个城市的高校数介于 60～70 所之间;郑州、天津、南京、成都、哈尔滨、合肥、长沙等城市的高校数介于 50～60 所之间。[①] 另据教育部公布数据统计分析,2021 年我国高校数量最多的城市依然是北京,有 92 所;其次是武汉和广州,均为 83 所;重庆、郑州、上海、西安的高校数介于 63～69 所之间;天津、长沙、合肥、南昌、成都、昆明,高校数介于 52～57 所之间。用首位度(省会城市拥有高校数/全省所有高等院校数)来测度各省高等教育资源在首位城市的集中程度可以发现,各省份的首位城市均为本省省会城市,13 个省份的首位度高于 50%,反映了各省高等教育资源高度集聚于首位城市(目前均是省会城市)。首位度比较高的省份为青海省、西藏自治区、宁夏回族自治区、吉林省、云南省、陕西省、黑龙江省、湖北省、海南省,均超过 60%;首位度较低的为广西壮族自治区、辽宁省、福建省、河北省、江苏省、山东省。可见,八年间,各省、市、自治区内城市高等教育布局结构发生了一些变化,拥有高校的数量有增加的,也有减少的,但区域间、城市间布局不平衡的问题依然存在。研究解决这一问题是实现国家高等教育由大到强转变的需要,也是我们研究者不断求索、以高等教育理论的创新发展来指导推动实践的责任与使命。

## (四)高等教育大众化、普及化和地方化发展乃大势所趋

在我国高等教育大众化、普及化的进程中,国家部(委)所属的高校数量占全国高校的比例大幅度下降,地方高等教育随之不断发展,地方高等教育体系不断完善,已经成了国家高等教育体系的重要组成部分,一批地方高等教育亚

---

① 劳昕,薛澜. 我国高等教育资源的空间分布及其对地区经济增长的影响[J]. 高等教育研究,2016(6):26-33.

中心逐步发展起来。地方化成为高等教育大众化、普及化历程中的一个显著特征。地方化不仅使地方高等教育的规模得以迅速扩大,也在一定程度上提高了高等教育质量。我国高等教育整体布局结构因地方高等教育发展而不断改变,高等教育的功能也随之发生了一些变化。[①] 在政治体制改革、区域文化发展的推动下,高等教育地方化成为我国高等教育发展的必然趋势。地方化能够更好地加强高等教育与地方经济发展的联系,从而使其更好地服务于地方经济发展。[②] 地方化已然成了我国高等教育改革发展的一个重要主题,也是非省会中心城市高等教育发展的一个重要推动因素。高等教育大众化、普及化和地方化为非省会中心城市高等教育提供了千载难逢的发展良机,高等教育在非省会中心城市的布局状况正得到不断改善。可以预测,中国高等教育的普及化发展将更多地依赖非省会中心城市高等教育的扩容和提质增效,这是高等教育普及化发展的历史必然。面对国家"双一流"建设,面对高等教育大众化、普及化和地方化带来的机遇和挑战,非省会中心城市如何更加科学高效地应对,如何在未来的高等教育大发展中抢抓先机,实现城市与高等教育发展有机融合、互动共赢,是值得我们深入探究和科学把握的问题。

### (五)中国式现代化和城市化发展契机难得

中国式现代化、国家城市化进程与高等教育大发展呈现出相互呼应和螺旋式发展的演进关系,特别是城市化的集聚效应为高等教育的规模发展提供了动力源泉和资源支撑。反过来,高等教育的发展又对城市化具有直接作用力和间接作用力。城市化与高等教育之间的相互关系越来越被人们所关注,高等教育能够与城市化进程相协调是人们追求的理想目标之一。[③] 有学者指出,城市化与高等教育一般都是围绕着人的发展而展开,呈现出相互影响、相互促进的互动关系。高等教育以促进技术进步引领产业演进,助推城市化进程。城市化为高等教育提供物质支撑和新需求,新技术与文化需求又对高等教育发展产生拉动作用。[④] 城市化与高等教育发展之间存在互动关系,呈螺旋式发展趋势。[⑤] 由

① 别敦荣,郝进仕. 论我国高等教育地方化和地方高等教育发展战略[J]. 高等工程教育研究,2008(1):54-60.

② 潘懋元. 高等教育地方化的可行性探讨[J]. 高等理科教育,2010(5):1-4.

③ 萧允徽. 中国高等教育十年改革发展回顾与思考[J]. 重庆大学学报(社会科学版),2005(6):135-138.

④ 张臻汉. 高等教育与城市化的关系研究[J]. 兰州大学学报(社会科学版),2013(6):154-159.

⑤ 翁京华,韩玉启. 城市化与高等教育的相关性分析[J]. 城市发展研究,2012(5):133-135+140.

此可见,中国式现代化和城市化的不断发展为非省会中心城市高等教育发展提供了动力和支撑,也带来了诸多发展契机,需要我们深入探究,以便更好地把握其中的发展规律,推进非省会中心城市高等教育的创新。

基于上述分析,我们可以看到,不论是高等教育与城市发展之间的相关性,还是高等教育大众化、普及化与地方化发展的大趋势,以及中国式现代化、城市化进程的飞速发展,抑或是高等教育强国建设目标任务与高等教育布局不平衡、发展不充分的突出矛盾,都呼唤着、吸引着我们投入非省会中心城市高等教育创新发展的问题研究中,以高等教育快速发展为代表的"青岛现象"也给我们提供了一个可以剖析的非省会中心城市高等教育创新发展的范例。这是研究者的责任与使命,也是早日实现中国式现代化建设和高教强国目标的需要。笔者选择非省会中心城市高等教育创新发展策略研究作为本研究的主题,就是力求深入系统地分析该领域的现状和问题,建立动力模型,剖析具体案例,总结经验教训,探寻发展规律,提出理想模式和对策。

## 二、研究意义

非省会中心城市高等教育属于我国高等教育发展布局中的"弱势群体",有关这方面的发展和研究还没有得到研究者足够的重视,研究成果还不多,更不够系统和深入。本书有助于研究者更加系统、更加准确地理解、把握非省会中心城市高等教育发展及相关研究的现状,丰富高等教育发展理论特别是非省会中心城市高等教育发展的知识体系和理论,引起国家及省、市各个层面对地方高等教育,特别是非省会中心城市高等教育的足够重视,把非省会中心城市高等教育事业的改革实践与创新发展提上日程,甚至提高到国家战略的高度予以关注、强化和推动。

### (一)有助于更加系统、准确地把握非省会中心城市高等教育的发展特征

纵观高等教育发展历史,我们可以发现,我国高等教育发展走过了一条不平凡的道路:起步较晚,底子较薄,几经大规模的学科院校调整和体制改革,出现过历史性发展"断裂";改革开放后经历了模仿发展与不断改革的阶段,实现了量的快速扩张和质的水平提升,但总体上尚处于不均衡、不充分状态,处在大而不强的"爬坡"期和转型升级的境地,大部分高等教育资源集中在省会城市,非省会中心城市高等教育的发展面临诸多体制和机制上的障碍与困境。国内以"非省会中心城市高等教育发展"为对象的研究近乎空白,关于此方面的文献

综述也不多见。大部分学者都是针对某个非省会中心城市或城市群的高等教育发展以及相关性、协调性问题开展研究。本书力求填补这方面的空白,为高等教育研究者和管理者、实践者呈现更为全面直观、系统深入的知识聚合及更高层面的认知。

以史为鉴,可以知兴替。通过查阅梳理期刊文章、博士硕士论文、图书、政策文本、法律法规等相关文献资料,可以更加系统和深入地了解和掌握有关高等教育发展的历史演进过程、现实情况、存在的矛盾问题与历史教训,进而归纳总结和展现成功的经验做法与模式,找准非省会中心城市高等教育未来改革创新的关键点和突破口。

另外,对于事关非省会中心城市及其高等教育发展相关要素的内涵,如城市高校与城市高等教育之间的逻辑关系,高校、政府与市场之间错综复杂的矛盾关系,许多高等教育的举办者、管理者、实践者、研究者都还存在认识模糊、认知错位、理解误区的问题。相信通过本书的系统梳理与分析阐述,相关从业者对上述问题的认知水平会有所上升。

### (二)有助于丰富非省会中心城市高等教育发展理论

改革开放四十余年来,我国高等教育经历了二十多年的精英化教育阶段的平稳改革与发展及十七年大众化阶段突飞猛进式的跨越发展,现已迈入充满希望与挑战的普及化阶段。伴随着高等教育的飞速发展,高等教育相关从业人员都在从不同角度、不同层面、不同领域为高等教育事业发展贡献自己的智慧和力量,一起探索、实践、研究、建构和发展高等教育学科知识体系,创新高等教育理论,实践成果与理论成果丰硕。当然,高等教育的发展会不断面临新的挑战,也会不断催生新的问题。因此,要不断探究事关高等教育发展的各方面问题的原因,提出建设性对策,这是高等教育事业不断前进的应然路径和动力源泉之一。

本书的目标就是针对非省会中心城市高等教育发展的"软弱性"问题、非省会中心城市高等教育事业的奋斗目标与使命,进行系统研究,建构有利于非省会中心城市高等教育创新发展的动力模型。同时,通过解构非省会中心城市高等教育创新发展的典型案例,用数据分析来剖析具体的非省会中心城市举办、发展高等教育实践中的现实问题与经验教训,并运用动力模型审视和分析非省会中心城市高等教育的创新发展。通过这样一项富有开拓性的研究工作,构建起有利于非省会中心城市高等教育创新发展的"三维动力"模型,找到创新发展的理想模式和科学之策,进而为高等教育理论发展做出应有的贡献。

### (三)有助于推动非省会中心城市高等教育事业的改革发展

受国家战略布局、高等教育管理体制等因素的影响,很长时间以来,非省会中心城市高等教育发展并未受到足够重视和支持,也没有引起所有非省会中心城市政府的切实关注和重视,不少非省会中心城市政府缺乏大力发展高等教育的积极性、主动性和创造性。然而,伴随着经济社会的发展、文化的传承创新和高等教育普及化、地方化发展的高歌猛进,非省会中心城市政府、社会、市场主体越来越意识到高等教育发展的重要现实意义和战略意义,许多城市开始"摩拳擦掌",有的已经付诸行动,积极制定本市高等教育发展中长期战略规划,出台了引进、培育和支持高等教育的系列政策措施,拿出数量可观的专项资金引进、建设、发展高等教育。国家有关部门也通过制定出台某些政策或法律规章的方式,支持地方高等教育的发展。可以说,非省会中心城市高等教育从原来不太受重视的边缘地位,正逐步走向高等教育发展的舞台中心,成为时代发展的"弄潮儿"。

然而,对非省会中心城市高等教育发展的重视程度、改革力度还远远不够,鼓励支持的配套政策还远不能适应和满足其发展的需要,非省会中心城市高等教育发展的利益相关方之间携手共进的机制还没有建立起来。本书在丰富发展有关理论的同时,将会提供决策参考,推动政府、市场、高校等相关方更加关注、重视、支持并参与到非省会中心城市高等教育的发展中,加大相关体制机制改革与创新的力度,提升革新的效度和精准度。

# 第二节　研究设计

本书运用科学的研究方法,通过分析文献资料、非省会中心城市高等教育发展的历史与现状,构建有利于非省会中心城市高等教育发展的政府、市场、高校"三维动力"模型,分析"软弱性"问题,提出对策和结论。

## 一、研究目标

截至目前,国内学界研究的重点是世界级城市的高等教育发展、国家中心城市高等教育发展、城市群高等教育发展、地方中心城市高等教育发展,或者针对某个非省会中心城市个体的高等教育发展问题进行深度剖析,把"非省会中心城市"的高等教育发展作为一个研究对象的相关研究,尚处于近乎空白的状态。

笔者通过对"非省会中心城市高等教育创新发展"进行系统、全面、深入的分析,采取定性与定量有机结合的方法,构建和解析政府、市场、高校"三维动力"模型,分析非省会中心城市高等教育的发展背景与愿景,探究透视创新发展动力的"软弱性"问题及其根源,在此基础上总结凝练经验规律,探讨非省会中心城市高等教育能够实现量与质双提升、同飞跃的创新发展,而不仅仅是一般的常规发展模式和相关对策。

在此基础上,笔者希望本书能够为相关方提供决策参考,提高各级政府特别是非省会中心城市政府和市场、高校对非省会中心城市高等教育发展重要性、紧迫性的认识,尽快采取更加积极有效的措施,进一步加大创新发展非省会中心城市高等教育的力度,为推进我国中国式现代化和高教强国建设做出应有的贡献。

## 二、研究思路

非省会中心城市高等教育目前还属于"弱势"群体。随着我国经济发展供给侧改革、结构性调整和新旧动能转换的形势发展需要,瞄准新发展理念的目标要求,使非省会中心城市的可持续发展越来越注重和依靠人才、科技、文化的支撑与引领,政府越来越意识到高等教育对于提升城市的发展动力与发展后劲具有不可替代的重大作用。高等教育强国建设只靠国家中心城市、省会城市的力量是不够的,越来越多的非省会中心城市的经济发展速度、质量和规模都在不断地赶超省会城市,这将为非省会中心城市发展高等教育发展提供更加良好的经济支撑,也带来了一些必然的客观需求。可以说,非省会中心城市高等教育已经悄然迎来自己的"春天"。

在这样一个大的背景下,本书通过文献检索和综合分析阐述相关研究成果,厘清国内、国外研究现状及存在的不足,综合运用"教育内外部关系规律"理论、"三角协调模型"理论、系统学等相关理论,构建非省会中心城市高等教育发展"三维动力"模型,分析非省会中心城市及高等教育发展的背景、现状、问题和愿景,深挖非省会中心城市高等教育发展动力的"软弱性"问题,剖析非省会中心城市典型代表——青岛市高等教育的发展历史与现状,总结提炼经验教训和规律启示,探究非省会中心城市高等教育能够实现质的飞跃的创新发展理想模式和科学对策,预判分析未来发展趋势。

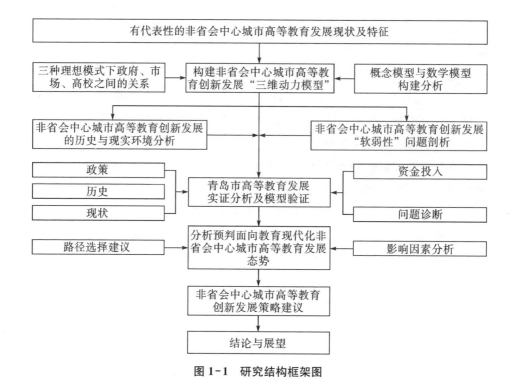

图 1-1 研究结构框架图

## 三、研究内容

本书从阐释非省会中心城市高等教育发展研究的重要性、必要性入手,综述相关重要文献,分析把握与此方面相关研究的历史、现状,厘清相关概念和关系,揭示非省会中心城市高等教育存在的"软弱性"问题,分析事关非省会中心城市高等教育发展的政府、市场、高校"三维动力"相互作用的机理,探析非省会中心城市高等教育创新发展的理想模式,找准创新发展的对策。为了实现研究目的,主要进行以下五个方面的研究。

### (一)阐述非省会中心城市发展与高等教育的关系以及非省会中心城市高等教育创新发展状况

对城市与非省会中心城市、非省会中心城市核心要素和外围要素等相关概念进行解析,厘清非省会中心城市高等教育的内涵。通过分析城市高等教育与政府、市场、高校三者之间的关系,阐释非省会中心城市高等教育与城市的关系。纵观非省会中心城市高等教育发展的历史、现状,基于高等教育强国和现代化建设宏伟蓝图展望未来发展,探析非省会中心城市高等教育的发展状况。

### (二)构建和分析非省会中心城市高等教育创新发展动力模型

根据我国高等教育管理体制、机制和政策环境现状,运用潘懋元的"教育内外部关系规律"、伯顿·克拉克的"三角协调模式"等有关高等教育理论,分析影响非省会中心城市高等教育发展的利益相关方之间的关系,构建政府、市场、高校"三维动力"模型。同时,着重分析政府主导引领情形下政府与市场、高校的关系,高校自主发展情形下高校与政府、市场的关系,市场积极推动情形下市场与高校、政府的关系,厘清其中的主要矛盾关系问题,进而基于"三维动力"模型探析非省会中心城市高等教育创新发展的理想模式。

### (三)分析非省会中心城市高等教育创新发展的"软弱性"问题

从政府经济支撑力和行政推动力两个方面分析非省会中心城市政府推动高等教育创新发展中的"软弱性"。从我国市场经济的特点切入,探析非省会中心城市高等教育市场发展的"软弱性"问题。从办学体制导致高校助推力和政府助力高校发展的机制存在的"软弱性"等问题出发,分析体制和机制的不顺畅可能导致的高校在助推非省会中心城市高等教育发展方面存在的能动性与聚才力"软弱"的问题。

### (四)运用案例研究具体分析非省会中心城市高等教育发展经验

以青岛为非省会中心城市的典型代表,深度剖析近代以来青岛高等教育发展的历史和现状,分析政府在青岛高等教育发展中的引领作用,继而从政府的引领、高校的自为、市场的参与三个方面进行高等教育创新发展的"三维动力"分析,总结归纳青岛高等教育发展历程中展现出来的先进做法、成功经验和蕴含的客观规律以及非省会中心城市高等教育的特征。

### (五)探求非省会中心城市高等教育创新发展良策

瞄准非省会中心城市高等教育创新发展的目标,分析目前影响非省会中心城市高等教育创新发展的主要因素,构建基于非省会中心城市高等教育"三维动力"模型、有利于城市高等教育创新发展的理想模式,提出非省会中心城市高等教育创新发展的对策建议。

## 四、研究方法

本书着重对非省会中心城市高等教育发展的历程和研究现状进行系统梳

理和分析，从文献分析和实证分析中挖掘透视发展动力的"软弱性"问题，这是一项建立在教育学、社会学、管理学、逻辑学、系统学、动力学等多学科理论基础之上的研究。笔者主要采用文献研究法、模型研究法和个案研究法，同时综合运用定性分析、定量分析和调查统计等方法和理论展开研究。

### （一）文献研究法

该研究法是指搜集和分析相关文献资料，以达到某种调查研究目的的研究方法，是科学研究的基本方法之一。在该研究中，笔者利用图书馆、中外文数据库，阅读了大量的相关学术专著、研究报告、期刊、理论文章等文献资料。通过对重要文献进行系统梳理、深入挖掘、科学整理与深度研读思考，为该研究提供了坚实的理论基础和研究依据。

### （二）模型研究法

该研究法基于伯顿·克拉克的"三角协调模型"相关理论，从非省会中心城市高等教育中政府、市场、高校三个维度的博弈、协调、耦合的视角出发，建构"三维动力"模型。围绕"三维动力"模型，对非省会中心城市高等教育创新发展的历史背景、现状、未来发展愿景及其存在的创新发展动力"软弱性"问题进行纵向解析，并进一步解剖典型案例城市的"三维动力"相互作用下的历史发展与现状，总结其中蕴含的经验规律，瞄准创新发展动力"软弱性"问题探求非省会中心城市高等教育创新发展的理想模式和政府应对之策、市场应对之策和高校应对之策。

### （三）个案研究法

个案研究法是一种围绕某个典型代表案例进行深入调研，分析厘清被研究对象存在的问题、特征及蕴含的规律等方面的方法。笔者在该研究中对青岛市高等教育的历史变迁进行具体分析，用发展数据比对分析和展现其经济、社会、文化、高等教育发展的现状，以及用于高等教育发展的资金投入和政策制度、战略规划等有关情况，分析青岛市高等教育发展存在的现实问题、潜在隐患和未来可能面对的问题，归纳青岛市高等教育发展的经验、启示、规律。

# 第二章　非省会中心城市与高等教育的关系

非省会中心城市高等教育既是国家高等教育的重要组成部分,也是非省会中心城市现代化建设的必要元素。开展非省会中心城市高等教育的研究与实践,要厘清非省会中心城市高等教育的相关概念和理论问题,特别是要正确认识非省会中心城市高等教育的基本概念与内涵要义,将非省会中心城市高等教育作为严谨的学术问题进行深入探究,力求以理性的视角、科学的态度深入分析其中的内在本质和逻辑关系。其中,重点问题是通过对高等教育与城市、城市与非省会中心城市、非省会中心城市核心要素与外围要素的系统分析和阐释,来厘清概念和内涵要义以及其中蕴含的逻辑关系。

## 第一节　高等教育与城市的关系

非省会中心城市高等教育的发展与城市的关系主要是与城市高校、城市政府、城市市场之间的关系。非省会中心城市高等教育的发展与高校之间具有密不可分的关系,有时两者间形成较为简单的管理与被管理的"系统—子系统"关系,有时又会处于比较复杂的相互博弈、相互制约的系统;与城市政府之间的关系是矛盾统一的;与城市市场之间的关系有时较为简单,有时又表现得十分复杂。

### 一、高等教育与城市高校

1993年,联合国教科文组织在关于承认高等教育学历和资格的建议中界定了高等教育。该建议提出,高等教育主要是指国家批准、大学或其他教育机构提供的中等教育后水平的学习、培训。《中华人民共和国高等教育法》规定:"高等教育包括学历教育和非学历教育。高等教育采用全日制和非全日制教育形式。国家支持采用广播、电视、函授及其他远程教育方式实施高等教育。高等学历教育分为专科教育、本科教育和研究生教育。高等教育由高等学校和其他高等教育机构实施。"这里所说的高等学校主要是指普通本科高校、独立设置的学院、高等专科学校、高等职业院校和成人高等学校,其他高等教育机构主要是指除了高等学校和经批准承担研究生教育任务的科研组织之外的、从事相关高等教育活动的机构。

美国卡内基大学的分类是从大学的教育任务角度出发,将大学分成了博士学位授予机构、综合性大学、文理学院、两年制的学院、专业学校以及其他专门学校。围绕分类的内容、技术、方法等,卡内基分类进行了六次修订和变革。其中,2005 年的卡内基高等院校分类体系变革是最大的一次变革,此次变革是将之前的单一分类体系转变成综合性分类体系与选择性分类体系,也就是所谓的"6+1"个分类,"6"是指本科教学项目、研究生教学项目、入学情况、本科学生情况、规模和设置以及基本分类,"1"是指高校自愿参加的社区参与情况分类。然而,在 2015 年的变革中,基本分类的改变是其最显著的变化,其中对于授予副学士学位机构的分类标准,改为根据课程定位和主流学生类型予以确定的 9 大类。[①] 应当说,卡内基分类得到了比较广泛的传播、研究和应用,值得深入研究和学习借鉴。

根据上述有关法规界定和研究成果,本书所指的城市高校,是指在某城市管辖区域内办学的各类高校、高校校区、高校分校、研究生院等,包括国家部委所属高校,省属"双一流"院校、省属本专科院校、独立学院、高等职业院校、民办高校、中外合作办学的高校,以及市属的各类高校和县属的高校。

根据高校的基本职责和使命,本书中所指的"非省会中心城市高等教育发展"中的高等教育,不仅仅是培养人的活动,而是一个高等教育机构和机构开展的活动的集合名词,包括上述城市高校、其他高等教育机构、这些高校和机构所开展的人才培养、学科建设、科学研究与成果转化、社会服务、国际交流等一系列活动。

城市高校发展得好与坏、快与慢、大与小,都直接关系着城市高等教育发展的质量、速度、规模、结构。城市高等教育作为一个包含许多不同类别高校的系统,其发展的质量、水平也会不同程度地反作用于这座城市的每一所高校。两者之间在逻辑上是不可割裂的矛盾统一体,存在着难以割裂的、必然的联系,在同心同向的情况下一定会实现互动共进、相辅相成。当然,现实发展中因为管理体制、法律法规、客观环境、主观需求不同等因素的影响,使得二者之间发展

---

① 王茹,高珊,吴迪. 美国 2015 版卡内基高等教育机构分类介绍[J]. 世界教育信息,2017(9):41—43.

的目标不一定总是一致,作用力方向不一定始终保持同向,从而导致二者之间有时候会产生一些矛盾问题,影响甚至制约二者的健康发展。

## 二、高等教育与城市政府

"政府是国家进行统治和社会管理的机关。广义的政府主要是指行使国家权力的所有机关,包括立法机关、行政机关和司法机关;狭义的政府是指国家权力的执行机关,即国家行政机关。"①本书所指的非省会中心城市政府应当是广义的政府,包括市委、市政府、市人大、市政协等,尤其是这些机构中事关高等教育发展的主管部门;市政府的教育局、科技局、文化和旅游局、卫健委、体育局、工信局、发展改革委等许多部门都会与高校的人才培养、科研与社会服务、学科与专业建设、医疗卫生、文化体育等方面的工作有这样或那样的业务往来,也会有一些政府与高校存在管理与被管理及相互服务的关系。②

综观现当代高等教育发展历史,政府与高校之间的关系密切,两者的博弈始终存在。政府的影响控制,相对于高等教育系统来说属于外部因素,但同时二者又是相互交融、相互渗透的,在某种情形下又可能演变为内部关系和内部因素。③ 所以,此种情形下政府与城市高等教育之间的关系总体上属于管理与被管理的状态。④

## 三、高等教育与城市市场

市场是什么? 从不同视角进行分析,就会对市场的概念有不同的认识与理解,市场也会向我们显示出不同的特征。经济学意义上市场的定义是:"市场是某种物品或劳务的一群买者与卖者。"⑤高等教育在某种意义上也是一个市场,因为它要培养人才这一高级"产品",这些"产品"要供给劳动力市场,存在供求矛盾,存在"产品"价值问题。然而,高等教育市场是一种不完全的市场,因为我国的高等教育又是一项社会事业,不能完全用市场的眼光和手段来看待、对待。当然,随着社会主义市场经济的发展完善,我国高等教育必然置身于市场环境中,与市场发生关系是不可避免的。非省会中心城市高等教育创新发展必须善

① 林少霞. 永泰县促进农民专业合作社发展研究[D]. 福州:福建农林大学,2020.
② 毛克平. 政府与高校关系之内涵分析[J]. 现代企业教育,2007(18):105-106.
③ 乔楠. 我国政府危机管理中信息公开问题研究[D]. 开封:河南大学,2012.
④ 张忠平. 政府与高等学校法律关系研究[D]. 成都:四川大学,2004.
⑤ [美]曼昆. 经济学原理·上[M]. 梁小民,译. 上海:生活·读书·新知三联书店,1999.

于利用市场资源,擅长与市场互利共赢。①

### (一)高等教育与城市劳动力市场

高等教育的第一任务是培养高级人才,为社会发展供给高级劳动力。因此,城市高等教育培养生产出来的"产品",是城市劳动力市场的重要组成部分。既然是一种市场,那就必然存在供需矛盾关系。在市场环境下,高等学校的毕业生就业市场与劳动力市场之间会形成一种循环。一般情况下,高校毕业生毕业前后都要进入劳动力市场择业、就业或创业,劳动力市场根据市场的供求配置要素资源,实现各类人力资源在不同行业中的配置。劳动力市场的供给和需求产生一系列信号,既会给高等教育主办者、办学者、管理者提供未来培养人才的目标方向,也会给社会和家庭特别是即将高考的中学生提供人才市场、社会就业需求的风向标,还能够引导和促使高等教育自我变革调整,刺激求学者及其家庭产生相应的期望,进而影响人们对高等教育的需求变化,最终推动城市高等教育市场规模、结构的变化,促进办学活力的提升。②

具体来说,当城市经济社会文化各项事业繁荣的时候,劳动力市场对高等学校毕业生需求就会旺盛,城市高等教育培养输送的人才不能满足城市发展需求,这个时候一般会引导、促使城市政府更加重视高等教育发展;同样,积极的形势也会给城市高校办学者以更大的信心。反之,如若某城市经济社会发展放缓或下滑,必然会引起劳动力市场需求的下降,出现劳动力就业市场疲软的现象,城市高等教育毕业生留在该城市就业的概率就会下降,工资待遇也会随之下滑,由此可能会影响城市高等教育人才培养结构和规模的调整。当然,由于高校招生计划调整自主权不足等问题,这种反应和作用可能不一定会迅速显现与见效。

### (二)高等教育与城市产业市场

城市经济、社会、文化等各行各业的发展都需要高等教育提供高级专门人才,也需要城市高校科学研究的支撑、引领、服务和推动。一方面,城市现有的第一、第二、第三产业都有与城市高等教育进行学术研究攻关合作的可能和需求,只要城市某高校有某产业的相关人才就可以进行纵向科技联合攻关或承担横向委托课题,由此这些产业就会给这些高校科研人员提供必要的经费,进而

---

① 杜恂诚. 市场的定义与 1933 年 GDP 测算[J]. 社会科学,2013(1):151-157.
② 鲍玉琴. 高等学校与劳动力市场衔接问题初探[J]. 教育与职业,2006(14):8-10.

研发出产业发展所需要的科研成果。当然,城市高等教育在获得产业需求时,可能会围绕产业发展引进或培养现有或相近学科的专业人才,增设相关专业,由此也可能促使和推动高校相应地调整本校原有的学科专业结构、人才培养结构与规模。另一方面,城市高校科研人员研发出来的某项先进的科技成果,一旦被某企业成功转化,将在一定程度上拉动该企业所属产业的发展。许多案例也说明,有时一项高水平科研成果转化成功就可以催生一个产业或者延长一个产业链。高校科研成果转化会给高校带来直接的办学经费收入,也会引导和促使高校进一步加大与城市产业开展深度合作的积极性,提升服务合作的能力水平,进而促进城市高等教育的发展。由此,便可形成一个城市高校与产业市场之间相互促进、相互依存的有机循环。

**(三)高等教育与城市资本市场**

城市高等教育的发展需要城市资本市场的参与和助力。不论是引进新的高校还是重点支持建设现有高校,都离不开城市资本市场的有效供给。资本市场又被称为长期资金市场,一般是指开展中长期资金(或资产)借贷融通的市场。在本书中,我们将城市资本市场泛指为一个时期内城市可以用来借贷和投资流通的所有资金市场,包括政府用来借贷融通的财政资金。我国民办高等教育近二十年来发展良好,正是由于民间资本市场有能力、有兴趣投资兴学,加上国家出台政策进行引导鼓励,促成了民办高等教育在一个时期内的快速发展。因此,一座城市民办高等教育发展水平的高低直接取决于掌握资本的人员、公司是否有能力、有愿望投资举办高校,只要条件成熟,民办高校的建立和规模扩大将有力地助推城市高等教育规模与实力的提升。

城市高等学校的发展也需要政府资本的投入,包括民办高校在内,都需要政府资本的支持。如果没有财政的有力支撑,城市政府大力发展公办高等教育的计划只能纸上谈兵、望洋兴叹。政府一方面要有很强的财政实力来发展高等教育,另一方面,政府要善于通过出台有力的政策举措,很好地引导和吸引企业资本、国际资本等各方面市场资本投向本市的高等教育,通过校企联合办学、国际联合办学等有效的方式,更加快速、有力地推进城市高等教育的创新发展。

当然,选择高等教育投资可能不会在短时间内得到经济效益回报,因为高等教育的"产品"主要是人才和科技文化成果,这两者都不是经济发展指标的内容,而是创造经济发展的主体。因此,城市资本市场投资高等教育不能讲求短期内获得直接的经济回报,也就是说无法通过高等教育投入直接促进资本市场的繁荣发展。但是从长远来看，只要资本市场在高等教育发展的投入有力、有效，必然会通过高质量人才的培养输送和科研成果的推广应用，推进城市经济社会文化的发展繁荣，进而推动城市的资本市场发展。[①]

### (四)高等教育与城市国际市场

从世界范畴内看，城市面对的市场分为国际和国内两大市场。国际市场包括人才、科技、信息、金融、贸易等领域，上述劳动力市场、产业市场、资本市场三个市场中也包含国际市场中的某些要素。经济全球化和高等教育国际化不断发展，城市要发展就必须跟上国际化的步伐，积极建立、抢占和利用好国际市场是关键。反过来讲，城市国际市场建立、运用得越好，城市国际化就会发展得越好。国际化城市对于吸引全球高端人才、优质资源拥有独特的优势。城市的国际化水平也是提升城市高等教育竞争力的重要因素，许多高等教育发展中的问题需要借助国际合作来协同处理和解决。

城市的国际化水平对城市高等教育的国际化发展具有一定的先导作用，也能发挥不同程度的推动作用。城市自身的国际化水平越高，该城市拥有的高等教育办学机构也就越容易培养和拥有更多具有国际化视野与思维人才，更有能力自觉地谋划实施国际化战略。城市国际市场建立和运用得越好，则意味着城市基础设施的国际接轨性越好，也能够为高等教育国际交流合作，特别是海外留学生提供优越的环境与条件，为高等教育国际化提供更加充分的法律政策支持，更加有利于高校和政府之间在制度、效率和财政等方面达成共识、形成合力。总之，在经济全球化、高等教育国际化的大背景下，城市高等教育国际化与城市自身国际化之间具有密切的关联，城市高等教育的发展需要这座城市自身国际化的支撑与推动，非省会中心城市的高等教育与城市自身的国际市场之间具有不可小觑的相互促进的关系。

高等教育的内外部关系规律告诉我们，政府、高校、市场的发展变化都能够对非省会城市高等教育产生不同层面的影响，事关高等教育发展的各个要素之间的关系一般是系统的、复杂的，又是矛盾的、辩证统一的。妥善处理它们之间存在的权、责、利关系，实现同心同向、和谐发展，是确保城市高等教育快速健康发展的关键所在。

---

① 宫敬才.论经济哲学认识论中的两条路线[J].河北经贸大学学报,2012(1):7-13.

## 第二节　非省会中心城市的高等教育

关于城市和非省会中心城市的概念,以不同的视域来认识就会有不同的理解和阐释。本节在高等教育与城市高校、政府和市场关系的基础上,进一步重点探讨城市与非省会中心城市的关系、非省会中心城市高等教育及其核心要素、外围要素,为非省会中心城市高等教育创新发展动力模型与对策提供支撑。

### 一、城市与非省会中心城市

《中华人民共和国城市规划法》指出,城市是指国家按行政建制设立的直辖市、市、镇。这说明,我国城市的法律涵义是指直辖市、建制市和建制镇。城市在经济学领域中是指有一定规模的面积和经济活动,且民众居住集中,产生了规模经济的连片区域。从系统学视角看,城市也是一个坐落在有限区域内的、各种经济市场相互交织在一起的系统。城市在社会学领域中是指有某种特征、地理空间上有一定边界的一种社会组织形式。"城市"的概念在我国古代便已初露端倪,如城内为"城",城外为"郭",就是在表述城市。在我国古代书籍中表述的"城市",一般是以"城"和"市"的复合形式展现的,这里的"市"是作为交易的空间区域,"城"是作为防御的设施,二者有机组合形成一个集合便是"城市"。

我国现在的城市按照行政建制分为直辖市、省辖市(省会市、副省级城市与地级市)和县级市。非省会城市笼统地讲是指除了各省、自治区、直辖市的省会、首府以外的城市,包括副省级市、地级市和县级市。所谓的国家中心城市是指在全国城市中具有引领和辐射作用及集散功能的城市,这类城市处于国家城市体系的顶端。四川省比较早地提出"区域性中心城市"概念,在其住房城乡建设事业"十三五"规划纲要中明确提出要将成都市建成国家中心城市,大力发展省域中心城市,将绵阳市、乐山市等八市建成区域性中心城市。湖北省社科院秦尊文于2001年提出"省域副中心城市"这一概念,他认为湖北东窄西宽、人多地广,省会城市武汉作为全省中心城市,却位于省域的东部,因此需要在全省的西部区域确定一个本省的副中心城市,发挥省会"二传手"的作用。本书认为,这一"省域副中心城市"概念涵盖的此类城市也属于非省会中心城市范畴。近年来,一些专家对国家中心城市、区域中心城市等进行了诸多研究,其中,有人提出了国家中心城市和区域中心城市分布预测(表 2-1)[①]。

表 2-1　国家中心城市和区域中心城市分布预测

| 城市类别 | | 城市名称 | 数量(个) |
|---|---|---|---|
| 国家中心城市 | 已确定的城市 | 北京、上海、广州、重庆、天津、成都 | 6 |
| | 正在争取的城市 | 武汉、深圳、南京、西安、沈阳、郑州、大连、青岛、福州、厦门、杭州、长沙、石家庄、苏州、合肥 | 15(选 4 个) |
| 区域中心城市 | 湖南省 | 长沙、岳阳、怀化、郴州 | 4 |
| | 湖北省 | 宜昌、襄阳、黄石 | 3 |
| | 四川省 | 绵阳、乐山、南充、泸州、宜宾 | 5 |
| | 重庆市 | 万州、黔江 | 2 |
| | 云南省 | 曲靖、玉溪、大理、蒙自 | 4 |
| | 贵州省 | 贵阳、遵义、六盘水、铜仁 | 4 |
| | 新疆维吾尔自治区 | 乌鲁木齐、伊宁—霍尔果斯、库尔勒、喀什 | 4 |
| | 青海省 | 西宁、格尔木、海东 | 3 |
| | 西藏自治区 | 拉萨、日喀则 | 2 |
| | 甘肃省 | 兰州、天水、酒嘉(酒泉、嘉峪关合称) | 3 |
| | 宁夏回族自治区 | 银川、固原 | 2 |
| | 内蒙古自治区 | 呼和浩特、包头、鄂尔多斯、赤峰 | 4 |
| | 陕西省 | 宝鸡、榆林、汉中、渭南 | 4 |
| | 山西省 | 太原(含晋中)、大同、长治、运城 | 4 |
| | 河南省 | 郑州、洛阳、开封、南阳 | 4 |
| | 河北省 | 石家庄、唐山、保定、邯郸 | 4 |
| | 山东省 | 济南、青岛、烟台、临沂 | 4 |
| | 江苏省 | 苏州、徐州、无锡、淮安、南通 | 5 |
| | 安徽省 | 合肥、芜湖、蚌埠、安庆 | 4 |
| | 浙江省 | 杭州、宁波、温州、金义(金华、义乌合称) | 4 |

---

① 郝宏伟. 首部中国国家中心城市发展报告发布 国家中心城市的"中心地位"显山露水[J]. 中国建设信息化,2018(3):56-61.

续表

| 城市类别 | | 城市名称 | 数量（个） |
|---|---|---|---|
| 区域中心城市 | 福建省 | 福州、厦门、泉州 | 3 |
| | 江西省 | 南昌、九江、赣州 | 3 |
| | 广东省 | 汕头、湛江、韶关、珠海 | 4 |
| | 广西壮族自治区 | 南宁、桂林、柳州、北海（含防城港、钦州） | 4 |
| | 海南省 | 海口、三亚 | 2 |
| | 黑龙江省 | 哈尔滨、齐齐哈尔、大庆、佳木斯 | 4 |
| | 吉林省 | 长春、吉林、延龙图（延吉、龙井、图们） | 3 |
| | 辽宁省 | 大连、锦州、丹东 | 3 |

　　基于上述研究分析，笔者认为，本书所提到的非省会中心城市是指省会城市以外、在一定区域的经济社会和高等教育活动中处于中心地位、对周边区域高等教育发展具有辐射引领作用的省辖区域性中心城市。在这里，这些非省会中心城市拥有的高校数量不平衡，有的可能只有一所高校，如新疆西北部的某些城市。但是，因为这些城市周边辐射区域均没有高校，该城市的高等教育可以发挥对周边区域高等教育的辐射引领作用，所以它自然而然地就会在这一区域处于中心地位。由此，此类城市也应当属于非省会中心城市。与此相反的是，尽管有的城市拥有两所高校，但其周边城市已有其他高校，该城市的高等教育不能发挥辐射带动作用，因此，此类城市就不属于非省会中心城市。

　　本书选取2021年与2016年非省会中心城市的数据作为研究样本，主要原因有以下三点：第一，十八大以来，国家更加注重教育强国、高教强国，本书选取2016年作为起始对比分析年份，重点探讨十八大以来非省会中心城市高等教育发展情况；第二，十九大以来，国家进一步提出优先发展教育事业、建设教育强国和深化教育改革等教育发展方略，本书选取2021年作为对比年份，重点探讨十九大以来非省会中心城市高等教育发展情况；第三，二十大召开前后较长一个时期处于新冠感染疫情的特殊阶段，经济发展、高等教育等领域相关数据处于非常态发展阶段，故未选取二十大之后的年份作为研究样本。

　　由此分析得出，本书所指的2021年我国非省会中心城市主要分布如下：湖南省拥有岳阳市、怀化市、郴州市三个非省会中心城市，分别有5所、4所、3所高校；湖北省拥有宜昌市、襄阳市、黄石市三个非省会中心城市，分别有5所、4所、4所高校；四川省拥有绵阳市、泸州市、南充市、乐山市四个非省会中心城市，分别有 10 所、7 所、6 所、3 所高校;云南省拥有曲靖市和楚雄市两个非省会中心城市,分别有 4 所和 3 所高校;贵州省拥有遵义市、铜仁市、六盘水市 3 个非省会中心城市,分别有 7 所、5 所、3 所高校;新疆维吾尔自治区只有喀什市 1 个非省会中心城市,有 1 所高校;青海省也只有海东市 1 个城市符合条件,其仅有 1 所高校;甘肃省拥有天水市、张掖市 2 个非省会中心城市,分别有 4 所和 1 所高校;宁夏回族自治区只有固原市符合条件,有 1 所高校;内蒙古自治区只有包头市 1 个城市符合条件,有 7 所高校;陕西省的宝鸡市、榆林市、汉中市、渭南市符合条件,分别有 4 所、4 所、3 所、3 所高校;山西省的大同市、长治市、运城市 3 个市符合条件,分别有 4 所、5 所、7 所高校;河南省洛阳市、开封市、南阳市属于非省会中心城市,分别有 7 所、7 所、6 所高校;河北省唐山市、保定市、邯郸市属于非省会中心城市,分别有 12 所、16 所、7 所高校;山东省青岛市、烟台市、临沂市属于非省会中心城市,分别有 25 所、15 所、4 所高校;江苏省无锡市、南通市、淮安市、连云港市属于非省会中心城市,分别有 13 所、9 所、7 所、6 所高校;安徽省芜湖市、蚌埠市、安庆市属于非省会中心城市,分别有 10 所、6 所、5 所高校;浙江省宁波市、温州市、金华市属于非省会中心城市,分别有 14 所、11 所、7 所高校;福建省厦门市、泉州市属于非省会中心城市,分别有 17 所和 18 所高校;江西省九江市、赣州市属于非省会中心城市,分别有 7 所和 10 所高校;广东深圳市、湛江市、汕头市属于非省会中心城市,分别有 8 所、6 所、3 所高校;海南省三亚市属于非省会中心城市,有 6 所高校;广西壮族自治区柳州市、桂林市属于非省会中心城市,分别有 10 所和 6 所高校;黑龙江齐齐哈尔市、大庆市、佳木斯市属于非省会中心城市,分别有 6 所、5 所、4 所高校;吉林省吉林市和延吉市属于非省会中心城市,分别有 8 所和 3 所高校;辽宁省大连市、锦州市、丹东市属于非省会中心城市,分别有 25 所、9 所、3 所高校。上述非省会中心城市总计 65 座。

## 二、非省会中心城市高等教育及其核心要素

怎么理解和把握我国非省会中心城市高等教育? 首先,进一步明晰高等教育的定义。通常来说,"人们把高等教育定义为在完成中等教育基础上进行的教育,是培养高级专门人才的社会活动。"[①]在这个定义里,高等教育被称为一种活动,这是一种狭义的高等教育。广义的高等教育应当包括以高层次学习、教育教学、科学研究、社会服务、文化传承创新、国际交流等为主要任务的各类高

---

① 何小松. 中国内地与香港高等教育合作机制研究[D]. 广州:华南理工大学,2012.

等教育机构,以及这些高等教育机构围绕人才培养开展的活动;还有政府出台的有关高等教育的政策文件及组织的有关高等教育活动;政府中的高等教育主管部门作为公办高等教育主办方的组织实施者也是高等教育的一个重要组成部分;另外,还包括积极参与高等教育发展、向高等教育机构捐赠资源的市场的力量等。我国高等教育机构的组成,根据高等教育不同性质的分类标准,又有公办教育和民办教育之分,还有普通教育与成人教育之分,专科教育、本科教育和研究生教育之分。另外,一座城市的高等教育又可以包含其高等教育发展的历史积淀、文化传承、管理体制、面临的外部环境、各高校之间的竞争与合作等因素。

由此可见,广义的非省会中心城市高等教育应当是非省会中心城市中的各类高等教育机构及这些机构开展的活动、政府出台的有关高等教育的政策和开展的活动以及政府主管高等教育的部门、参与举办城市高等教育的市场力量的有机集合。为了简化和便于表述,本书中用"高校""政府""市场"分别代表上述三要素,其中"高校"是核心要素,"政府"和"市场"属于外围要素。

根据前述的非省会中心城市的定义,经过调研统计,比对分析 2021 年和 2016 年我国非省会中心城市及其拥有的高校、在校大学生规模、教职工规模等情况(见附录 1 和附录 2),来梳理、总结、分析我国非省会中心城市高等教育的发展。

先来看 2016 年全国非省会中心城市拥有的高校、高校在校生、教师规模的基本情况。2016 年我国有普通高校 2595 所,地级市、地区、自治州、盟 333 个,其中地级市 293 个;全国高校在校生 3280.23 万人。全国有非省会中心城市 65 个,占全国地级以上城市的 22.18%。非省会中心城市共有普通高校 443 所,占当年全国高校数量的 17.07%,其中"双一流"高校共 5 所[厦门大学、大连理工大学、中国海洋大学、中国石油大学(华东)、江南大学],占全国总数的 3.5%;在校生 566.42 万人,占全国普通高校在校生的 17.27%。

各省(自治区)非省会中心城市中的高等教育资源分布情况是:湖南省 11 所高校,湖北省 13 所高校,四川省 23 所高校,云南省 7 所高校,贵州省 15 所高校,新疆维吾尔自治区 1 所高校,青海省 1 所高校,甘肃省 5 所高校,宁夏回族自治区 1 所高校,内蒙古自治区 5 所高校,陕西省 10 所高校,山西省 15 所高校,河南省 18 所高校,河北省 32 所高校,山东省 36 所高校,江苏省 34 所高校,安徽省 21 所高校,浙江省 32 所高校,福建省 34 所高校,江西省 17 所高校,广东省 17 所高校,海南省 6 所高校,广西壮族自治区 21 所高校,黑龙江省 15 所高校,吉林省 11 所高校,辽宁省 42 所高校。从中可以看到,有 5 个省(自治区)拥有 20 所以上高校,辽宁省最多,山东省次之,福建省和江苏省并列第三;新疆维吾尔自治区、青海省、宁夏回族自治区均为 1 所。另外,在非省会中心城市中,大连市拥有 30 所高校,位列第一;青岛市拥有 20 所,位居第二;厦门市位居第三,有 16 所;不少西北、西南地区的城市拥有 1 所或 2 所高校。总的来看,华东、东北、华南等区域的非省会中心城市高等教育规模较大。这一现象和结果形成的原因,既有历史上全国高校学科调整、高等教育管理体制改革、抗日战争时期高校迁徙等因素,也有改革开放后这部分区域经济发展快、高等教育发展同比增长更快等因素。

比对 2021 年和 2016 年两个年度的情况可以看到,从 2016 年到 2021 年的五年间,部分非省会中心城市高校数量有所变化,在非省会中心城市中,高校数量增加的城市有 15 个,共增加了 25 所高校,其中,涉及东部地区城市 8 个,共 14 所(青岛市 5 所、邯郸市 2 所、烟台市 2 所、南充市 1 所、唐山市 1 所、临沂市 1 所、连云港市 1 所、厦门市 1 所);涉及中部地区城市 4 个,共 6 所(榆林市 2 所、开封市 2 所、大同市 1 所、怀化市 1 所);涉及西部地区城市 2 个,共 4 所(泸州市 2 所、包头市 2 所)。高校在校生数量增加超过 4 万的城市有 3 个,其中最多的城市是厦门市,增加了 47303 人;紧随其后的是泉州市和唐山市,在校生分别增加了 46985 人和 46783 人。从上述高校数量有增加的城市的区域分布看,这些城市基本上集中在经济较发达的东部地区,这一变化显示出城市经济发展水平与高等教育发展速度的正相关。

### 三、非省会中心城市高等教育的外围要素

前文已经阐述了非省会中心城市高等教育的核心要素是城市里的各类高等教育机构,也就是本书界定的"高校"。直接或间接影响、参与城市高等教育的非核心要素,也就是非省会中心城市高等教育的外围要素,主要是城市政府及主管高等教育的部门和与高等教育相关的市场,即本书所说的"政府"和"市场"。另外,外围要素还包括高校的校友、高校的合作伙伴、捐赠者、高校的兼职或名誉教授、高校的理事和董事等,其中的许多要素有时与"市场"存在交叉重合。这些要素对城市高等教育的影响力参差不齐、大小不一,而且受许多因素影响,导致其存在较大的不确定性、不稳定性。

#### (一)政府对高等教育的影响力越来越大

改革开放以来,我国一直在不断地探索、改革、创新高等教育的管理体制,

构建举办者、办学者和管理者之间职责明晰,从中央高度集权转向中央和省两级管理(以省为主)与中央、省、地(市)三级办学的管理体制架构。

在这样一种管理体制背景下,城市政府越来越重视高等教育对城市发展的作用,政府对高校在党的建设、意识形态工作、安全稳定等属地化工作领域中承担的管理职责越来越多,政府对高校的人才培养、师资队伍、科学研究、学科专业建设等也越来越关注和重视,通过科研项目立项、人才引进激励、专项资金支持、土地划拨和校舍建设等诸多利好政策和举措,吸引本市以外的知名高校加盟或支持原有高校按照城市发展需求建设发展,从而有计划、有目的地加强对高校的统筹协调、管理服务和激励约束。由此,政府在越来越多的领域对城市高等教育的发展施加影响力。

为了加强对本市高等教育的管理服务,有的城市政府成立高校工作委员会或教育工作委员会及高教处,专门负责高等教育发展统筹领导工作。有的城市政府通过出台高等教育发展规划、高等教育服务城市评估指标体系,围绕城市产业发展需求设立学科建设专项引导基金等宏观管理政策,加强对高校建设发展方向的引领、主导和管理。部分城市借助较为雄厚的经济实力,大力引进和新建高校或高等教育研究院,扩大高等教育规模,着力提升城市高等教育综合实力。

### (二)关系密切人群对高校的影响不可小觑

高校的建设发展一般会得到社会的广泛关注和不同层次、不同程度的影响。其中,校友是最关心母校发展的一类群体。校友是一所高校的宝贵财富,是学校发展的"潜力股"和有生资源。校友的力量对于母校的发展是潜在的、强大的,特别是从内心感恩母校、关心支持和积极参与母校发展的校友群体,通过参加校友会、基金会、理事会或董事会,或者通过捐赠,参与到母校的建设发展当中。随着互联网信息技术水平的不断提高和新媒体的普及应用,天南地北的校友被聚集到一个个大小不一、形式各异、层出不穷的院系群、年级群、班级群、师门群、校友群等社交群体中,以地区为主要平台的传统校友会组织与各种校友微信群并驾齐驱、交相辉映,微信群的活跃度、交融度和影响力、组织力渐渐超越了传统的校友会平台。这类群体一旦遇到一些与母校有关的事件,要么形成强有力的正向舆论,要么产生意想不到的负向舆情,对母校乃至政府、市场产生作用力、施加影响力。如若是正能量的就会有利于母校的发展,如是负面的则会对母校和城市高等教育发展产生阻碍。

继续教育培训学员群体是影响高校发展的要素之一。伴随着我国高等教育大众化、普及化发展,学历继续教育的社会需求和作用发挥正在逐步弱化,非学历继续教育培训在学习型社会的建设和推进中发挥着越来越重要的作用。非学历继续教育培训的学员在一定时期内就读于高校的某个培训班,完成后颁发培训证书或结业证书。这些学员没有学籍,不属于传统意义上的在校生群体,与全日制学生的管理方式也不同。按照一般惯例,学习不满三个月的培训班学员不作为校友对待,但这一类人群因为曾经受教于此,也会或多或少地惦念着学校,不时地关心和影响着学校的建设发展,特别是这部分学生大多是在职的且具有相对较强的资源整合力和社会影响力,如果他们对接受培训的学校有归属感和认同感,就会在合适的时机有意无意地宣传学校、关心学校乃至捐赠办学资源以帮助学校发展。当然,如果他们对学校不认同或有不好的印象,则可能对学校漠不关心,或时常流露、宣泄不利于学校发展的负面情绪。

在校生的亲友也不同程度地关注和影响着高校。全体在校生的亲人朋友,特别是父母,因为关心子女在学校的学习生活而学校的改革发展,进而关注高校所在城市及高等教育的发展情况。有的家长会围绕学校发展存在的问题提出意见建议,成为参与性、影响力越来越强的一个群体。学生家长会在学校的课程建设、学业管理、综合评价、课外活动、考研学习、创新创业、就业成才、师生关系、心理健康等许多方面,积极发挥自己的作用,力图影响和推动学校有关方面向着自己认为更好的方向发展。另外,关心学生的其他亲友,也会不同程度地关注学校发展,在某些场合评判学校、宣传学校或者提出改革发展建议。

捐赠者在一定程度上也会影响高校的改革发展。给学校进行捐赠的人员或单位,或捐赠物资、资金用于办学,或设立助学金、奖学金,捐赠者客观上成为载入学校发展史册的人。随着市场经济和社会文化发展的繁荣,越来越多的商界精英和贤达人士出于热心公益或回馈社会等目的,主动捐赠资金给高校,设立奖学金、奖教金或用于建设图书馆、实验楼等。高校对捐资数额较大的人士,有时也会相应地给予学校理事、董事等身份,定期与其交流或通报学校发展,特别是捐赠资金、物资的使用情况。由此,捐赠者也或多或少地参与到学校的发展中,产生一定的影响力。

### (三)办学治校合作者、参与者对学校有不同深度的影响

高校在办学过程中,可能会与社会上各类组织或非组织群体开展相关合作,这些合作者主要包括与学校有某种合作关系的企事业单位、非政府组织、社

会团体、新兴非组织群体以及国内外科研院所,他们与学校围绕人才培养、科学研究、社会服务、文化传承与创新、国际交流、后勤服务、成果转化、科研联合攻关等,进行不同层次、不同程度的交流合作。这些合作者在与各高校进行合作的过程中,产生和建立了某种关系,客观上会对高校的人才培养、管理治理、服务保障等某些方面产生不同程度、不同层次的影响。

另外,还有一些知名人士可能会担任学校的名誉教授、名誉博士、顾问、董事、理事,通过参与学校顾问委员会、校务委员会、指导委员会、战略发展委员会、董事会、理事会等,对学校改革发展方向、对外交流合作、社会服务等事业给予一些决策咨询,提出意见和建议,在这个过程中影响学校发展。还有一些市场主体在国家法规政策许可的前提下,通过投资兴办民办高校成为学校的举办者,或者通过参与公办高校二级学院公私混合所有制建设,影响着学校某些学科专业和二级学院的人才培养等,进而影响学校事业的发展。

# 本章小结

本章对高等教育、城市高校、城市政府、城市市场、非省会中心城市、城市高等教育等几个在本书中需要重点研讨的概念进行了理性思辨和分析阐释,通过系统梳理归纳和阐释说明,厘清了相关词语的内涵要义。在对高等教育与城市高校、城市政府和城市市场的逻辑关系开展分析之后,引入并界定了本书中的非省会中心城市,本书的非省会中心城市是指省会城市以外、在一定区域的经济社会和高等教育活动中处于中心地位、对周边区域高等教育发展具有辐射引领作用的省辖区域性中心城市。根据此定义,笔者对全国非省会城市进行了系统梳理分析,界定指出 2021 年全国有 65 座城市为非省会中心城市,进而提出广义的非省会中心城市高等教育是非省会中心城市中的各类高等教育机构及这些机构开展的活动、政府出台的有关高等教育的政策和开展的活动以及政府主管高等教育的部门、参与举办城市高等教育的市场力量的有机集合。在此基础上,进一步对非省会中心城市高等教育及其核心要素、外围要素进行了深入探讨,其中"高校"是核心要素,"政府"和"市场"属于外围要素。研究发现,城市高校与城市高等教育之间是不可割裂、相辅相成的,政府与高校之间、市场与高校及政府之间都在矛盾统一中不断博弈和向前发展。

# 第三章 非省会中心城市高等教育
# 创新发展的背景分析

我国非省会中心城市高等教育发展面临的国际、国内环境纷繁复杂。研究非省会中心城市高等教育创新发展策略,需要从非省会中心城市发展的历史与现况、我国高等教育发展演变的特点、非省会中心城市高等教育发展与治理体制改革、可资借鉴的国际经验启示等几个方面,全面梳理分析发展的背景,掌握历史发展的规律。同时,分析非省会中心城市高等教育发展面临的挑战和机遇,洞悉发展的态势,探析预判发展愿景,归纳发展特征。

## 第一节 非省会中心城市高等教育创新发展的历程

古人云,以史为鉴可以知兴替。我们要探究和把握事物的发展,就要学会以历史为镜子,通晓兴衰更替的规律,探究非省会中心城市高等教育也不例外。厘清非省会中心城市发展的历程、中心城市相关政策的演进及面临的机遇与挑战等相关背景,分析其经历了怎样的从无到有、由小到大的发展过程及其治理体制改革,可以从中探求到可资借鉴的宝贵经验。

### 一、非省会中心城市发展的历史与现况

如何分析非省会中心城市发展的历史与现况?首先要从中心城市政策演进的历程切入,厘清各级各类中心城市的相关概念、发展进程,进而梳理和阐释非省会中心城市发展面临的机遇与挑战,解析城镇化、智慧化、创新型城市建设和政府治理能力提升为非省会中心城市发展创造的契机。

#### (一)中心城市政策演进历程

我国正式提出国家中心城市的概念大约在 2005 年,当时国家建设部编制全国城镇规划体系,把北京、上海、天津、香港等城市列为国家中心城市。从此,

"中心城市"这一概念开始进入人们视野,并迅速引发广泛关注,社会各方对中心城市的解读可谓是五花八门。有人认为"中心城市"指的是大都市或都市圈的核心城市、省会城市,只有彰显中心地位作用才能称得上、配得上这个称号;也有人认为,此处所讲的"中心城市"可以指作用于某个区域的区域性中心城市;还有人提出,某些县级市是否也可以作为一定区域内的县域城市群的中心城市。[①] 还有观点认为,我国行政区划中的地级市,严格意义上讲不是城市,而是一个行政区,地级行政区的范围一般是1万平方千米至3万平方千米,这样大的一个范围需要一个中心城市来引领带动,由此可以得出一个结论:地级市范围内理论上应该有一个区域中心城市。

2010年编制的《国家城镇体系规划(2006—2020)》将我国城市分为四个级别的城市体系,即国家中心城市、区域中心城市、地区中心城市和县域中心城市,明确了中心城市的功能,即中心城市应以具备或体现六大中心职能为目标,具有集聚、辐射、引领、综合服务等功能。该《规划》提出要把北京、上海、天津、广州、重庆等城市作为国家中心城市来重点打造。在这个规划的引领下,国家有关方面积极推动发展中心城市,现已有北京、天津、上海、广州、重庆、成都、武汉、郑州、西安9座城市被确定为国家中心城市。从目前正式设立的国家中心城市来看,国家中心城市应当是居于国家战略要地、肩负国家重大使命的超大城市,是可以引领区域战略发展和代表国家形象的现代化城市,是具备参与国际竞争实力的国际化大都市。实践证明,国家中心城市作为全国综合实力最强的几个城市,在我国城市体系、国家经济社会发展中处于主导地位。推动国家中心城市的高质量发展,对于发挥其辐射和带动功能,推动城镇化发展,提升创新发展能力和国际竞争力等方面,将会发挥重要的、不可替代的作用。

规划建设中心城市,是引领新型城镇化建设的重要抓手。我国国民经济和社会发展第十三个五年规划纲要明确提出,要增强中心城市辐射带动功能,大力建设和发展一批中心城市,强化中心城市的区域服务功能。《纲要》指出,要加快提高超大城市和特大城市的国际化水平,疏解中心城区的一些非核心功能,强化中心城市与周边城镇的通勤与一体发展,促进都市圈的不断形成和发展。由此可见,"十三五"期间我国城镇化建设目标是力求中心城市建设发展与新型城镇化建设实现互动共进。事实上,我国的城镇化发展也基本实现了这一目标。一方面,通过新型城镇化的实施,中心城市的外延规模不断扩大,经济和

---

① 王红茹. 中国需要多少个区域性中心城市[J]. 中国经济周刊,2020(9):40-42.

人口承载力不断扩容,有力地推动了中心城市的建设和功能的发展完善。另一方面,通过有计划、竞争性地建设中心城市,特别是发展中心城市,引领带动那些具备一定条件的城市围绕中心城市的功能作用和必备条件而积极谋划、投入和建设,加速了我国城镇化发展步伐,提高了其辐射带动能力。据国家发展改革委统计分析,2021 年末我国常住人口城镇化率升至 64.72%,比 2015 年提高8.6 个百分点。我国东中西和东北"四大板块"联动发展,重大区域协调发展战略加快落实,城乡、区域协调发展呈现新格局。这是城镇化建设发展成效的一个重要体现。①

有学者认为,我国未来新格局应该是 10 个左右的国家级中心城市、15 个城市群、200 个区域性中心城市。2020 年,国家"十四五"规划和 2035 远景发展目标提出,要进一步优化我国的行政区划设置,更好地发挥中心城市和城市群的辐射带动作用,建设发展现代化都市圈。其中,专门提出要推进成渝地区双城经济圈建设,推进以县城为重要载体的城镇化建设。② 2022 年 5 月,国家印发《关于推进以县城为重要载体的城镇化建设的意见》,进一步明确了我国城镇化建设的目标、要求。这两个文件明晰了我国未来五年乃至更长一个时期内中心城市和城市群建设的总要求,宣告了未来城镇化建设要以县城为重要载体,县城将是未来城镇化建设的一个重心所在。③

### (二)非省会中心城市发展面临的机遇与挑战

城镇化、智慧化和创新型城市建设是非省会中心城市发展的大趋势,提升政府治理能力是非省会中心城市建设发展的重要目标,更好地推进城市市场主体作用的发挥应是非省会中心城市现代化建设的必由之路。这些都为非省会中心城市高等教育发展提供了许多难得的机遇,也带来不少新的挑战。

#### 1. 城镇化、智慧化和创新型城市建设发展带来许多新任务新要求

城镇化发展有许多新任务新要求,为非省会中心城市发展带来新机遇。城镇化是工业文明时代的重要表现,是人们生活方式转变的重要标志,城镇的繁荣程度也是一个国家繁荣程度的缩影。城镇化是实现现代化的必由之路,也是

---

① 赵弘,刘宪杰. 以可持续城市理念推动国家中心城市高质量发展[J]. 区域经济评论,2020(5):76-84.

② 王佳宁,罗重谱,白静. 成渝城市群战略视野的区域中心城市辐射能力[J]. 改革,2016(10):14-25.

③ 王少伯. 如何深刻理解"优化国土空间布局,推进区域协调发展和新型城镇化"[J]. 党课参考,2020(Z2):132-147.

我国乡村振兴和区域协调发展的有力支撑。《国家新型城镇化规划（2014—2020年）》明确提出，到2020年要实现常住人口城镇化率达到60%。这个目标提前一年完成，2020年全国城镇化率已达63.9%。回顾城镇化发展历程可以看到，中华人民共和国成立以来，我国城镇化发展经历了以重工业为推动力的中小城市发展、以农村工业为推动力、以人民公社为载体的就地城镇化发展、乡镇工业带动的农民就地城镇化发展，以及城市大工业带动的农民进城城镇化发展等四个阶段。经过几十年的发展，2021年我国城镇化率达到65%。城镇化的目的是建设让生活更美好的城市家园。从某种意义上讲，我国城镇化现已进入中后期。无论从整体的城镇化还是从单个城市来看，都在进入一个新的发展阶段，也就是以提高质量为主的高质量发展阶段，这个阶段就是要积极探索新型城镇化道路。我国应当突破传统城镇化发展模式的问题，从具体实际条件出发，改变以往的以工业化作为城镇化推动力的思维定式，改变过去一味地把农民进城作为城镇化发展的主要模式的观念，根据各省省情、各市市情，有针对性地革新城镇化发展理观念、理论、目标和思路。国家有关文件已经明确地提出，要坚持实施区域协调发展和主体功能区战略，优化国土空间布局，着力构建国土空间开发保护新格局，推进以人为核心的新型城镇化，科学合理地规划城市规模、人口密度以及城市的空间结构，促进各级各类城市、城镇的相互支撑、相互协调。当前和今后十五年，主要任务发挥中心城市以及城市群的优势和功能作用，着力打造都市圈，同时也要积极推进以县城为重要载体的城镇化建设。因此，随着城镇化的高质量发展，非省会中心城市建设和发展的条件、环境越来越有利，需求也愈来愈迫切，同时也被赋予更多新内涵、新要求、新期待。①

智慧化城市加速建设，也为非省会中心城市发展提供诸多良机。智慧城市建设主要是综合运用互联网、物联网等一系列现代信息技术与传感等技术，使构成城市的各种基础设施、资源要素实现互联互通协同，是当今城市管理与发展的新理念、新路径、新模式。智慧城市建设是现代化建设的重要环节，建成后的智慧城市将是物物相连、人物互动、高度数字化信息化的现代化城市。我国正努力向着新一代信息技术领域奋力追赶，力求通过跨越式、超常规的异轨竞争，尽快赶上、超越世界一流水平。目前，我国在5G网络、人工智能领域业已走在世界的前列。未来，继续不遗余力地推进以5G网络、人工智能、物联网等为

---

① 彭宇文，陈金雪. 新型城镇化背景下城市建设用地扩张与驱动力分析——以湖南省为例[J]. 创新科技，2019(7)：29-34.

主要代表的新基建,是我国的一项重大战略基础工程,这将为加快推进和早日实现新型城镇化、城市智慧化打下坚实的基础。2012 年开始,国家先后出台了《智慧城市试点暂行管理办法》《新型城镇化规划(2014—2020)》等一系列重要政策文件,不断加大这方面的建设和投入力度。① 应当说,智慧城市建设是一个复杂的横跨多个系统的庞大工程,也是一个长期建设的过程。新型城镇化建设需要与智慧城市的发展更好地结合,通过双方相互之间的协调发展,加快双方的发展速度与质量。② 智慧化城市建设能够为非省会中心城市发展提供强大的助力,为人们提供更加便利的生活,提升城市的现代化水平。换言之,非省会中心城市发展需要智慧化,智慧化城市是非省会中心城市发展的一个重要目标。

　　加快创新型城市建设步伐已成了国家创新驱动战略重要内容,为非省会中心城市创新发展提供了重要舞台和契机。我国创新型城市建设起步并不算早,但一直在加速。学术界于 2007 年开始针对创新型城市和创新型国家的建设效果评价展开探讨。2008 年,深圳获批为国内第一个创新型城市试点单位。2009 年,国家发展和改革委员会印发了有关加强区域创新基础能力建设的文件,提出要重点围绕创新型城市提升区域创新基础能力。2010 年,国家发展和改革委员会、科技部推出了创新型城市建设的监测指标。此后,学界的研究主要结合政策文件中的指标体系展开理论探讨。这一时期,创新型城市建设的评价研究呈现出方法多元化的特征,而且数量激增。2012 年,国家创新驱动发展战略确立之后,学术界开始结合创新驱动战略的思想精髓进行更加广泛深入的理论探究。2016 年,国家出台了有关创新驱动发展的战略纲要,进一步明确提出要不断增强创新型城市的辐射带动功能,发挥好引领作用。2018 年 4 月,国家发布了关于支持新一批城市开展创新型城市建设的通知,增列 17 个城市进入国家创新型城市建设名单,着力引导推进城市加快创新驱动发展。至此,创新型城市建设迈入了新的发展阶段。③ 可以说,科技创新已经被摆到了国家发展的中心位置,非省会中心城市必须抢抓创新型城市建设带来的重大机遇,通过创新驱动为非省会中心城市发展注入高质量的新动能、新活力。

　　综上所述,在国家城镇化、城市智慧化、创新型城市建设的大背景下,非省

---

　　① 刘勇. 新时期我国城市转型发展的机遇与路径[J]. 新经济导刊,2020(2):59-62.
　　② 严冬晴. 新型城镇化背景下智慧城市建设分析[J]. 智能城市,2020(18):48-49.
　　③ 郑烨,笑飞,孙淑婕. 中国创新型城市研究历经了什么?——创新型国家建设以来的文献回顾与反思[J]. 中国科技论坛,2020(8):88-97+109.

会中心城市作为区域中心城市,其城镇化发展的速度和质量关系到城市发展的速度质量,智慧化城市和创新型城市建设更是其发挥辐射带动、引领示范作用的重要支撑,理应得到城市政府的高度重视。因此,城镇化、智慧化和创新型城市建设,既是非省会中心城市未来发展提升的重要奋斗目标,也为非省会中心城市的发展带来前进的动力、成长的良机。

2. 将城市政府治理能力提升到城市发展的突出位置

非省会中心城市政府治理能力提升是实现国家治理能力现代化的重要组成部分。有研究表明,我国城市政府治理模式正在由统治走向治理,治理范围从全能走向有限,治理方式标准由人治变为法治,治理职能从管制走向服务。[①]提升非省会中心城市政府治理能力,应着重抓实以下三个方面。

第一,要推进非省会中心城市政府"放管服"改革,深化简政放权,重新理顺政府和市场的关系,着力发挥市场在资源配置中的主导性作用,不断减少政府对市场的干预,推进要素资源配置市场化,力求政府不进行不当干预,配置公共资源主要依靠政策引导和调节宏观经济运行。同时,提升多元主体协同共治能力,创新监管方式,增强政府的公信力、执行力和治理能力。[②]

第二,不断完善公共服务体系,提升非省会中心城市依法管治能力。推进城市基本公共服务的均等化,建立健全有利于更高质量就业的促进机制,构建服务城市民众终身学习的教育体系,健全完善能够更好地覆盖全体市民的社会保障体系,逐步建构扁平化的城市治理体制,形成扁平化社会治理格局,把处理政府与市场、政府与社会的关系作为转变政府职能的突破口。[③]

第三,提升非省会中心城市自治和协同共治能力。建构多元主体互动与合作的政策过程和治理体系,是消解城市治理困境的必经之路。通过切实发挥政府组织的社会整合功能,增强基层组织的领导力和整合力,形成携手共治的"多元化"工作机制,构建政府主导与居民自治相结合的基层社会治理格局。通过激活居民委员会的法定自治功能,提升其开展社区自治、服务辖区居民的能力。完善社会组织培育和监管体系,打造以社区居民需求为导向的服务共享平台,创新居民通过社区社会组织参与社区治理的路径和机制。

简言之,城市政府治理能力的提升为非省会中心城市高等教育发展提出了

① 唐天伟,曹清华,郑争文. 地方政府治理现代化的内涵、特征及其测度指标体系[J]. 中国行政管理,2014(10):46-50.
② 李军鹏. 新时代的社会矛盾转化与政府职能转变[J]. 吉林党校报,2020(12):39.
③ 杨林. 从集聚到均衡发展:加快建构协调发展的城镇格局[J]. 国家治理,2018(19):12-19.

许多新任务新要求,使城市高等教育可以获得更多发挥自身优势以助力城市治理能力提升的新项目,高等教育发展的软环境也会得到改善。当然,改革难题也随之而来,给非省会中心城市高等教育的发展带来一些挑战。

## 二、我国高等教育发展的演变历程与特点

我国高等教育的发展史跌宕起伏、波澜壮阔,其布局结构也因战乱和时代更替一变再变。从精英化到大众化再到普及化,这个发展过程中伴随着高等教育地方化。我国高等教育发展演变的历史可歌可泣、有喜有悲,未来前景十分广阔、催人奋进,我国正在从高等教育大国加速迈向高等教育强国。

### (一)精英化时代高等教育历经不平凡、不平衡的发展演变

从 1862 年第一所新式学堂——京师同文馆成立开始,中国高等教育近代化的序幕拉开了。[①] 我国近代的新式学堂集中设立在与西方接触较为便利、工业比较发达的沿海沿江城市和通商口岸,如武汉、天津、上海、广州、南京等。当年中国的首批现代大学都建在了沿海沿江城市。江苏、安徽、福建、湖南和广东等省总共有 6~8 所大学,每省的在校大学生人数都超过了 1000 人。直隶(包括北平)共有 18 所,在校生 4028 人,占国立院校总数的 37%。而黑龙江、新疆、贵州和广西等内陆省份则只有一些小型法政学院,一所大学也没有。从 1912 年至 1945 年抗日战争结束,我国高等院校由 115 所增加至 141 所,增加速度是十分缓慢的。抗日战争初期,由于日本侵略者的狂轰滥炸,高校数量从 1936 年的 108 所减至 1937 年的 91 所。后来,经过内迁、合并、复校,高校建设又逐步实现了恢复并有所发展。

1911 年前后,中国高等教育发展的重点已经开始偏向沿海地区,不平衡的格局已初步形成。后来,随着北京、上海等地高等教育的不断聚集,这种不平衡的现象更加突出。当时,许多政府官员针对高等教育布局日益不平衡的境况,提出了按照法国模式建立大学区制。蔡元培出任民国第一任教育总长后,主持召开了"中央临时教育会议",讨论民国教育改革问题,会上有人提出将全国划分为四个大学区。1912 年,我国划分了大学、高师、专门学校的学区,后又屡次变动。1912 年,范源镰就任教育总长后,曾要将全国高等师范教育划分为六大区域。后来的中国六所高等师范院校就由此产生。1915 年 2 月,袁世凯颁布

---

① 黄启兵. 我国高校设置变迁的制度分析[D]. 南京:南京师范大学,2006.

《特定教育纲要》，提出"拟将全国划为四大学区，每区设大学一所"。1916年7月，范源濂再次担任教育总长后，又把全国分为七大学区。1925年教育部制定全国教育区域，将大学分七区、高师分六区。由于军阀混战，缺乏强有力的中央集权政府，再加上教育经费的匮乏，民国初期的高等教育布局发展的理念设想未能全部付诸实施，但这一办学理念是根据我国幅员辽阔、地区间经济文化发展极不平衡的实际情况提出的，是努力谋求全国教育文化平衡发展的重要举措，也奠定了我国高等教育地区分布的大格局，影响着以后的高等教育发展布局。1927年，蔡元培等提出了在当时的国民政府建立大学院来统筹管理全国的教育，在各地方区域实行大学区制，在每区设立国立大学一所，由该大学校长负责区内一切学术教育事宜，大学区制于1927年8月开始在江苏、浙江、河北等省份试行，并未向全国推行，后来因为实施过程中矛盾重重，于1929年被迫停止试行。1931年和1936年，高等院校地理布局和全国高等教育平衡发展问题先后被政府当局提及，但直到1937年全面抗战爆发，也没有实质性的行动。全面抗战爆发后，高校经历了一次大迁徙，77所迁移后方，14所留在敌占区勉强维持，其他17所被迫停办。这期间，国民政府颁布了一系列法令政策，希望能够借机对高校布局进行调整。1938年，当时的教育部部长陈立夫提出战时高校布局原则，即"在战时学校集中易受敌人破坏。所以今后当力顾地区上的平均发展，以提高内地边区的文化水准。"[1]1939年《高等教育改进案》和1940年的《专科以上学校分布原则》再次强调了各类高等院校分区设置，而且更加详细。1945年抗战胜利后，大部分高校陆续回迁，其中跨省迁移27所、省内迁移14所、留在原地17所。到1947年，全国各类高校增至207所。抗战迁徙给当时的中国高等教育带来了不小的灾难，但也在客观上调整了布局结构，内地和边远省份高校数量有较大增加，其中四川达到22所、陕西增至7所。另外，抗战期间由中国共产党领导的以干部教育培训为主要任务的高校，因为革命的需要，拆分、合并、新建、撤销、迁徙也十分频繁，其布局变化主要是出于革命斗争的需要。

　　1949年中华人民共和国成立后，高等教育建设以恢复学校秩序、接管教会学校、改造私立大学为主。1951年开始，国家对高校进行了全面的院系调整，1952年工作全面展开，1953年完成。1955至1957年侧重于高校区域分布，同时进行了战略调整。到1957年底，沿海地区与内陆的高校数量基本持平，分别

　　① 王荔，胡怡，刘继青. 抗战时期大学内迁与高等教育的布局调整[J]. 云南师范大学学报(哲学社会科学)，2010(4)：151-156.

是 114 所和 115 所,高等教育布局很不平衡、过于集中在少数沿海城市的局面得到明显改善。此次调整后形成的高等教育布局,一直延续到 20 世纪 80 年代。此次战略性调整的重要作用和意义可见一斑。在此阶段中我国经历了"大跃进"运动,按照"鼓足干劲,力争上游,多快好省地建设社会主义"的总路线,提出争取用十五年左右基本上使全国有条件的、自愿的青年和成年,都可以受到高等教育,以十五年左右的时间普及高等教育。历史和实践证明,这是一个不切实际、不合规律的目标。然而,就是在这一目标的驱使下,中央下放了高等教育管理权,全国掀起高等教育革命运动,出现厂矿、企业、公社大办高等学校的狂热潮流,普通高校从 1957 年的 229 所猛增到 1960 年的 1289 所,增长了五倍多。高等教育狂热的"大跃进"超出了当时的经济承载力,带来了教育质量的下滑和人才比例的失调。1961 年,国家进行了调整、巩固、充实、提高,全国高校数量调整为 407 所,减少了 882 所。1964～1965 年,国家又根据"大三线""小三线"和国防建设需要,调整高等教育布局,将一线的高校迁到二、三线城市或一分为二,加强了内地和边远省份高校的建设,到 1965 年全国高校达到 434 所,除西藏外各个省份都设立了高校。1966 年开始的"文化大革命",导致我国高等教育布局调整产生混乱,呈现出"越办越大,越办越下"的特点,出现了又一轮的高校迁、停、并、转。这一过程导致了我国高等教育发展史上高校设置兴废无度的乱局,高等教育人才培养数量和质量都受到了严重削弱。当然,这也是我国高等教育发展的一次"大革命"式的探索实验,是一次"摸着石头过河"的改革。

"文化大革命"后,国家开始进行高校的调整、恢复和重建。1978 年,全国普通高校由 1977 年的 404 所增至 598 所,其中恢复和新建师范院校 102 所。1982～1985 年,在高等学校审批权下放和高速发展高等教育政策的推动下,高等教育发展特别是高校增设迎来第二个高峰,三年增加 301 所高校。1993 年开始,随着社会主义市场经济体制理论与实践的不断探索,原有条块分割、高度集权的高等教育管理体制的弊端日益显现,许多高校开始了"共建、调整、合作、合并",新的四川大学、青岛大学、南昌大学、扬州大学、上海大学等经过多校合并应运而生,普通高校由 1989 年的 1075 所减少到 1998 年的 1022 所。与此同时,在效率优先和非均衡的国家区域经济发展战略的主导下,我国沿海地区逐步成为经济更具活力的区域,经济社会发展的区域差异逐步扩大,高等教育发展也形成了东强西弱、由沿海向内陆差距逐渐拉大的趋势。其中,1990 年新建的 114 所短期职业大学中有 43 所设在华东地区,西南、西北地区共有 14 所,仅占

12.3%;1321 所成人高校也是如此,华东地区有 332 所、占 25%,西北区地区只占 8.3%。这些高校的设立都是依赖于地方经济,东区沿海地区经济发展速度和水平直接影响和决定了高等教育发展速度,也在一定程度上影响了高校的设置布局。

从 1862 年到 2002 年,我国的教育事业走过了 140 年的精英化高等教育阶段。这一阶段经历了艰难的学习、模仿、借鉴,不断地改革探索实践,反复地调整、拆分、合并、新建和一系列关停并转,不少高校为了躲避战乱经历了长途迁徙,有的为了寻求更好的发展环境而搬迁到新的城市。国家民族的发展需要、经济社会发展繁荣的需求、政府的管控和影响、帝国主义的侵略和连年的战火洗礼、高等学校自身发展动力等诸多因素,推动着我国高等教育布局结构的一次次变革,经历了高等教育布局结构的不平衡发展、努力谋求区域均衡、效率优先的区域经济发展战略导致的新的不平衡等多个历史时期,可谓是波澜壮阔、跌宕起伏。

**(二)高等教育在快速变革跨越中实现大众化、普及化**

我国高等教育在快速变革中实现跨越,加速迈向普及化。其中,大众化前期以较高速度快速发展,大众化后期则进一步加速实现了量与质的蝶变。2019 年,我国高等教育进入普及化阶段至今,高等教育发展态势一直保持良好。

1. 大众化前期以较高速度跨越发展

自 1999 年高等学校开始"扩招"后,我国高等教育用短短三年的时间从量上实现了跨越式发展,到 2002 年高等教育毛入学率达到 15.3%,超越了马丁·特罗理论所讲的大众化高等教育的初始值,理论上跨入了大众化高等教育阶段。2019 年,对我国高等教育发展来说是十分值得纪念的一年,因为这一年我国的高等教育毛入学率超过了 50%,达到了 51.6%,飞速迈入了普及化高等教育,也向世界宣告我国大众化高等教育阶段的终结。如此算来,我国的大众化高等教育经历了 17 年。若将这 17 年再分为前后两个时期,则 2002~2011 年可视作前期,因为 2011 年我国高等教育毛入学率达到 26.9%,较 2002 年提高 11.6 个百分点,尚未达到大众化到普及化阶段的差值的二分之一,这一时期毛入学率年均增速为 1.29 个百分点,高等教育规模外延发展速度并不是大众化阶段最快的,而是处于中高速前进状态。当然,这是与我国高等教育大众化阶段整体速度而言的,实际上这个发展速度在世界高等教育发展史上已表现得十分抢眼。

首先,普通高等院校数量增长很快。其中,本科院校从 1998 年的 595 所增加到 2008 年的 755 所,增长 26.9%;同时期高职高专院校从 427 所增加到 1170 所,增长 174%。专科院校增长速度如此迅猛,远超普通本科院校,主要原因是高等教育管理体制改革后,专科院校设置权下放到省级政府,各地从本区域经济社会发展出发,新建和扩招的积极性得到激发,其中广东、山东、江苏三个省份新增专科院校数量位列前三,西藏、吉林、青海、宁夏、海南等新增专科院校都不到 10 所,明显落后于东部沿海省份。当然,与此同时,国家"西部大开发"战略又实现了高等教育向西部倾斜的战略目标,1998 年到 2008 年,西部欠发达地区本科院校由 180 所增至 468 所,增加了 288 所。

　　其次,民办高校、独立学院和分校、办学点的发展也比较快,对高等教育布局结构产生了较大影响。民办高等教育是改革开放以来特别是 1999 年高校招生持续扩招后快速发展崛起的。1999 年到 2007 年民办普通高校从 32 所增加到 295 所,占 2007 年全国普通高校总数的 15.5%。民办普通高校作为社会主义市场经济体制的产物,具有复杂性、多样性,一部分经济发达省份的民办普通高等教育发展快,主要是依托发达的市场资源;还有一部分省份,已有的丰富的公办高等教育资源为民办高校发展提供了强有力支撑;另外一些省份,主要是因为地方政府制定实施了有利于民办普通高等教育发展的政策措施,在政策推动激励下实现了快速发展。独立学院发端于 1993～1995 年,1999 年高校扩招后日渐形成规模,2003 年国家出台了有关规范加强普通高校以新的机制和模式试办独立学院的文件,这一文件为我国独立学院的发展确立了目标方向。独立学院的创办发展丰富了高等教育办学形式,调动了社会力量办学的积极性,在一定意义上缓解了扩招带来的资源短缺矛盾。统计结果显示,2004 至 2008 年四年间,独立学院增加最快的是江苏、广东、山东三个省份,说明经济发达程度是影响独立学院布局的首要因素,其发展的不平衡性也扩大了高等教育布局的绝对差异。1999 年以后,高校分校和办学点的布局与区域经济发展水平有着密切关联,但总体上在向中等发达和欠发达地区逐步倾斜,在一定程度上有助于高等教育布局结构均衡化发展。

　　最后,不同地区、不同类型、不同水平的高校的招生规模变化也影响着高等教育布局结构。自 1999 年开始实施的高校扩招,源于 1999 年教育部出台的《面向 21 世纪教育振兴行动计划》,也被称为大学扩招或大学生扩招。2002 年,全国高校扩招 15 万人,但北京大多数高校不扩招,其中的部委重点院校一般不扩招,且部委重点大学招生规模从 2002 年开始总体上保持基本稳定,重点是提高教学质量。所以说,我国高等教育规模扩招的任务由此开始就压在了地方高等院校身上,这是一个光荣而艰巨的任务,因为它为非省会中心城市高等教育发展创造了机会,同时也为其高质量发展带来巨大挑战和压力。

2. 大众化后期加速实现量与质的蝶变

我国高等教育大众化的后期可以从 2011 年开始算起,自此之后,高等教育大众化步伐进一步提速。到 2019 年实现普及化这一阶段,高等教育毛入学率年均提升 3.2 个百分点,是大众化前期高等教育毛入学率增速的两倍多。期间经历 3 年飞速发展,2014 年达到了 37.5%,提升了 10.6 个百分点;2017 年毛入学率达到 45.7%;又经历两年更快的发展之后,2019 年达到了 51.6%。

这期间,除了高等教育数量和毛入学率的提升变化外,高等教育布局结构也在发生着变化。例如,到 2017 年,我国高等教育布局结构发生了一系列新变化:地级及以上城市拥有高校数量占 97.26%,其中直辖市、省会城市、计划单列市共计 36 座,占城市总数的 5.16%,这些城市拥有的高校数量占了全国高校数量的 57.7%。然而,占全国城市一半的县级市拥有的高校数量仅占全国高校数量的 0.49%,其中 42 所"双一流"大学全部分布在直辖市、省会城市和非省会中心城市,普通本科和民办普通高校中坐落于地级及以上市的高校数量占比分别为 98.07%、98.66%。其中,人口超过百万的大城市拥有的高校数量占全国高校数量的 98.64%。当然,并不是超过百万人口的城市都拥有数量较多的高校,也有 66 座城市没有普通高校。

总之,通过政策调控,在快速发展高等教育规模同时,政府一直在努力从布局上进行统筹,力求将高等教育向欠发达地区倾斜,不断缩小区域差距。但我国的高校分布依然不均衡,大城市特别是省会和直辖市拥有的高校数量在全国高校中的占比依然很大,占城市大多数的非省会城市拥有的高校数量在全国高校中的占比仍然偏小。

3. 迈入普及化后高等教育发展态势良好

2019 年我国高等教育毛入学率实现了历史性跨越,进入了普及化阶段。如果将高等教育普及化分为初级、中级和高级三个阶段,其普及率依次为 65% 以下、65%～80%、80% 及以上,我国目前应当是处于普及化的初级阶段。正是因为我国高等教育普及化尚处于初级阶段,所以,目前高等教育的总体特征仍有大众化的某些特征。当然,普及化的特征已经初露端倪。只有当我国高等教育普及化得到比较充分的发展后,其特征才能日益清晰地显现出来,并继续不断地变化、发展,直至成熟、稳定。

通过对较早进入普及化阶段的国家的高等教育特点进行研究,结合我国国情和高等教育发展趋势,别敦荣研究认为,我国高等教育普及化发展可能具有规模大、重公平、个性化、多样性和有质量等主要特征。所谓规模大,是因为我国现有高等教育在学人数居世界第一位,是超大规模。高等教育由精英化走向普及化的发展过程就是要逐步让所有适龄人口都能够接受高等教育,这是重公平特征的重要体现。普及化也进一步增强了高等教育内在的复杂性,差异性也随之增多,而人才培养理应尽可能全方位满足所有学生的个性化发展需要,这就意味着普及化高等教育应当是个性鲜明的教育,不仅要满足个性差异显著的受教育者的需要,而且要满足经济社会发展的需要。[①] 这两重需要有交叉重叠、更有差异,同时作用于普及化高等教育,将高等教育的多样性推到极致,从而使高等教育具有极强的适应性。普及化不是无质量底线的高等教育发展,而是有质量的高等教育发展,这是它的生命力之所在。

高等教育普及化不可能自发地形成和实现,普及化发展需要政府、高校、社会各方共同奋斗、齐心协力。普及化进程必然会受到诸多因素的制约、干扰或推动、拉动,普及化的发展需要持续的动力和必备条件的支撑。为顺利推进我国高等教育普及化由初级向中级发展,进而迈向高级阶段,未来需要在拓展生源渠道、增加资源投入、提升质量保障等多方面发力。据测算,尽管我国 2020年的高等教育毛入学率已经达到 54.4%,但净入学率仅为 40% 左右,这说明60% 左右的适龄人口并没有接受高等教育的机会。另外,我国高考录取率反映出来的生源"枯竭"的问题需要引起重视:一是职业高中毕业生参加高考的权利非常有限;二是弱势群体和一部分辍学生没有顺利完成中等教育。解决好这两部分人的受教育问题,对扩大普及化高等教育生源必然是有帮助的。[②]

总而言之,我国已经达到了普及化的标准门槛值,成功地迈入了高等教育普及化的新时代。可以预判的是,如没有十分特殊的情况,我国高等教育低于普及化水平的可能性很小。只要我国经济社会及高等教育持续健康发展,未来我国高等教育发展将始终处于普及化进程之中,我们必将在高等教育强国梦想指引下不断提升高等教育普及化的质量、水平和层级。

### (三)高等教育地方化伴随大众化、普及化不断发展

何为高等教育地方化? 我国高等教育地方化是怎么形成的? 有研究指出,

---

① 别敦荣. 高等教育普及化的动力、特征和发展路径[J]. 高等教育评论,2021(1):1-6.
② 别敦荣. 高等教育普及化的动力、特征和发展路径[J]. 高等教育评论,2021(1):7-12.

高等教育地方化是指一个国家高等教育重心不断下移、高等教育举办权和管理权不断下放的过程。地方化的特征主要表现为地方掌握着愈来愈多的高等教育管理权以及办学自主权,地方财政给高等教育的办学资金也日益增多,高等教育为地方服务的适切性逐步提升。高等教育地方化的发展,涉及中央与地方权力分配的演变、经济体制从计划到市场的转变,体制外教育的发展等几个维度。地方化发展的主线是中央政府向地方政府下放高等教育办学权。

我国高等教育地方化与大众化、普及化同步发展,地方高等教育的发展有力地促进了高等教育规模的快速扩张。在高等教育大众化、普及化进程中,地方化成为其中的一个显著特征,部委所属高校所占比例大幅下降,地方高等教育形成了日益完善的体系,一个个地方高等教育亚中心逐步发展起来。地方化使地方高等教育不仅在办学规模上迅速增长,办学质量上也不断提高。地方高等教育的发展不仅改变了我国高等教育的整体布局、结构,更促使高等教育功能发生了一系列变革。[①] 高等教育地方化既是一个过程也是一个结果,也就是说,高等教育地方化不可能一蹴而就,从政策的形成到实施往往要经历许多反复;同时,高等教育地方化也意味着高等教育结构布局的不断调整及其社会功能的向下转移与拓展。[②]

通观我国高等教育强国建设中布局结构的发展历史与非省会中心城市高等教育发展的历史,高等教育布局结构日趋均衡化理应是大势所趋,也是各个国家努力奋斗的目标。然而,由于种种原因,当今世界高等教育的发展格局依然存在着诸多不平衡,我国高等教育也不例外,布局结构不均衡的矛盾依然比较突出。因此,非省会中心城市高等教育的发展既面临着众多发展机遇,也面临着诸多挑战,特别是伴随着我国高等教育地方化和迈入普及化、迈向高教强国的良好发展势头,非省会中心城市高等教育必然会有更好的发展空间、发展潜力、发展后劲。

综上所述,我国高等教育历经百余年的精英化发展历史和短短不到二十年的大众化阶段,加速飞跃到普及化高等教育阶段。在较为漫长的精英化时期,高等教育在全国各个城市的布局也是几经调整变化,但总的来说,全国非省会城市拥有的高校数量少于省会城市,且大多数非省会城市高等教育发展规模、

---

① 别敦荣,郝进仕. 论我国高等教育地方化和地方高等教育发展策略[J]. 高等工程研究,2008(8):54—60.

② 刘晖,顾洁岚. 中美英三国高等教育地方化进程与政策之比较[J]. 广州大学学报(社会科学版),2011(7):54—58.

质量都不同程度地落后于省会城市。纵观非省会城市高等教育从无到有、由弱小到逐步增多，其呈现出萌芽成长期、调整趋缓期、加速发展期、改革趋稳期四个发展阶段及其相应的阶段性特征。

第一，萌芽成长期。中国现代高等教育发端于 1862 年成立的京师同文馆，之后于 1895 年成立了天津中西学堂、1896 年成立了南洋公学、1898 年成立了京师大学堂，到 1909 年全国官立高校（各类学堂）达到 154 所，主要聚集于武昌、广州、南京、北京等沿海沿江或通商口岸城市。民国初期，进行了高校整顿，到 1912 年全国共有高校为 115 所，1920 年为 87 所，1931 年为 145 所，1936 年 108 所。1937 年因抗日战争的全面爆发，高校减至 91 所。抗战期间，大部分高校不断迁徙、调整、合并、复校，到 1945 年抗战胜利，高校恢复和发展至 141 所。

1938 年前，当时的国民政府一直按照大学区布局高校，高校基本上集聚于大学区的中心城市。1938 年 1 月，时任教育部部长提出战时高校布局原则，也就是要在设置地区上，着力照顾地区的平均发展，以便提高内地边区的文化水准。[①] 在这一原则要求的推动下，这一时期的武功、城固、南郑、乐山、丽水、江津、西昌、沙县、蓝田等非省会城市均有了高校。可以说，这个时期也是非省会城市高等教育发展的萌芽期，尽管处于特殊历史时期，但特殊的需要也促成了萌芽后的快速成长。

第二，调整趋缓期。1949 年我国 205 所高校（未含中国台湾地区）中 37 所位于当时的非省会城市，占比 18.05%，172 所位于当时的中央直辖市和省会城市：北京市 16 所，天津市 10 所，河北省保定市 1 所（1958 年前，1966～1968 年是河北省会），山西省太原市 1 所，辽宁省沈阳市 5 所、大连市 2 所、旅顺市 1 所、抚顺市 1 所，吉林省长春市 2 所、延吉市 1 所，上海市 36 所，江苏省南京市 14 所、苏州市 4 所、无锡市 2 所，镇江、南通、丹阳、崇明等四市各 1 所，安徽芜湖、怀远、洞山等三市各 1 所，浙江省杭州市 4 所，福建省福州市 6 所、厦门市 1 所，山东省济南市 8 所、青岛市 1 所，湖北省武汉市 11 所，广东省广州市 10 所、梅县和高要两市各 1 所，广西壮族自治区桂林市 4 所，湖南省长沙市 2 所，河南省开封市（1954 年 10 月前为河南省会）、焦作市各 1 所，江西省南昌市 4 所、上饶市 1 所，重庆市 15 所（中央直辖市），四川省成都市 10 所、巴县 4 所，四川的自贡、万县、乐山、江津、南充、三台、康定等市各 1 所，云南省昆明市 3 所，贵州省贵阳市 3 所，陕西省西安市 3 所、咸阳市和武功市各 1 所，甘肃省兰州市 3 所，新疆乌鲁

---

① 郑利霞. 我国高等教育布局结构及其逻辑研究[D]. 武汉：华中科技大学，2009.

木齐市1所。

1951～1953年,国家进行了高校院系结构调整;1955～1957年的院系调整重心主要是解决高校在东部沿海大城市过于集中的问题。其中,1953年调整后全国共有182所高校,非省会城市拥有31所院校,占17.03%,较1949年中华人民共和国成立前略有降低,分别是唐山市1所,太谷市1所,呼和浩特市、归绥市、乌兰浩特市各1所,大连市4所,延吉市1所,北安市1所,苏州市和扬州市各2所,镇江市、南通市和无锡市各1所,洞山市和芜湖市各1所,厦门市1所,青岛市2所,海口市1所,临桂市1所,北碚市2所,泸县市和南充市各1所,咸阳市和武功市各1所。[①]

由此可见,这一时期我国高等教育总体上处于结构调整和趋缓发展时期,其中的非省会城市高等教育规模变化不大,所占比例只有小幅下调,保持在17%以上的规模。

第三,加速发展期。在"大跃进"思想的影响下,高校数量由1957年的229快速增至1960年的1289所。1961年国家又开始调整,采取关停并转多种方式大幅压缩高校数量,减至407所。1964～1965年,根据国家"大三线""小三线"的需要,调整高校布局,要求凡是能搬到二、三线城市的高等学校和科研院所都要搬迁,不能搬迁的要一分为二。这一决策给中小城市高等教育的发展带来了机遇,客观上改善了高等教育布局结构,非省会城市高校的规模在一个时期内实现了快速增长。

"文化大革命"期间,在"教育为无产阶级服务""教育与生产劳动相结合"等高度政治化、实用化的思想导引下,高等教育布局呈现出"越办越下"的局面,普通高校纷纷向农村迁移。

恢复高考后,我国对高等教育进行了进一步调整、恢复、重建。1978年高校增加到598所,一年内恢复和增加了194所。1983年,全国普通高校共753所,其中省会城市拥有423所,非省会城市拥有330所,占比达到43.82%,比1949～1953年提高了26个百分点。这说明在"大跃进""文化大革命"和恢复高考等一系列特殊历史时期中,我国地方高等教育特别是非省会城市高等教育发展迅速,可以说是非省会城市高等教育发展最快的"加速期"。

1983年4月,国务院批转印发《教育部、国家计委关于加速发展高等教育的报告》,提出必须采取有力措施促使整个高等教育事业在近期(五年左右)有计

---

① 郑利霞. 我国高等教育布局结构及其逻辑研究[D]. 武汉:华中科技大学,2009.

划、按比例地有一个较大的发展,指出要积极提倡大城市、经济发展较快的中等城市和大企业举办高等专科学校和短期职业大学。成立高等专科学校和短期职业大学以及其他各类短学制的院校,分别由主管的省、自治区、直辖市人民政府和中央各部委按照规定的办学标准和审批程序审批,报教育部、国家计委备案。从 1982 年到 1985 年,全国增加 301 所院校,深圳大学、汕头大学、五邑大学、佛山大学、烟台大学等一批职业大学或公办本科高校相继建立,非省会城市高等教育迎来快速增长期。到 1989 年,我国普通高校达到 1075 所。

第四,改革趋稳期。1993 年《关于建立社会主义市场经济体制若干问题的决定》实施后,为了适应社会主义市场经济体制和政治体制创新发展的需要,我国高等教育逐步深化了管理体制、办学体制及招生就业制度等方面的改革,扩大了省级统筹高等教育的权利,重组高等教育资源,进行了调整、共建、合作、合并,高校数量由 1989 年的 1075 所减少到 1998 年的 1022 所,校均规模也得到了提升,高校综合办学实力得到增强。

1999 年我国普通高校共有 1071 所,其中在直辖市和省会城市办学的有593 所,非省会城市有 478 所,占比 44.63%。2007 年,全国普通高校 1909 所,其中非省会城市有 854 所,占比 44.73%。2007 年,非省会城市拥有高校数量比1999 年增加 376 所,增幅 78.7%,而全国普通高校增加 838 所,增幅 78.2%。这说明,非省会城市高校数量虽然增加很多,但增速仅略高于全国高校的增速,优势并不大。

由此可见,尽管这一时期非省会城市高校数量增长较多,但其所占比例并未发生大的变化,因各省会城市高校数量的增加保持了与非省会城市高校基本相同的速率,说明我国普通高等教育结构特别是省会城市和非省会城市普通高校规模、结构表现出长期趋稳的状态。当然,这一时期的远程高等教育和民办高等教育发展迅速,1997 年市级和县级广播电视大学分别是 831 所和 1699 所,民办高等教育机构共有 1095 所,在非省会城市这两类高等教育机构所占的比例较高,为非省会城市高等教育的发展发挥了积极的作用。非省会中心城市作为非省会城市中的重要组成部分,一般会具有这四个发展阶段所具备的共同特征,同时也可能拥有不同于其他类型城市的特征。

## 三、非省会中心城市高等教育创新发展与治理体制改革

审视一个国家或地区非省会中心城市高等教育发展的境况,可以从其治理体系和治理能力的变革情况透视其中的端倪和深层次的规律性问题,也可以通

过分析研究非省会中心城市高等教育发展所依赖的城市发展的境况进行探秘。我国高等教育治理理论和体系的构建发展经历了较长时间的探索、改革、创新，国家推动了几轮高等教育管理体制改革，从抓计划管理到宏观管理再到治理，着力构建多元共治的高等教育治理体系，推进治理体系和治理能力的现代化。

### (一)不断求索中的高等教育管理体制变革

中华人民共和国成立之初，我国高等教育管理体制经历了一系列改革调整，由中央政府"集中统一"领导为主到"统一领导、分级管理"，再到构建中央、省、市三级办学的高等教育管理体制，直至中央、省、市三级办学和中央、省、市、县四级办学为补充的新体制基本形成。

1. 中华人民共和国成立后建立以中央政府"集中统一"领导为主的管理体制

1949 年中华人民共和国成立后，我国高等教育进入了崭新的时代。为了适应当时经济社会文化建设特别是高等教育发展的需要，国家对高等教育管理体制进行了一系列调整改革。1950 年，国家公布了《高等学校暂行规程》《关于高等学校领导关系的决定》等政策制度，就强化中央政府集中领导提出了原则性要求，即全国高校由中央政府教育部统一领导。1953 年，国家又印发了有关修订高等学校领导关系的决定，着重明确了高等教育部对全国高等教育的领导权责，指出凡是教育部颁发的有关高等教育建设、财务、人事、教学等方面的计划及其他法规、指示，全国高校均应认真执行。综合大学和多科性高等工业院校由高等教育部直接管理，单科性高校可委托中央相应部委负责管理，要求"高等教育部必须与中央人民政府各有关业务部门密切配合，有步骤地对全国高等学校实行统一与集中的领导"。[①] 这些规定要求意味着，中华人民共和国成立之初，我国高等教育管理体制经历了集中统一领导，之后在"集中统一"领导体制之下又进一步形成了统一领导、条块结合的格局。

2. 从中央政府"集中统一"领导转变为"统一领导、分级管理"体制

伴随着社会主义改造的顺利完成，中央从 1958 年开始对国家高等教育领导体制进行了再调整，此次调整的主题是下放权力。当年 4 月，中央出台了《关于高等学校和中等技术学校下放问题的意见》，中央直接领导的 187 所高校被下放，由省市进行领导管理，这一决策推动了不少原来由中央政府集中统一领导的高校划归了省市领导管理。国家于 1963 年又颁布了有关加强高校统一领

---

① 周川. 我国高等教育管理体制 70 年探索历程及其展望[J]. 高等教育研究，2019(7)：10-17.

导、分级管理的决定,提出对高校实行中央统一领导、中央和省级单位两级管理。由此开始,中央政府和省级政府两级管理体制逐步形成。

在"文化大革命"这一特殊历史时期,原来已经形成的运转良好的高等教育管理体制被破坏和打乱,这个时期实际上是中央统一领导高等教育。当然,这个时期省、市、县各级政府也在积极发挥作用,有的市、县政府也积极举办了不同类型的高等教育,尽管有的质量不高,但在事实上开展了旨在发展高等教育的一系列行动。一直到1975年,中央政府教育部建制恢复,我国高等教育才度过了这段不寻常的阶段。1979年下半年,中央批转下发了教育部的有关报告,1963年确定的"统一领导、分级管理"的体制才得以恢复。[①]

3. 构建中央、省、市三级办学的高等教育管理体制

自20世纪80年代中期开始,我国持续推进以转变政府相关职能、扩大高等学校办学自主权为主要目标的高等教育管理体制改革,取得了许多重要的阶段性成果。1985年,国家印发实施了《关于教育体制改革的决定》,该《决定》提出要对国家高等教育管理体制进行改革。为了调动各级政府办学的积极性,强调要实行中央、省(自治区、直辖市)、中心城市三级办学的体制,中央部委所属高校和地方办的高校都要优先满足主办部门或地方的需要,有针对性地进行人才培养,同时要接受委托为其他部门和单位培养学生。这一决定倡导部门、地方之间积极开展联合办学,比较有力地推动了中央、省、中心城市三级办学体制的探索实践。[②]

20世纪90年代初,中央政府开始推进合并办学探索实践,开始了新一轮高等教育管理体制改革。1992年,7所高校合并组建了新的扬州大学,标志着新一轮高等教育管理体制改革工作正式拉开帷幕。后来,青岛大学、南昌大学、上海大学、四川大学等高校的合并办学也分别展开。1993年2月,中央印发的《中国教育改革和发展纲要》,提出要改革高等教育管理体制,革新以往"统得过死"的体制,着力解决政府与高校的关系、中央与地方的关系以及当时的国家教委与中央各业务部门间的关系。要通过深化改革,逐步建立起政府宏观管理、学校面向社会自主办学的高等教育管理体制。要坚持政事分开,推进高等教育相关立法,进一步明确高校的权利与义务,使高校真正成为能够面向社会进行自

---

① 杨尊伟. 改革开放40年我国高等教育管理体制改革的回顾与前瞻[J]. 河北师范大学学报(教育科学版),2018(5):13-19.
② 别敦荣,郝进仕. 论我国高等教育地方化和地方高等教育发展战略[J]. 高等工程教育研究,2008(1):54-60.

主办学的法人实体。[①]

1994 至 1996 年,国家先后组织召开了三次全国高等教育管理体制改革座谈会,相继提出在探索实践中逐步形成的共建、合作、合并、协作、划转五种改革形式。1995 年 7 月,国家就深化高等教育体制改革出台了若干意见,进一步强调要着重抓好管理体制改革,争取到 2000 年左右基本形成举办者、管理者和办学者职责分明,中央和省级人民政府两级管理、分工负责,以省级政府统筹为主、条块有机结合的管理体制架构,办学经费以财政拨款为主、多渠道筹措。1998 年,国家进一步明确指出要建立由中央和省级政府两级办学、以地方管理为主的高等教育管理体制。配合政府机构改革和职能转变,对国务院部门所属学校集中进行了三次大调整:1998 年对原机械工业部等 9 个撤并部委所属院校进行了调整。到 1998 年底,全国有 31 个省、自治区、直辖市和 50 多个部委参与改革,中央部委院校管理体制改革迈出关键一步。[②] 后来,1999～2000 年相继对原兵器、航空等五个军工公司所属院校和铁道部等 49 个国务院组成部门所属院校进行了调整。此次深化改革力度很大,覆盖面很广,涉及 900 多所高校,其中 597 所高校合并为 267 所。经过此次改革,国家有关部委管理的高校中有近 250 所实行了中央与地方共建、省级政府管理的体制。随着此轮改革的完成,我国高教管理体制实现了深刻的历史性变化,中央和省级政府两级办学、以地方管理为主,中央、省、市三级办学和中央、省、市、县四级办学为补充的新的管理体制基本形成。同时,也意味着部门办学体制的基本结束。

### (二)开启高等教育治理体系建构新征程

治理理论是在 20 世纪 90 年代后期被引入我国的,"治理"一词一经引入便很快出现在我国各级政府的政策文件中。应当说,治理理论为我国高等教育管理体制改革送来了新理念,启发了新思路,开拓了新愿景。随后,我国提出以治理体系和能力现代化为目标的高等教育管理体制改革的要求和愿景,旨在以国家行政体制的深层变革为基础,努力在高等教育管理体制和治理能力现代化上取得实质性改革突破。

一方面,积极推进现代大学制度建设,建构大学治理结构。《2003—2007 年教育振兴行动计划》于 2004 年发布,提出了改革教育行政审批制度,积极探索和建立现代学校制度。《国家教育事业发展"十一五"规划纲要》首次提出了"现

---

① 周川. 我国高等教育管理体制 70 年探索历程及其展望[J]. 高等教育研究,2019(7):10-17.
② 周川. 高等教育管理体制改革之反思[J]. 北京大学教育评论,2018(2):177-185.

代大学制度"的概念,《国家中长期教育改革和发展规划纲要(2010—2020 年)》颁布实施,进一步提出了"克服行政化倾向"等理念,明确了下一步改革的目标是推进政校分开、管办分离,建设现代学校制度,着力构建政府、学校和社会间的新型关系,其中,强调高等教育要不断完善中国特色现代大学制度和大学治理结构。[①] 这里提出的"完善大学治理结构"中的"治理"主要指大学内部治理,其在政府权威政策文件中出现,引起了社会特别是高等教育界众多关注和很大反响。2013 年,中共十八届三中全会通过《中共中央关于全面深化改革若干重大问题的决定》,把推进国家治理体系和治理能力现代化作为总目标的重要内容。由此,治理问题被提高到国家层面,这也为进一步深化高等教育管理体制改革提供了新的行动指南和基本遵循,指引和要求我们不断提升治理能力和水平,建构越来越科学合理的大学治理结构。

另一方面,建构政府、高校和市场三者之间新型的相互关系,推进治理体系现代化。随着国家行政管理体制"放管服"改革的整体推进,2017 年发布了《关于深化高等教育领域简政放权放管结合优化服务改革的若干意见》,提出要破除束缚高等教育改革发展的体制机制障碍,进一步向地方和高校放权,给高校松绑减负,让高校有更多更大的办学自主权。同年,发布了《关于深化教育体制机制改革的意见》,重申"依法落实高等学校办学自主权,完善中国特色现代大学制度",要求进一步深化简政放权、放管结合,把该放的权坚决放下去,把该管的事切实管好,加强事中事后监管。2019 年 2 月,《中国教育现代化 2035》把推进教育治理体系和治理能力现代化作为加快实现教育现代化的十大战略任务之一。[②] 在这样一系列政策措施的推动下,我国高校管理体制改革和治理体系、治理能力现代化建设正朝着政校分开、管办分离的方向阔步前行。

加快推进我国高等教育从管理到治理的变革,不断加强高等教育治理体系和治理能力现代化建设,是我国非省会中心城市高等教育发展必须依托的重要国内背景,也是提升高等教育管理体制变革和治理能力现代化建设水平的愿景。当前,我国的高等教育治理水平距离这个美好愿景还有较大的距离,还需要经历较长的路。能否尽快实现这个愿景,既取决于高等教育管理体制的实质性改革和突破,也要依赖于高等教育宏观环境的根本改善。

① 付志平. 中国特色社会主义的大学模式——高校去行政化研究[D]. 长春:吉林大学,2013.
② 李华忠. 行政化与自主权——我国高校管理中的政校关系研究[D]. 武汉:华中师范大学,2011.

## 第二节　非省会中心城市高等教育创新发展形势

随着我国经济社会发展特别是高等教育强国建设的深入实施,非省会中心城市高等教育未来发展将面临许多新机遇、新需求、新挑战。高等教育地方化、普及化、国际化和现代化建设必将为非省会中心城市高等教育带来新的发展机遇,也会促使其产生许多新的发展需要,国家和各省市政府及各级各类高校、社会各界对其也会有许多新期待、新要求、新愿景。与此同时,非省会中心城市高等教育的发展也面临着诸多来自国际和国内的挑战。这些机遇、需要和挑战将各自发挥不同的作用,推动其朝着理想的目标愿景不断前进,前进的路有时可能一帆风顺,有时可能崎岖不平,但总的发展趋势应是积极向上的。

### 一、非省会中心城市高等教育创新发展面临的挑战

非省会中心城市高等教育发展历程中必然会遇到诸多挑战。从国际上看,国际间高等教育发展的竞争从未停止。从国内看,我国高等教育体系内外都有许多竞争与挑战,城市之间项目、人才等资源的竞争在所难免,高校为了各自发展也必然存在一些竞争。

#### (一)来自国际的挑战

随着经济全球化、高等教育国际化的加快和知识经济的突飞猛进,高等教育作为培养人才、创造知识、创新科技的主阵地之一,在国际间激烈竞争的态势下显得越来越重要。许多国家将建设和发展一流大学上升为国家战略,希冀通过一流大学建设来快速提高高等教育在国际上的竞争力。[①] 原来的高等教育强国希望保持竞争优势,后进的国家发奋图强力求赶超,世界高等教育的激烈竞争给非省会中心城市高等教育的发展带来许多挑战。

1. 从高等教育先进国家的强化坚守看非省会中心城市高等教育面临的竞争态势

美国的高等教育从第二次世界大战前后开始跃居世界高等教育的前列,70多年来一直稳居"霸主"地位,世界上其他国家和地区的高等教育至今无法撼动

---

① 闫欢欢,王莉. 俄罗斯的世界一流大学建设:"5-100计划"述评[J]. 高教探索,2020(10):73-80.

美国的地位,这是不争的事实。20 世纪的后半个世纪里,美国维系自己高等教育领先地位的压力和忧患意识不强,基本上是隐形地、不动声色地采取一些措施。然而,进入 21 世纪后,面对全球竞争的压力,美国的一流大学开始采取措施,其主要目的是维护其高等教育的"霸主"地位。2005 年,美国联邦政府开始实施"国家综合战略",先后出台了《高等教育行动计划》《美国竞争力计划》等一系列战略计划。其中,"保持美国高等教育的世界领导地位"等旨在保持美国竞争优势的政策话语,向全球表明了美国建设和维持世界一流高等教育的"霸权"意图。这是一项庞大的计划,涉及面非常广。近些年来,美国高等教育的质量出现不同程度的下滑,由此提出一系列策略,主要目的是努力维持美国高等教育的创新力,保住自己的全球"霸主"地位。《领导力考验:美国高等教育未来规划》就公然提出了担忧:要实现美国未来的高等教育卓越再也不能靠想当然了,世界上其他国家的高等教育水平正在奋力追赶上来,甚至在某些方面已经超过了美国。[①] 美国高等教育未来委员会提出,要大力建设能够创造新知识的世界一流高等教育体系,以此为经济持续繁荣和提升全球竞争力贡献力量。这种高等教育发展的忧患意识和维持世界领先地位的意识越来越强,在许多有关的高等教育政策文件和官员讲话中都得到了体现。为了全面实施高等教育竞争力计划,当时的美国总统曾经连续签署了三项重要的法令:2006 年签署发布的《学术竞争力资助法案》和《确保天才进入国家数学和科学领域的资助法案》以及 2007 年发布的《美国竞争法案》,为相关改革提供了一揽子财政支持计划,这些与《高等教育行动计划》共同建构了美国世界一流大学战略的基础。可以说,组织实施国家综合战略的主要目的,一方面是通过增强高等教育的供给能力和社会责任,增加高等教育的入学机会,进而不断提升国家高等教育的质量;另一方面是力图继续保住美国高等教育在国际上的绝对"霸主"地位并长期保持。

日本作为一个经济强国和高等教育较为先进的国家,也一直在努力提升高等教育的竞争力和综合实力。日本在 2001 年发布了《大学结构改革方针:作为构建充满活力、富有国际竞争力的国、公、私立大学的一环》,《为增强日本经济活力的大学结构改革计划》同时公布,这就是被坊间称为"远山计划"的两个重要文件。"TOP30 战略"在该计划中首次亮相,也就是要重点投资建设 30 所高水平大学,并将其快速发展成为世界一流大学。2014 年,为促进日本大学与世

---

① 陈超. 美国的世界一流大学战略与启示[J]. 中国高教研究,2008(11):48-50.

界顶级大学的交流和合作,加速日本大学的国际化进程,日本又发布实施了"全球顶尖大学计划",这个计划是以大学法人为单位,有计划地组织和建设,计划的责任主体是相关大学的校长。日本政府把相关办学经费划拨给立项建设的各相关大学法人,这些重点支持资金主要是用于大学治理及人事政策的国际化与改革创新,突出强调要着力提升大学的国际竞争水平和地位。①

从美国和日本两个高等教育先进国家看,高等教育发展被这些国家高度重视,这些高等教育先进国家业已把建设或保持世界一流高等教育作为重要的国家战略。由此可见,国家间的高等教育水平提升和资源竞争正趋于白热化。在一定时期内,世界高等教育可以竞争的资源也是有限的,高等教育先进国家采取的具有强烈竞争态势的发展举措给我国高等教育强国建设带来不同层面的挑战,也势必对非省会中心城市高等教育的发展造成一定的影响。这是我们研究分析和推进非省会中心城市高等教育创新发展应当把握好的重要国际背景,必须做到心中有数,超前谋划和预判,妥善规避或利用。

2. 从高等教育发展中国家的追赶比拼看激烈的竞争态势

当前,印度和俄罗斯是两个典型的高等教育发展中国家。

首先,从印度大力发展高等教育的政策措施来感受国际竞争带给我国非省会中心城市高等教育发展的压力与挑战。在经历了两个世纪的英国殖民后,1947年印度获得独立,之后采取了许多推动高等教育发展的措施。统计显示,独立后印度的学位授予大学和科研机构数量较独立前增长迅速,高达40倍;学院数量和入学人数增长速度更快,分别增长近82倍和127倍。

印度提升高等教育竞争力的政策类型包括宏观层面的教育基本政策、中观层面的规划性政策以及微观层面的操作性政策三类,国家政府、工商企业界和高等教育系统自身是印度高等教育竞争力发展提升的主要推动力量。为加快高等教育发展,近20多年来,印度实施了一系列高等教育发展五年规划,其中高等教育规划(2007~2012年)中明确提出,要重点打造14所世界一流大学,后改为建设创新型大学,其主要意图就是致力于增强印度大学全球竞争力,使印度成为全球创新中心。为此,印度中央政府给予一流大学比较充足的经费支持,特别是中央直属大学和国家重点学院,它们作为印度联邦政府一直以来优先重点扶持的院校,接受了较多的高等教育经费。以2014~2015学年为例,印

---

① 郭伟,崔佳,赵明媚,刘双喜. 日本世界一流大学建设:变迁、特征与启示[J]. 中国高教研究,2020(9):91-97.

度大学拨款委员会(UGC)的高等教育预算经费中有 57.25% 投向了中央政府直属的大学。另外,政府在规划期间就对大学的选址和启动工作予以优先考虑,邦政府通过评估进行决策,为这些大学免费划拨校园用地。另外,政府先后组织实施了"卓越潜力学科资助计划"等旨在大力提升高校科研水平的一系列计划。与此同时,印度积极鼓励国外高校到印度建立分校,注重强化国际合作办学。2015 年,印度推出了"留学印度"的政策,通过修订法律为国外高校在印度建立分校提供便利,提出了建分校的条件要求,如建校不以营利为目的、得到本国或国际认证机构认证。2016 年 2 月,印度又制订实施了一流大学与高等教育计划,目标是着力推动 10 所公立大学和 10 所私立大学建成世界一流大学。应该说,印度的这一系列高等教育发展举措取得了良好成效,15 所"卓越潜力大学"在重点领域的学术研究上有了重大突破,在印度留学的国际学生人数呈上升趋势,进入世界大学排行榜的印度高校数量也不断增多。例如,《泰晤士报》2015~2016 年度高等教育质量全球顶尖大学排名中,印度科学学院班加罗尔分校跻身世界前 100 名大学名单,印度理工学院德里分校位列前 200 名,一流大学建设所取得的成绩可见一斑。① 可以说,印度业已形成相对完善的高等教育结构,承担着高等教育大众化使命的本科教育也已成了高等教育的主体,中央政府与邦政府合作管理的架构较好地保证了高等教育的快速发展。客观上讲,印度大力发展高等教育的系列举措,必然会给世界高等教育竞争增添更多不确定因素和紧张气氛。

其次,俄罗斯为推进高等教育普及化所做的努力也给我国非省会中心城市高等教育发展带来不小的竞争与挑战。作为苏联高等教育的主要继承者,俄罗斯这些年来高等教育的竞争力出现了明显下滑。例如,全球竞争力指数报告显示,2012~2013 年俄罗斯的高等教育水平在全球处于中等位次。为应对激烈的国际竞争和国家经济社会发展的需要,2013 年俄罗斯政府启动世界一流大学建设计划"5-100 计划",该计划出台的目的是提升俄罗斯高校的国际竞争力,激发俄罗斯高校的科研潜力与活力,增强其在全球的竞争力,总目标是到 2020 年至少有 5 所高校进入世界高校排名榜前 100 名。经过 7 年发展,参与该计划高校的国际排名、科研水平、国际竞争力明显提升,在一定程度上推动了俄罗斯高等教育的现代化进程。

2017 年,《俄罗斯教育出口潜力开发专项计划》获得批准,该计划将开发教

---

① 刘海燕. 印度世界一流大学建设解析[J]. 世界教育信息,2018(1):58-63.

育出口潜力视为重要的国家任务,提出要进一步制定综合举措来大力提高俄罗斯教育在全球的竞争力。另外,高校创新中心优先项目等作为提高大学国际竞争力的系列举措,与"5-100 计划"遥相呼应、相辅相成。通过这一系列举措,俄罗斯高校建立了现代化管理机制,加大了科技创新投入、人才引进、国际交流的力度,俄罗斯高等教育又加快了从教学为主向教学科研并重转变的步伐。在此基础上,俄罗斯政府自 2021 年开始启动"5-100 计划"的升级版,持续推动一流大学建设。① 目前,俄罗斯政府正在通过扩大职业教育、成立联邦大学、推动大学合并、大学法人化改革等措施,全力提升高等教育质量。

作为紧邻我国的两个高等教育发展中国家,印度、俄罗斯都在拼力建设和发展各自的世界一流大学,进而加快高等教育强国建设步伐,他们的积极作为给世界高等教育带来了更为激烈的角逐与挑战,必然对我国高等教育强国建设的实施产生影响,对非省会中心城市高等教育发展带来不可忽视的挑战,尤其在留学生教育、高层次人才的竞争方面可能会有十分激烈的竞争。

3. 高等教育国际化带给非省会中心城市高等教育的挑战

高等教育国际化是一把双刃剑,既有有利的、正向的助推作用,也有不利的、充满威胁的负面作用,甚至某一国家高等教育的发展产生阻碍。一方面,一个国家的高等教育可以通过国际化,学习借鉴、对接紧跟或引领推动世界高等教育的发展潮流,助推本国高等教育快速发展。这一方面前文中已有阐释。另一方面,一旦高等教育国际化运用得不科学、不合理或脱离实际,很有可能给一些国家的高等教育发展特别是发展中国家的高等教育发展带来不同层面、不同程度的压力、威胁甚至破坏。

高等教育国际化进程主要有两种方式,一种是大学自身的主动作为,另一种是由全球化国家和有关政策带动、拉动、推动。例如,欧洲"博洛尼亚进程"创造了由政府作为主要参与者的高等教育国际化的共同区域,是跨国政策推动的结果。与师生互换等传统的国际化要素相比,全球化竞争施加于高等教育的影响和挑战更加深入地推动了国家和国际层面不断开展政策改革创新。高等教育国际化更加强调竞争,更加注重强化高等教育作为商品的性质,这也对我国高等教育是公共事业的定位、强调公平公正的理念提出了挑战,同样也对我国非省会中心城市高等教育的创新发展带来一定的影响。

① 闫欢欢,王莉. 俄罗斯的世界一流大学[J]. 高教探索,2020(10):73-80.

### （二）来自国内的挑战

实现高等教育大国向强国迈进的发展目标，需要面对和克服国内经济、政治、社会、文化等方方面面的困难与挑战。非省会中心城市高等教育的发展更是如此，必须在科学应对高等教育体系内外的诸多因素的挑战中负重前行。

1. 高等教育体系外部因素对非省会中心城市高等教育的挑战

纵观我国城市发展历史和现状，省会城市的虹吸效应往往是比较强势的，这一点对于其周边的非省会中心城市来说，在某个时期可能是一种很大的挑战，特别是在人才、科技创新、成果转化等方面具有不同程度的挑战。因为，一个省会城市作为全省的行政中心、政治中心，很有可能还是经济和文化中心，凭借其历史积淀、区位优势、政策优势，往往具有一定的资源垄断性、政策保护性，其政策推动、政治和文化影响导致的集聚能力一般会明显优于本省的其他周边城市。

以城市科技创新的虹吸效应为例，从全国区域层面看，中部省份的科技创新处于"中等极化"水平，且有不断扩大的趋势，省会对非省会城市形成不同程度的"虹吸"影响，其中湖北呈"高极化"，湖南、山西、河南、江西呈"中等极化"，安徽呈现"低极化"但有向"中等极化"水平发展的趋势。具体来说，湖北省武汉市对非省会城市主要表现为"虹吸"影响，湖南、山西、河南、江西四省都处于"中等极化"水平，其省会城市对非省会城市依次表现为"虹吸和涓滴""持续虹吸""持续虹吸""虹吸和涓滴交替"影响。随着国家中心城市建设的推进，郑州市科技创新投入不断加大，但其人才不断外流，高层次人才不足，郑州市的引领带动作用出现了弱化。伴随着长株潭城市群的战略推进，长沙市对周边城市的涓滴效应也不断加强。①

由此可见，省会城市对于周边城市在科技创新方面的虹吸效应和涓滴效应会因为不同的发展环境、条件等诸多因素的影响而有所不同。目前，从总体上看，虹吸效应发挥作用所占比重相对较大。对科技的虹吸效应，在很大程度上是对人才的虹吸效应的直接反应。非省会中心城市的高校也不可能置身事外，其吸引人才的情况会受到来自临近的省会城市的诸多干扰。可以说，这是非省会中心城市高等教育发展面临的来自高等教育体系外部的主要挑战。

---

① 罗巍，杨玄酯，唐震."虹吸"还是"涓滴"——中部地区科技创新空间极化效应演化研究[J]. 中国科技论，2020（9）：49-58.

**2. 高等教育体系内部因素对非省会中心城市高等教育的挑战**

省会城市高等教育的高首位度对非省会中心城市存在不同程度的挤压效应。由于历史积淀、地域差别、经济发展等诸多因素，我国高等教育资源目前主要集中于直辖市和省会城市，大部分省份的首位比超过了50%，特别是西部地区省会城市的高等教育资源集中程度较高。高等教育空间分布呈多中心分布结构，第一等级有北京、天津、上海、重庆、广州、南京等12个直辖市和省会城市。我国西部地区的城市高等教育规模相对较小，省会城市集聚了绝大部分的高等教育资源；相比之下，东部地区的城市高等教育的规模普遍较大，且高等教育资源在省内的分布也相对均衡。以2020年为例，高校数量排名前三的城市是：北京市，拥有93所高校；武汉市为83所；广州市为80所。重庆、上海、西安、郑州等省会城市或直辖市拥有高校60~70所；成都、天津、南京、长沙、合肥、南昌、昆明、南京、哈尔滨等城市，拥有高校数量为50~60所。由于省会城市的综合竞争力一般要强于周边的非省会中心城市，不少非省会中心城市的高校纷纷向省会城市迁移，如河南大学已将办学注册地更换为郑州，安徽师范大学已在合肥建设新校区。当然，近些年来也有一些高校为了改善办学条件、增强办学实力，从省会城市向经济条件、办学环境优良但办学成本较低的周边城市迁徙或在那里建设校区。例如，武汉理工大学和华中农业大学布局了襄阳校区，华中师范大学也在鄂州市布局了梁子湖校区；2019年，南京大学苏州校区建设协议的签署标志着苏州成功发展了第一个异地办学高校。

国家高等教育政策对非省会中心城市高等教育的发展不仅存在非利好因素，也带来不少挑战。其中，国家建设"双一流"高校的政策就对非省会中心城市高等教育发展产生了不少挤压。国家推进"双一流"建设就是要在一个时期内集中有限的财力、人力，加快世界一流大学、一流学科建设步伐，这是实现高等教育强国建设的关键一步。然而，从2021年"双一流"高校分布情况看，126所分布在省会城市或直辖市，也就是说90%的"双一流"高校位于直辖市和省会城市，其中，北京34所、南京12所（江苏省另有3所在非省会城市）、上海14所、西安7所（榆林1所）、成都8所（有几所在非省会城市设立校区）、武汉7所、天津6所、哈尔滨4所、沈阳2所（大连2所）、长沙4所、广州5所、杭州2所（宁波1所）、合肥3所、长春2所（延边1所）、福州1所（厦门1所）、郑州2所、乌鲁木齐1所（石河子1所）、济南1所（青岛2所、1所在青岛设立校区），兰州、重庆、拉萨、海口、贵阳、太原、银川、昆明、呼和浩特、西宁、南昌等城市各1所。所以说，国家对主要分布于直辖市和省会城市的"双一流"高校的政策、资金进行倾斜支持,必将不同程度地加快这些高校的发展,也会推动这些城市高等教育的快速发展。与此同时,非省会中心城市高等教育发展获得的国家政策、资金等的支持也会进一步下滑,省会城市与非省会中心城市高等教育发展总体上的不均衡性可能面临进一步扩大的趋势,这对于非省会中心城市高等教育发展来说是十分不利的。

## 二、非省会中心城市高等教育创新发展的机遇与需要

高等教育大众化与普及化、地方化与国际化背后有许多非省会中心城市及其高等教育可以抢抓的历史性机遇,也会创造许多发展需求。随着经济全球化和社会主义现代化建设、高等教育体制机制改革的深入推进,非省会中心城市高等教育需要发展得更有质量、更有活力,以此来适应经济社会发展要求。

### (一)高等教育地方化、普及化、国际化为非省会中心城市高等教育发展带来诸多发展良机

高等教育发展的历史、现状都会直接或间接地影响非省会中心城市高等教育的发展。高等教育的大众化与普及化、地方化与国际化等是我国高等教育的一些阶段性特征,不断推动着高等教育的改革和创新发展,为非省会中心城市高等教育带来许多发展机遇。

#### 1. 高等教育地方化、大众化、普及化推动非省会中心城市高等教育变革提升

统计显示,我国从1999年开始大规模扩招后,本专科招生规模扩大的主要任务是由地方高校承接和完成的,全国高校中90％以上为地方高校,94％左右的本、专科学生在地方高校接受教育。我国高等教育毛入学率于2002年越过15％,从而跨入大众化阶段,然后又用了17年左右的时间达到普及化的门槛。这一伟大成就在很大程度上要归功于高等教育地方化的实施,高等教育地方化有力地推动了地方高等教育的大发展。2019年政府工作报告提出,要改革高职院校的考试招生政策,目标是扩招100万。高职院校基本上都是地方院校,所以说,这一扩招百万的任务又几乎全部落在了地方高等教育的肩上,由此,也进一步推进了高等教育的地方化。所以说,在我国高等教育改革发展特别是大众化、普及化进程中,地方高等教育在国家高等教育中所占比例日益提升。地方高等教育业已建立起日趋完善的体系,一批以非省会中心城市为代表的地方高

等教育亚中心相继发展起来。①

在现代化建设浪潮和改革开放春风的沐浴下，我国高等教育发展经历了风风雨雨，高等教育大众化、普及化水平不断提升，非省会中心城市的高等教育不仅经历着一波又一波改革的洗礼，也享受着改革发展的红利，得到了愈来愈多的重视，逐步实现了量和质的发展。从中华人民共和国成立到 20 世纪 80 年代中期，我国高等教育主要由中央管控，省、市政府对高等教育的管理权限较小，地方高等教育发展跌宕起伏，总体处于缓慢发展期，非省会中心城市高等教育的发展同样如此。中央于 1985 年发布的《关于教育体制改革的决定》提出了鼓励地方办学，这是第一次在国家文件里正式、明确支持地方办学，为我国高等教育地方化奠定了政策基础，事实上也表明高等教育地方化进程的正式开启。1992 年全国高教工作会议以后，中共中央、国务院于 1993 年发布《中国教育改革和发展纲要》，进一步确立了中央与省级政府分级管理负责的高等教育管理体制，由中央直接管理的高校主要是那些关系国家经济、社会发展全局及起示范作用的骨干高校，以及地方不便管理的行业性强的高校，那些由地方举办的高校都交由省级政府管理。从此之后，伴随着区域经济快速发展的需要，非省会城市特别是有较高经济实力和发展需求的非省会中心城市对高等教育的需求也随之越来越旺盛。

从历史发展进程看，我国高等教育大众化、普及化的实现主要依靠地方高等教育规模的不断扩大。那么，随着普及化水平的进一步提升，是否依然需要依赖地方高等教育的发展呢？答案应当是肯定的。《中国教育现代化 2035》向世界响亮喊出了"到 2035 年我国教育发展的目标是总体实现教育现代化，整体迈入世界教育强国行列"的口号。从实现主体角度看，这一目标的实现依然离不开地方院校的努力付出与贡献，离不开非省会中心城市高等教育的大发展。因为，没有量的积累和大规模的实践，仅仅靠百余所"双一流"院校培养数量有限的人才，难以支撑起高等教育大国和强国的宏伟目标，也无法真正实现高等教育强国的梦想。由此可见，非省会中心城市发展对高等教育有需求，高等教育强国对非省会中心城市高等教育有依赖，那么非省会中心城市高等教育不断创新发展势必成为历史的必然。

2. 高等教育国际化为非省会中心城市高等教育创造发展机遇

经济全球化推动了高等教育的国际化，也推动了高等教育资源在国际间的

---

① 别敦荣，郝进仕. 论我国高等教育地方化和地方高等教育发展战略[J]. 高等工程教育研究，2008(1)：54-60.

广泛交流,同时带来全球城市经济结构的转化,进而对社会、文化结构的发展变化产生影响,最终有效地推动城市化进程及中心城市的孕育发展。从世界高等教育发展历史和现状来看,高等教育的国际间交流、资源的流动是高等教育国际化的主要特征,如留学生、学者的互访交流,学术会议的举办,国际间高等院校合作办学,一般比较集中地在各国的中心城市之间举办。不管是学生还是学者,他们一般喜欢选择经济发达的异国中心城市作为留学访学或者参加学术会议的目标地,留学人员选择名校进行学习、研修、访学的积极性、能动性更高。这样一来,高等教育的国际化必然会更多地推动中心城市经济、社会、文化的繁荣,特别是中心城市高等教育的发展。反之亦然,伴随着经济全球化和世界高等教育国际化发展的大趋势,我国中心城市高等教育要寻求更好、更快的发展,离不开高等教育国际化,必须融入高等教育国际化发展的大格局中,通过高等教育的国际化吸引、汇聚世界范围内的人才资源、学术资源、教育资源以及经济文化资源。所以说,高等教育国际化发展与城市发展之间有着一定的逻辑关系,与中心城市高等教育发展之间也有相关性。非省会中心城市高等教育发展与高等教育国际化具有相互促进、相辅相成的逻辑关系,高等教育国际化必然会在一定程度上有利于非省会中心城市的建设发展。

高等教育的国际化发展是经济全球化的必然,也是符合世界高等教育发展规律的。经济的全球化与城市的国际化发展关系密切,城市的国际化需要经济全球化的支撑和推动,也有助于经济全球化的进一步发展。那么,非省会中心城市的国际化及其高等教育的国际化必然与经济的全球化具有一定的相关性。全球经济跌宕起伏的发展历程证明,经济全球化是一个渐进的过程,一般情况下,何时能顺畅有力地推进经济全球化,何时世界经济就会走向繁荣;反之,一旦逆全球化形势抬头和蔓延,世界经济一般会走向低迷和波折,高等教育国际化也会随之受到影响。经济全球化为高等教育国际化提供了物流和物质基础,提升了民众生活水平和对教育的需求,特别是对高水平国际化交流学习的需求。[1] 因此,高等教育的国际化需求会随着经济全球化水平的不断提升而增加,经济全球化良性发展会加强各国高等教育资源的深度交流,也促使各国高等教育市场逐步面向全球开放,进而推动高等教育的国际化。世界高等学校发展的历史证明,国际化不仅是世界一流大学的重要办学手段,也是其发展的核心特质。我国高等教育强国和现代化建设需要高等教育国际化,非省会中心

① 杨德广,王勤. 从经济全球化到教育国际化的思考[J]. 河北大学学报(哲学社会科学版),2000(4):5-11.

城市高等教育的发展也需要国际化,而且必然在国际化进程中得到许多发展的契机。

### (二)全球化时代和强国时代赋予非省会中心城市高等教育发展的使命任务

当前,我国非省会中心城市高等教育的发展身处经济全球化时代和全面建成社会主义现代化强国时期。既为高等教育发展带来机遇,使其具有了时代的某些特征,也为其发展提出了许多使命要求和目标任务。

1. 经济全球化时代赋予非省会中心城市高等教育新使命和新要求

经济全球化与城市发展有着密不可分的关系,推动了非省会中心城市的发展,赋予非省会中心城市发展新能量。城市的发展一般比较直观地体现在经济的增长上,城市发展是经济全球化的重要表现之一。随着经济全球化的推进,各国越来越习惯于把城市放到全球的视角上来观察和谋划城市的定位、建设与发展。世界中心城市和都市连绵区的不断形成与发展已成了全球城市发展的一个显著趋势,大城市的规模效益、积聚效应和拉动作用日益显著。

经济全球化与城市高等教育发展之间关系密切,全球化赋予非省会中心城市高等教育发展的新使命。发展经验告诉我们,经济全球化繁荣发展了经济社会,加速了新型工业化、信息化、城镇化,助推越来越多的中心城市崛起。事实上,城市越发展,就越需要高等教育的支撑,因为不论是加速发展工业化、信息化,还是发展城镇化,都需要高等教育为其提供人才、科研、文化支撑,特别是非省会中心城市的发展,更离不开高等教育培养、输送的各类高级人才,提供的科技创新、社会服务和文化引领,城市之间的国际交流合作也需要高等教育的助力。越来越多的城市政府认识到这一逻辑关系,为了更好地繁荣发展城市,它们积极主动地引进和建设优质高等教育资源,要么引进国内外名校来设立分校或研究院,要么与国内外名校合作共建高等教育机构,要么对原有高校加大投入以支持其向更高水平发展。总之,经济全球化赋予非省会中心城市高等教育许多新使命、新责任、新要求,非省会中心城市高等教育反过来也影响着经济全球化的发展。

经济全球化对我国非省会中心城市高等教育的跨越式发展发挥着重要的、不可替代的作用。一方面,经济全球化促进了生产资料、人力资源、经济贸易、金融资本等要素在全球范围内的优化调配,不断压缩生产销售成本,提高生产效能和经营效率。另一方面,经济全球化有利于吸纳和引进先进的技术、设备,学习借鉴世界上更加先进的经营理念、现代管理制度和经验做法,有利于提高市场经济的活力,加速推进产业结构的更新换代和转型升级。① 经济基础决定上层建筑,没有经济的繁荣发展,高等教育作为社稷民生和上层建筑的重要内容也无法立足。我国高等教育之所以能够用不到二十年的时间完成西方国家用上百年时间走过的路,即从大众化迈进普及化阶段,正是因为以经济的快速发展为基础,否则是无论如何也无法实现的。经济繁荣了,政府作为公办高等教育的主办者,自然而然地拥有了更强的经济实力投资兴学;市场中的活跃资本也会看好并积极投资兴办民办高等教育,社会上也就会有更多的"富余"资本流向高等学校。同时,人民生活富裕了,也会更愿意让子女接受高等教育、自己接受继续教育,对高等教育的向往和需求也就日益增多。② 由此,国家、社会、市场和高校就拥有了更多发展高等教育的资源,非省会中心城市高等教育的跨越式发展也就顺理成章了。

2. 全面建成社会主义现代化强国赋予非省会中心城市高等教育发展新梦想、提出新需要

我国已进入全面建成社会主义现代化强国的新时代,也就是强国时代。强国时代的主要使命就是加快推进中国特色社会主义现代化强国建设。高等教育现代化是现代化强国建设的重要组成部分,为非省会中心城市高等教育提出了新的使命和需要。《中国教育现代化 2035》为我们拉开了加快实现教育现代化的帷幕,尽早实现教育现代化、建成教育强国特别是高等教育强国已成为举国上下的共同期待。

非省会中心城市高等教育现代化是我国高等教育现代化建设的重要组成部分,需要高度重视并加快推进。首先,厘清非省会中心城市高等教育现代化的特征和要素,明确实现这些现代化要素的路径措施。纵观世界高等教育发展的规律,高等教育现代化进程首要的是构建先进的教育教学理念,推进教学方式、学习方式的转变,注重培养创新精神,增强学习的自主性,形成现代高等教育理念。③ 与之相呼应的,是建设一流的师资队伍,师资队伍更要掌握先进教育理念。其次,要把握好学科专业制度的现代化内涵,围绕经济社会发展特别是

---

① 杨德广,王勤. 从经济全球化到教育国际化的思考[J]. 河北大学学报(哲学社会科学版),2000(4):5-11.

② 杨德广. 经济全球化与教育国际化[J]. 上海交通大学学报(社会科学版),2001(4):13-16.

③ 袁利平,李君筱. 面向 2035 的中国高等教育现代化发展图景及其实现[J]. 大学教育科学,2021(3):13-22.

所在区域发展的需求和各自发展特色,构建科学的学科组织体系。再次,推进高等教育现代化需要非省会中心城市高等教育治理现代化,形成省级政府统筹、非省会中心城市政府对高校有更多管理实权,各级政府、高校和市场的各自职责权限进一步明确,高等教育治理进一步优化,依法自主办学的现代大学制度体系。最后,还要推动高等教育对外开放现代化,根据经济全球化和高等教育国际化发展的新形势、新变化,适应国际国内新格局,把握百年未有之大变局,创造性地推动非省会中心城市高等教育国际化水平的不断提升。实践表明,高等教育的国际交流往往是在一些高等教育较为发达的中心城市之间展开,高等教育对外开放的现代化进程必然更多地影响中心城市高等教育的发展。①

"新四化"的目标任务给非省会中心城市高等教育的发展提出许多新要求。近十年来,我国提出了走中国特色的新型工业化、信息化、城镇化和农业现代化道路,这就是"新四化"。要瞄准"新四化",加快推动工业化与信息化的深度融合,实现工业化与城镇化的良性互动,促进城镇化与农业现代化的相互协调。②"新四化"与非省会中心城市高等教育发展有着密切的关联。"新四化"推动工业化与信息化深度融合,这一融合必将为非省会中心城市产业升级及其高等教育高质量发展提供新的动力。工业化与信息化是时代发展到一定阶段时,与之相伴而生的"孪生兄弟",其深度融合、协同发展是产业不断升级的方向与动力,也是新旧动能转换的引擎。中心城市的新型工业化和信息化发展,需要城市高等教育为之培养、输送更多高质量、高符合度的人才;与此同时,城市高等教育的高质量发展必将为城市的工业化、信息化提供高水平的科技成果、高质量的人力资源和高端的文化引领与国际交流。内需潜力巨大的城镇化和农业现代化是社会主义现代化建设的重要载体,为非省会中心城市高等教育发展提供了更大的市场和舞台。经济发达国家的工业化发展实践表明,工业化与城镇化、农业现代化之间实现良性互动,可以为工业化创造条件,也是符合城镇化发展的内在规律,可以为农业现代化提供有力支撑。③推进城镇化的核心是实现人的城镇化,这些都需要高等教育的支撑和推动,需要高等教育培养、输送人才和科技成果,需要高等教育培训提升人的素质。城镇化和农业现代化为非省会中

① 陈亮,石定芳.新时代高等教育现代化的政策逻辑与实践路径[J].高校教育管理,2021(1):97-106.

② 杨沈阳.着力"统筹"和"特色"推进重庆"四化"同步发展[J].新重庆,2013(1):30-32.

③ 何克亮.树立新的发展理念[J].理论学习,2013(5):4-8.

心城市高等教育的发展提供了广阔的大市场、大舞台，也提出了许多创新发展的新期待、新要求。

# 第三节　非省会中心城市高等教育创新发展的特征

非省会中心城市高等教育作为我国高等教育大家庭中的一分子、一个重要的子系统，必然具有高等教育的普遍特征，同时又有这类城市及其高等教育独有的一些特点。通观对非省会中心城市高等教育发展历史与现状、背景与愿景的分析，瞄准高等教育强国和中国式现代化建设宏伟目标，展望未来发展前景，非省会中心城市高等教育呈现出多样性、复杂性、成长性、软弱性、失衡性五大发展特征。

## 一、多样性

受历史背景、所处区位、高等教育行政隶属关系、经济发展水平等因素的影响，我国非省会中心城市及其高等教育呈现出多种多样的类型和模式。从城市政府的行政级别和隶属关系来看，我国非省会中心城市属于省会城市以外的地级城市，其中，第一类包括大连、青岛、宁波、厦门、深圳五个国家计划单列城市，这些城市受中央和所在省的双重领导，以省领导为主，在国家计划中列入户头并赋予这些城市相当于省一级的经济管理权限，其财政与中央挂钩但不与所在省财政脱钩，要向所在省上缴一定的财政收入，这一类城市同样也是1994年国家确定的副省级城市的一部分。第二类是正厅级的地级城市，这类城市的各方面都由省级党委政府领导。从城市所处的区位和经济发达程度来看，有的处于东部沿海和经济发达地区，有的处于西部和经济欠发达地区，有的位于南部或西北地区，有的位于东北老工业基地，有的坐落于中部待振兴区域。处于不同区位和经济发展状况不同的城市之间必然有着诸多不同。

从城市及其高等教育历史发展脉络看，有的城市拥有古老悠久的历史，底蕴深厚的历史文化引领城市发展，其中的高等教育发展历史也很悠久，且一直保持良好态势；有的城市属于改革开放后新建、原来没有高等教育的城市，但建市以来其经济社会及高等教育的发展越来越快、越来越好，是高等教育发展的新兴城市；有的城市是中华人民共和国成立后建立的，其抓住社会主义建设和调整等机遇发展了本市的高等教育。从城市拥有的高等教育的隶属关系看，有的城市的高校不隶属于其所在城市,而是隶属于中央部委和省政府;有的城市所拥有的高校隶属于所在城市,一所省属或部属的高校也没有;还有些城市既有自己直接管辖的市属高校,也有省属、部属的高校。从城市对所拥有的高校的影响力来看,有的城市因为经济实力雄厚、政府十分重视高等教育发展,因而积极引进和建设高校,并对城市高等教育投入了大量的人力物力财力,由此对城市各类高校的影响力都很大,这是一种"强政府"的表征;有的城市因为经济支撑力不足和行政管理力落后,对城市高校发展的影响力很弱。从城市拥有的高等教育规模和质量来看,有的城市拥有高校数量多于十所,甚至多达二十多所,且拥有多所部属"双一流"高校和省属高校;有的城市只有一两所高校,而且都是市属高校,当然,因为这样的城市所在区域的高等教育总体不发达,周边城市也没有高校,所以这样的城市在该区域内依然能够发挥非省会中心城市的辐射引领带动作用。由此可见,非省会中心城市高等教育具有鲜明的多样性特点。

## 二、复杂性

非省会中心城市高等教育是一个复杂的系统。从组成要素来说,其主要构成因子是城市里的各类高等教育机构、政府中与高等教育相关的部门单位、市场中参与高等教育的行业产业以及公司、单位、非组织群体、个人。其中,高等教育机构又包括本科院校与专科院校、基础研究型院校和应用型院校、普通院校与民办院校、职业院校与成人院校,有博士授权的办学层次高的重点院校、有硕士和学士授权的一般院校、专科院校等不同类型的院校,这些院校在办学目标、育人模式、改革发展等方面存在的问题有所不同。因此,我们既要科学设计、统筹推进这些院校的建设发展,紧紧围绕城市高等教育发展总体目标同心协力,又要尽可能照顾到各个院校独特的办学历史、发展现状和未来规划目标,还要符合高等教育的办学治校规律,这不可能是一件简单的事情。所以,单纯就高等教育机构这个要素来说,它的复杂性就非同一般,更何况还有许多其他要素的共同作用。

政府中与高等教育发展相关的部门很多,仅市委教育工作领导小组的组成部门就有教育工委、组织部、教育局、财政局、公安局、卫生健康委、消防支队等。其中每个部门在执行上级有关高等教育的政策法规的同时,还有一系列本系统、本领域的行规戒律,城市高等教育的任何一项改革创新都可能牵一发而动全身。例如,政府要出台一个高等教育发展的政策文件,需要与牵涉到的所有部门、单位反复会商、论证,这个过程中不乏各个部门之间的利益博弈、权责纷争,也可能会导致相关权责的再分割、再调整、再明确。因此,非省会中心城市政府推进城市高等教育改革创新并不会一帆风顺、一蹴而就,往往会经历一轮又一轮的磋商、分析与论证。

另外,市场作为一只看不见的手,参与非省会中心城市高等教育建设发展,本身就具有许多不确定性和复杂性因素。一方面,经济全球化使得看似是某城市市场中的某公司在参与高等教育,然而该公司的发展客观上会受到国际、国内两大市场多方因素的影响,且市场的台前幕后都有许多看不见、摸不着、说不清的复杂情况。更何况当前和今后一个时期内,逆全球化浪潮此起彼伏,进一步增加了其中的一些不确定性。另一方面,我国的社会主义市场经济还处于初级发展阶段,这就决定了其面临的可以预见的困难和难以预见的风险挑战,都将是十分复杂和多变的。同时,政府的宏观调控政策也在随着国内外发展形势而不断调整。这当中各个主客观因素之间的相互作用与关系纷繁复杂、变幻莫测。由此可见,政府和市场作为非省会中心城市高等教育的两个子系统,也是十分复杂的。所以说,政府、高校、市场作为非省会中心城市高等教育的三个子系统的复杂性,自然而然地铸就了非省会中心城市高等教育系统的复杂性。

### 三、成长性

目前,我国非省会中心城市和高等教育的建设发展还处于成长期,距离稳定的成熟期还有较长的路要走。在我国已经进入普及化高等教育阶段的大背景下,为什么非省会中心城市高等教育依然处于成长期呢?

一方面,这是我国高等教育发展的历史与现状决定的。我国高等教育起步较晚,期间又经历了许多战争和动荡,经受了诸多血与火的洗礼,可以说是在跌宕起伏中时快时慢、时好时坏地发展。经过改革开放后四十几年的跨越式发展,我国高等教育快速实现了大众化,迈入普及化高等教育阶段,建立起世界上规模最大的高等教育体系,正在向高等教育强国奋力前行。但我国高等教育总体水平和实力距离高等教育强国还有一定的差距。目前,我国高等教育布局的首位度依然很高,高等教育资源主要集中于省会城市和直辖市,非省会中心城市高等教育作为国家高等教育的一个子系统,还处于相对劣势的地位和欠发达状态,其规模质量与经济社会发展和人们对高等教育的需求之间存在不小的矛盾,需要不断强化提升、茁壮成长,才能逐步解决发展不平衡、不充分的问题。

另一方面,这也是我国社会主义初级阶段的国情和我国城镇化发展的现实境况决定的。目前,大部分非省会中心城市的建设发展依然处于成长期。面对我国社会主义现代化建设的宏伟目标,非省会中心城市作为省级区域内具有引领带动作用的城市,肩负着重大的改革发展使命。然而,这类城市大部分还处于快速发展成长期。城市处于这样一个时期,必然没有足够的经济实力、科技创新能力、社会发展水平来支撑和推动高水平的高等教育,因为城市与高等教育之间总体上是互动共进、相互支撑的。然而,伴随着我国经济实力的飞速发展,城镇化水平的不断提升,非省会中心城市的发展必然迎来诸多机遇。非省会中心城市发展潜力很大,其成长空间是十分巨大的。由此可以研判,非省会中心城市高等教育的发展空间还很大,远没有达到稳定成熟的状态,具有明显的成长性特征。

### 四、软弱性

　　从全国非省会中心城市高等教育整体体量来看,我国非省会中心城市占全国地级以上城市的比例不到四分之一,非省会中心城市拥有的普通高等院校仅占全国高校数量的 18.23％,且其中"双一流"高校一共仅有 5 所。这些数量和占比说明,作为非省会中心城市高等教育主体构成要素的高校的数量偏少,整体办学层次和水平也处于较低状态,还没有达到与非省会中心城市实力相称的地位,尚处于相对弱小的状态。

　　从非省会中心城市高等教育依托的城市的综合实力来看,与本省的省会城市相比,绝大多数非省会中心城市的综合实力要弱于省会城市,主要表现为在城市的经济发展实力、财政收入实力、科技创新实力、对人才的吸引力和服务保障力等方面要逊色于或者落后于本省的省会城市。由此带来的直接后果是城市的影响力、经济支撑力相对较弱,进而导致政府能够用来支持、发展自己城市的高等教育的财力相对薄弱。

　　另外,从城市政府对高校的组织管控力看,非省会中心城市政府对国家部属高校和省属高校的领导力、统筹力受制于国家高等教育管理体制,目前尚不能实现非省会中心城市政府对高校发展方向和重大改革举措进行有力、有效地主导与引领。当遇到政府的部署要求与高校的发展思路、理念不一致的情况,非省会中心城市政府的行政管理力、组织引领力往往显得力不从心甚至软弱无力。综上所述,非省会中心城市高等教育总体上呈现出软弱性特征。

### 五、失衡性

我国幅员辽阔,各个省市的地理环境、人文历史、人口分布等都有诸多不同,有时候相互邻近的省份在某些方面也存在你多我少、你强我弱的较大差别,甚至是差距悬殊。古往今来,中华大地上的这种差异性、不均衡性一直存在,在某些方面存在一定的偶然性,但其中也有许多历史的必然性。城市的发展也是如此。不同城市的发展速度、经济社会发展水平,也扩大了这些差距,非省会中心城市在各省市的分布存在不均衡性就是其中的一个表现。中华人民共和国成立以来,特别是改革开放以来,快速发展的经济也推动了许多新兴城市的诞生和崛起,如山东省东营市、威海市、日照市都是在 19 世纪 80 年代设立的地级市,广东省的深圳市也是在 1979 年才设立的,东莞市设立于 1988 年,这些新成立的城市如雨后春笋般拔地而起,发展迅猛,有的很快成长为非省会中心城市。因此,伴随着我国改革开放和经济的快速发展,经济、科技发达的省份,其城市化发展进程也相对更快,非省会中心城市的发展必然也走在前列,包括非省会中心城市的数量、质量。非省会中心城市布局的不均衡性从这里就开始产生和演变,尽管国家在努力调控,但城市发展的失衡性势头目前并没有得到有效控制。

另外,与城市布局有着千丝万缕联系的高等学校的设置、发展和区域分布,更是因为历史传承与改革调控等因素,导致一系列失衡性问题的产生。一方面,中华人民共和国成立以后的几次学科和高校调整,在一定程度上致使许多城市高校出现资源失衡性问题。例如,辽宁省是东北老工业基地的所在地,曾为国家工业化建设立下了汗马功劳。国家为了支撑这个区域的发展,调整布局了众多高校,其中辽宁省的大连市作为重要的非省会中心城市,得到了许多宝贵的高等教育资源。然而,内蒙古、新疆等地虽然地域辽阔,却并没有在此次高校调整中分得多少高校。另一方面,经济发展质量和速度的差异也致使不同省份之间高等教育发展的不平衡。山东作为改革开放以后经济发展比较迅猛的省,不少城市的政府都重视高等教育建设,非省会中心城市政府大都能够比较积极地建设和引进不同类型的高校,青岛、烟台等非省会中心城市的高等教育发展得比较快,尤其是青岛市高等教育发展的增速在近十几年中比较迅猛、十分抢眼。然而,青海、宁夏、甘肃等地的非省会中心城市拥有的高校数量的确少得可怜。因经济发展导致的高等教育资源分布的不均衡,也彰显了非省会中心城市高等教育的失衡性。

# 本章小结

    本章对非省会中心城市高等教育的历史背景进行阐述,着重从非省会中心城市发展历史与现况、非省会中心城市发展面临的机遇与挑战进行分析,透视和展示高等教育发展的历史场景,发现城镇化、智慧化和创新城市建设带来的许多新任务、新要求。通过分析我国高等教育发展演变的特点,发现精英化时代高等教育历经不平凡、不平衡的发展演变,在快速变革跨越中实现大众化、普及化,大众化前期以较高速度跨越发展,大众化后期加速实现量与质的蝶变,迈入普及化后高等教育发展态势良好,高等教育地方化又伴随着大众化、普及化而发展。同时,归纳得出非省会城市高等教育发展存在萌芽成长期、调整趋缓期、加速发展期、改革趋稳期四个发展阶段。通过分析非省会中心城市高等教育发展与治理体制改革,发现中华人民共和国成立后,中央、省、市三级政府一直在不断求索高等教育管理体制的变革,先后经历了以中央政府"集中统一"领导为主的管理体制,从中央政府"集中统一"领导转变为"统一领导、分级管理"的体制,构建了中央、省、市三级办学的高等教育管理体制,开启高等教育治理体系建构新征程等不同的发展阶段。通过分析非省会中心城市高等教育发展的愿景,发现我国高等教育地方化、普及化、国际化为非省会中心城市高等教育的发展带来诸多发展良机,经济全球化时代和强国时代赋予非省会中心城市高等教育发展许多新使命和新任务。以典型的高等教育先进国家和发展中国家为例,分别分析非省会中心城市高等教育面临的激烈竞争态势,发现高等教育国际化带给非省会中心城市高等教育的一系列挑战,高等教育体系外部和内部也都存在对非省会中心城市高等教育发展的诸多挑战。同时,归纳得出非省会中心城市高等教育具有五大特征——多样性、复杂性、成长性、软弱性、失衡性。

# 第四章　非省会中心城市高等教育
## 创新发展的动力模型

政府、高校和市场作为非省会中心城市高等教育这一系统的重要组成部分，三者中的任何两个之间都会产生相互作用力，它们针对城市高等教育的所有活动和工作都会对高等教育的发展产生正向或反向作用力，这些作用力最终会形成一个聚合力。怎样建构一种动力模型来更好地理解、把握、运用和调控三者的关系呢？从"教育内外部关系规律"和"三角协调模式"等理论视角来分析非省会中心城市高等教育，审视三要素之间的相互作用关系，进一步厘清这些理论对本研究的意义所在，找到适合本研究的理论支撑，进而建构"三维动力"模型，分析政府、高校、市场三者之间的相互关系，并基于"三维动力"模型探讨非省会中心城市高等教育"三维动力"间的相互作用机制。

## 第一节　不同理论视角下的非省会中心城市
### 高等教育发展

运用不同的理论来研究非省会中心城市高等教育的某个问题就有可能得出不同的结论。本书从"教育内外部关系规律"和"三角协调模式"等理论视角审视、解析非省会中心城市高等教育与城市政府、高校、市场之间的相互作用关系，以便于更加系统、深入、科学地理解和把握非省会中心城市高等教育的内涵、外延及其重要影响因素作用于高等教育发展的过程、状态与效果。

### 一、基于"教育内外部关系规律"理论

潘懋元提出的"教育内外部关系规律"告诉我们，教育发展有两条基本规律：一条是关于教育与社会发展关系的规律，被称为教育的外部关系规律；另一条是教育和人的发展关系的规律，被称为教育的内部关系规律。所谓的教育的

外部关系规律就是教育要适应社会的发展,要受生产力与科学技术发展水平、政治制度与经济制度、文化传统等方面因素的制约,并对这些因素的发展发挥作用。教育的内部关系规律就是在培养人的过程中,教育的各因素之间的必然联系与相互关系。[①] 有生命力的理论一般会随着时代的发展不断丰富发展,内部与外部会随着条件和系统的发展变化而调整变化。李枭鹰在其《高等教育关系论》中依据理论与实践两个逻辑,对"教育内外部关系规律"进行了创新性的解读。理论界从逻辑角度围绕"教育内外部关系规律"进行了几次论争,但并未改变"教育内外部关系规律"对教育实践的理论指引地位。

### (一)城市高等教育与高校之间的关系

高校是城市高等教育的主要组成部分,所以,城市高等教育与高校之间的关系属于教育系统的内部关系。高等教育的内部组成要素很多,各要素之间的关系也十分复杂,深入研究各要素之间的关系是一项系统工程。城市高等教育的发展与高校之间首先是系统与子系统的关系。城市中所有高校的集合就是城市高等教育的主体,包括所有高校的在校学生、教师、学科专业、校园、校办企业等静态要素,以及高校每天举行的各类活动、不断取得的学术成果等动态发展要素。

城市中高校的规模、结构、质量、效益、水平直接影响乃至决定着城市高等教育的主体形态。只要城市里的所有高校都发展了,不管是量的增加还是质的提升,城市高等教育才能够发展。当然,城市里的任何一所高校规模、结构、质量的变化,都会直接影响城市高等教育,但是一所学校的变化可能不会导致城市高等教育质的变化。

那么,城市高等教育的发展状态对城市高校特别是某一高校的发展又会产生怎样的作用呢?城市高等教育发展的相关政策、领导重视程度、高等教育主管部门的服务支持能力、政府和市场投入高等教育的资金力度、协调高等教育发展的机制、不同高校间的合作与竞争关系等,都会不同程度地制约或推动某一高校的发展。

### (二)城市高等教育与政府间的关系

"教育必须与社会发展相适应",这是教育的外部关系规律,包括高等教育

---

① 李均. 论教育基本原则[J]. 教育理论与实践,2002(12):6-8.

与政治、经济、文化的关系。在这里,城市政府是国家权力机构的统称,政府具有引领政治、经济、文化的功能。

怎样从"教育外部关系规律"视角来看城市高等教育与政府之间的关系呢?

首先,城市高等教育要受到政治因素的制约,必须遵守国家大政方针和社会主义办学理念,城市政府作为国家的一级地方政府必然要一以贯之地执行落实国家的各项法律规章,同时要遵守和执行城市政府出台的各项法规政策。

其次,高等教育要受城市经济发展的制约,城市经济发展好了,政府财政收入就会增多,用于支持发展高等教育的经费自然水涨船高,而且经济发展越是强劲的政府越是需要更多、更高质量的高等教育来支撑。反之,城市经济停滞,则会使政府无力发展高等教育。还有,城市文化发展也会影响和制约高等教育的发展,高等教育是文化传承创新的重要载体和动力源,政府重视城市文化的繁荣发展,就会注重发挥高等教育在文化事业和产业发展方面的作用。当然,高等教育既要适应政府发展经济、政治、文化等各项事业的需要,积极服务,主动作为,也要发挥学术研究优势,通过创新知识引领城市发展。换句话说,城市高等教育既要受政府的制约,也要反作用于政府的各项事业,实现互动共进。

### (三)城市高等教育与市场间的关系

城市高等教育与市场间的关系也是一对重要的高等教育发展外部关系。很显然,两者之间的作用力是相互的,高等教育对城市市场的发展发挥着不同程度的推动作用或制约作用。

首先,最直接的作用当属高等教育培养输送的各类高级人才为城市劳动力市场提升了层次、增强了活力。其次,产生的学术成果为城市相关产业、行业的发展提供了创新源泉,催生了新业产业、拉动了相关产业的快速发展。再次,几万名师生及几倍于师生数量的亲属的各种消费,也可能拉动城市各类消费的增长,对城市发展具有不可忽视的作用。

城市高等教育国际化水平对于城市国际市场的开拓具有重要的推动作用。高等教育国际化会吸引来自世界各地的学习交流者,有时还会产生"蝴蝶效应"。高等教育国际化交流参与者在城市所在高校工作学习时间一般较长,对于城市的了解认识会更深入全面,这些人可能会成为城市形象的体验者、传播者,有助于城市拓展和巩固自己的国际市场。同时,高等教育国际化会吸引、引进国际高水平人才和科技合作项目,这些国际化人才和科技项目在对城市相关产业和行业的发展产生推动作用的同时,有时还会对城市对外科技合作、城市间交流合作发挥"四两拨千斤"的作用。另外,本城市高等教育系统里的教师、学生、管理人员等也会通过访学、学术会议等形式向世界各地流动。由此可见,高等教育对城市市场的反作用客观存在,不可小觑。

综上所述,从"教育内外部关系规律"视角系统地分析城市高等教育与高校、政府、市场之间的关系,让我们进一步真切体会到城市高等教育受政治、经济、社会、文化、地理等因素的制约,同时对这些因素的发展具有正面或负面的影响。城市高等教育要实现好的发展,需要与城市经济社会的发展相适应。

## 二、基于"三角协调模式"理论

20 世纪 60 年代,高等教育大众化以及市场的力量为欧美高等教育注入了内在动力。由于人们对高等教育需求的持续增长,高等教育大众化进程加快,各国用于支付高等教育的财政压力陡增。面对这种压力,各国政府为减轻财政负担,出台了高等教育收费制度来弥补办学经费的不足。20 世纪 70 年代中期,大多数欧美国家陷入经济危机,受社会福利主义等思潮的影响,高等教育改革主张中央下放权力、学校自主竞争等。这一"看不见"的市场之手,对高等教育的影响越来越大。在这样的背景之下,伯顿·克拉克提出了高等教育"三角协调模式"(见图 4-1)。后来,加雷斯·威廉斯在认真研究分析伯顿·克拉克高等教育理论的基础上,特别是根据高等教育经费分配的研究成果,又将"三角协调模式"的图像进一步细化,提出了更具有针对性、更加科学的六个细部模式(见图4-2)。①

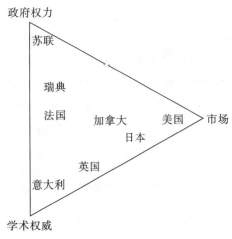

图 4-1　高等教育"三角协调模式"

---

① 彭湃. 大学、政府与市场:高等教育三角关系模式探析——一个历史与比较的视角[J]. 高等教育研究,2006(9):100-105.

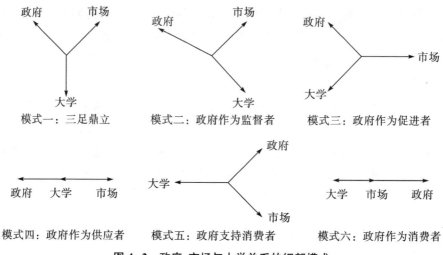

图 4-2  政府、市场与大学关系的细部模式

从伯顿·克拉克建构的大学、政府与市场的"三角协调模式"以及加雷斯·威廉斯对该模式进行拓展的细部模式的相关理论可以看到,伯顿·克拉克的"三角协调模式"是从国家层面进行的分析。其中,图 4-1 所示的当时的苏联高等教育从理论上看应当是政府主导模式,政府对高等教育的管理是计划管控和完全的主导。加雷斯·威廉斯阐释的模式四属于政府主导模式,大学和政府之间在某种程度上存在重叠,政府对大学全力支持,政府成为高等教育的决策者、主导者和供应者。在这种模式下,市场方向的强度相对减弱。伯顿·克拉克与加雷斯·威廉斯都是从国家层面进行分析,没有针对城市高等教育发展模式进行讨论,但其研究理路、架构、概念辨析具有很好的借鉴意义。如何从这个理论视角看待高校、政府、市场之间的关系呢? 这需要我们逐一分析高校与城市政府间的关系、市场与高校间的关系以及政府、高校、市场三者间的相互关系。[①]

### (一)高校与城市政府间的关系

世界近代高等教育的源头可以追溯至欧洲 11、12 世纪的中世纪大学,其中始建立于 1088 年的博洛尼亚大学是被世界广泛认可的欧洲"大学之母"。中世纪大学建立之初,经历了与当时所在地的政府、教会的长期抗争,教师们组成自己的学者行会(Universitas),力求减少外来的干扰、妨碍和控制,维护学校及师

① 兰文巧,张爱邦. 伯顿·克拉克的高等教育系统整合观点解读——兼论"大学、政府与市场"关系的冲突与调适[J]. 辽宁师范大学学报,2006(1);77-80.

生的自身利益。经过长时间的博弈、抗争，高校从政府和教会手中挣得了特许状等系列特权，逐步发展成独立的学术机构，既不听命于政府，也不是教会附属品，大学与教会、政府之间形成互利共生关系，成为追求学术与自由的"象牙塔"。

随着欧洲文艺复兴、宗教改革和第一次工业革命的兴起，大学与社会、政府的关系也在不断发生着变化，大学日益被裹挟卷入相关社会事务中，大学的世俗化、社会化已不可逆转，政府对大学的行政司法干预也日益增强。文艺复兴后，科学不断兴起，国家民族间的经济、军事竞争日益激烈，欧洲列强争相抢夺地盘和财富，科学知识的力量日渐被政府所认可和重视。大学作为知识传播和创新的重地，政府期待、要求甚至试图用各种办法迫使其走出"象牙塔"为社会服务。

第一次工业革命后，随着科学的日益分化和细化，科学研究的社会需求、国家需求日盛，用于科研的经费日益庞大，大学学者的自治团体逐渐难以胜任科研的社会组织工作，也无法承担巨额的科研经费，只有国家、政府才有这样的能力。由此，大学及其学者不得不逐步让渡自己的一些权力，允许政府的介入，政府开始拨款助学、兴学，德国、英国、美国等国家相继出资或出台政策法规举办大学，如柏林大学、伦敦大学就是在这样的背景下应运而生。市场对于大学的影响也日益增多。从那时起，大学的功能由人才培养逐渐发展丰富为现在的人才培养、科学研究、社会服务和文化传承与创新。大学已不再是单纯的"象牙塔"，而是社会的重要组成要素。由此可见，政府的参与对大学的影响和控制以及后来市场的介入，逐步形成了大学、政府、市场三角协调关系。

我国高校与政府之间又是一种怎样的协调关系呢？城市政府与其所辖的高校之间是如何协调发展的呢？首先，回顾梳理一下中华人民共和国成立以来高等教育管理体制变革历程。1949年中华人民共和国成立后，经过社会主义改造，历经多次全国高等院校调整、重组、改革，我国的高校都实现了国家公有，一部分由中央部委直属，一部分由省市等地方政府管理。可以说，这一时期我国高等教育完全是国家改革发展计划的一部分。1978年改革开放以来，国家逐步推进管理体制、办学体制、投资体制、招生就业体制等方面的改革。1985年颁布的《中共中央关于教育体制改革的决定》开启了新一轮高等教育管理体制全面改革的进程；1993年和1995年先后印发实施的《中国教育改革和发展纲要》以及《关于深化高等教育体制改革的若干意见》等文件均是力求推进以"共建、划转、合并、合作办学和协作办学"为主要实施路径的改革；1999年，国家颁布了

《关于深化教育改革全面推进素质教育的决定》，强调了如何进一步推进简政放权，赋予省级政府更多管理统筹本地区教育的权责。经过十几年的改革调整和创新实践，我国高等教育在 20 世纪末已基本形成了中央和省级政府两级管理、分工负责，以省级政府为主的管理体制架构，其中也存在一些条块结合的管理。2013 年国家出台的《关于全面深化改革若干重大问题的决定》提出了进一步深化教育领域综合改革，推进"管、办、评"分离，进一步扩大了省级政府对教育的统筹权和学校的办学自主权。2017 年 9 月，《关于深化教育体制机制改革的意见》对深化简政放权、放管结合、优化服务改革等提出要求，力求加强事中、事后监管，构建起政府、学校、市场间的新型关系。①

我们看到，改革发展至此，在我国高等教育管理体制下，城市（直辖市除外）管理高校的职责权力还相对较小，除市属和大部分职业院校外，城市政府在体制上一般不负责筹措高校的办学经费，也无权直接对这些高校进行绝对领导。从体制上讲，这些高校与城市政府之间基本上是相互独立的；从行政级别上看，高校的行政级别大部分是与地级城市相当的厅级单位，部分"双一流"高校的主要负责人还是副部级。

然而，随着"科学技术是第一生产力"这一重要论断的深入实践，特别是市场经济的不断完善和城市政府财力的快速提升，城市更加重视科技强市、人才兴市和文化引领，城市政府更加有能力、有愿望、有目标地与城市高校进行合作，互动共进的积极性和主动性不断增强。一方面积极与国家部委、省教育厅共建部属或省属高校，另一方面运用市场化手段和课题化、项目化等举措，鼓励、吸引、推动高校参与城市发展建设，引导和要求高校根据城市发展需要调整人才培养结构和科研攻关方向。通过这样一些方式方法，城市政府越来越多地影响着高校的发展，推动着城市高等教育的进步。

由此可以判断，目前我国城市政府与高校之间的协调关系介于加雷斯·威廉斯六个细部模式中的模式五和模式六之间，即政府支持市场运作，以政策引导市场发展方向，对高校产品的需求和消费能力不断提高，并呈现出鼓励高校自由发展与迎合政府需求有机结合的趋势；同时，政府积极利用同市场的合作，引导和鼓励高校积极适应我国经济市场化发展的潮流，推动高校在政府所主导的市场机制中，通过与地方政府主导的发展方向及社会市场的需求相适应，广泛争取城市政府的资金、资源。

---

① 夏鲁惠. 我国高等教育体制改革 40 年回顾与展望[J]. 中国发展观察，2018(24)：5-9.

### （二）城市市场与高校间的关系

20世纪后，特别是第二次世界大战后，高校的功能、活动和发展越来越与整个社会紧密相连、息息相关，高等教育蓬勃发展，高校日益融入社会生活，受到政治、经济、文化和环境等因素的影响日渐深入。伴随着世界经济一体化和经济全球化浪潮日渐汹涌，市场也在不断地影响高等教育。许多国家或地区的政府逐渐改变管理高等教育的方式，通过引进市场机制，让市场这双"看不见的手"来引导高等教育，使其在竞争与角逐中寻求发展。[1] 高等教育领域一时间出现了"市场化"的端倪和趋势。这一时期，不少国家把高校作为一种特殊的产业加以对待，致力于以市场经济的运作模式来办高等教育。这些国家或地区的高校为了自己的生存和发展，必须在市场上与其他院校进行激烈的角逐。

然而，各个国家高等学校与市场的关系有所不同。在实行自由市场经济的美国，高校早就作为教育产业，在市场中如鱼得水；而在早已实行市场经济的欧洲大陆，高等教育界关于高校与市场关系的思考和议论，几乎同我国如出一辙，市场在欧洲高校中的参与的程度并不高。[2] 所以说，纯粹的高等教育市场并不存在，高等教育市场应当是一种类似于市场或准市场的状态。客观上讲，任何国家都不可能把本国的高等教育完全交给市场，更不会任由"看不见"的市场之手来指挥和左右本国高等教育的发展。政府深知高等教育对于一个国家意味着什么，它是培育国家建设者和未来接班人的重地。因此，国家一方面要发挥市场作用，提高高等教育办学效率；另一方面，要进行宏观调控，有时候为了掌控局面也会采取一些微观层面的具体干预措施，不放任市场的自发性、趋利性来一味地干扰和左右高等教育的发展，从而保证国家发展和政府施政的需要。

我国自20世纪90年代初建立社会主义市场经济体制以来，伴随着国家高等教育管理体制改革的深入，市场参与高等教育办学和管理的机会越来越多，高等教育参与市场竞争的广度、深度也日益增加。从"三角协调模型"及六个细部模式理论视角来看，城市市场与高校之间的协调关系是相互利用、相互影响、相互制约、相互促进的，它们之间的某些微观目标有时可能是一致的，如为了研发某一科技难题二者联合攻关、联合申报国家课题项目和奖励，共同获益。但市场总体上是趋利的，往往只顾追求短期效益，一般不愿意进行基础性的长线

① 彭湃. 大学、政府与市场：高等教育三角关系模式探析——一个历史与比较的视角[J]. 高等教育研究，2006(9)：100-105.

② 韩骅. 高校政府市场——对高等学校与社会关系的比较研究[J]. 教育研究，1996(8)：34-39.

投入,也不会通盘考虑社会发展对高校人才培养这一根本任务的需求和要求。因此,在实现总体长远发展目标方面,高校与市场合作又会在一定程度上影响和制约高校。两者在矛盾统一中不断合作与竞争,存在着利益相关性、协调性、竞争性、矛盾性、妥协性等一系列复杂多变的关系。

### (三)政府、高校、市场三者间的相互关系

从国家层面来看,在国家利益至高无上的时代,我国高等教育管理体制改革发展到现在,在政府、市场和高校三方事关高等教育的重要因素之间,政府作为国家权力、国家意志的代表,依然是十分关键的一环。政府的职责定位决定了政府不会也不可以无视与国家政治经济发展、社会稳定密切相关的高等院校的重要作用,不能忽略因过度管控而可能出现的"市场失灵",也不能否认市场条件下市场与高校的关系是客观存在,也不希望市场与高校的关系游离于政府的控制之外。市场的本性决定了它必然会通过资源配置的基本功能影响高等教育,高校追求学术自由的传统决定了其对"自由""自主"的追求。然而,市场经济条件下的高校作为经济社会的一个组成部分,也难以离开政府和市场而生存发展。① 历史和实践证明,高校、政府与市场三者之间存在的矛盾统一的复杂关系,特别是存在的冲突,使以政府为中心的发展模式和以市场为中心的发展模式都不能完全有效地解决高等教育的发展问题,应当对三者的相互作用关系和机理进行必要的调适。② 政府应当积极地根据市场规则和需要,依据经济社会目标需求、文化发展需求主动协调与城市高校之间的关系,通过发挥人民赋予的职权积极作为,合理优化高校发展所需的各方面资源的配置。只有如此,才能更好地促使城市高等教育的办学水平和效益得以逐步提升。这一目标应当能够在我国城市政府和高校、市场之间首先建立和运行起来。

高校、政府、市场三角之间是循环互动的,在矛盾中不断寻求新的协调发展。回首我国高等教育领域管理体制革新的历程可以看到,这是一个经历了从管制到管理、再到治理的过程。中华人民共和国成立后,我国高等教育管理体制先是采取了高度集权的国家管制,然后是中央和省级政府进行从上到下的计划管理、分级管理,直到 2010 年之前基本上都是"政校合一"的管理体制模式,

① 张德祥. 市场经济体制下的"政府、市场、大学"新型关系的研究总报告(一)[J]. 辽宁教育研究,2004(9):1-6+26.

② 兰文巧,张爱邦. 伯顿·克拉克的高等教育系统整合观点解读——兼论"大学、政府与市场"关系的冲突与调适[J]. 辽宁师范大学学报(社会科学版),2006(1):77-80.

期间在学界和高等教育领域也提出了高等教育治理的理念和要求,但国家层面并未有实质性的实施和推进。2010 年 7 月《国家中长期教育改革和发展规划纲要(2010—2020)》提出了我国高校治理改革需遵循三大议题:调整高校与政府的关系,落实和扩大学校办学自主权,完善中国特色现代大学制度。这是我国中央政府第一次从公共治理的角度探索实践高等教育治理。政府开始转变角色,致力于构建多元的高等教育治理机制。经历了十余年的探索实践和转变,多元共治善治的治理理念日益得到政府和高等教育领域的理解、贯彻和执行。但是,不断提升政府和高等教育领域治理体系与治理能力现代化的道路,不可能是平坦和顺畅的,突破人们原有的管理理念和思想的束缚不可能一蹴而就,社会主义市场经济体制下多元利益主体的生成、利益主体间的矛盾冲突、如何保障高校办学自主权和教育民主化等问题,需要我们上下求索,不断创新实践。[①]

应当说,我国已总体形成中央和省两级分工负责、以省级人民政府为主进行统筹的高等教育管理体制模式。2018 年,我国共有普通高校 2663 所(含独立学院 265 所),成人高等学校 280 多所。部属高校共 116 所,其中 76 所归教育部直属管理,40 所归其他部门管理。针对中西部 14 省份没有教育部直属高校的情况,采取每个省选一所大学签订部省合建协议,共计 14 所,基本上也等同于部属院校的待遇,上述两者合计是 130 所。其余的基本上是省(级)属和市属高校,其中绝大部分为省(级)属,也有少量归属县级政府。由此可以看到,我国城市(非直辖市)政府直接举办和管辖的高校在总量上没有优势,城市政府统筹高校资源的整体力度、效度还不强。当然,不管是国家部委所属高校还是省属、市属高校,其都坐落在某一城市中,在某种程度上都要受到所在城市的统筹管理,特别是在党建、意识形态、安全稳定等一些属地化管理为主的方面,还是要听从当地政府的管理。

在这样一种管理体制背景下,首先要清楚城市政府如何在城市高等教育治理和发展中找准自己的位置,应该干些什么、怎么干。其实,高等教育治理不仅是中央政府的责任,地方政府也是责无旁贷。地市政府是高等教育省级统筹为主的管理体制中的执行者,即使省级政府不授权,它依然负有贯彻落实高等教育政策的责任。另外,高校都驻扎在某一城市,必然是这个城市的组成部分,对于支撑和推动城市高质量发展具有不可小觑的作用。所以,随着我国城市经济

---

① 卢晓中,卓泽林. 湾区高等教育的形成与发展——基于粤港澳大湾区与旧金山湾区比较的视角[J]. 高等教育研究,2020(2):90-98.

的快速发展,城市政府统筹所驻高校的愿望越来越强烈,但城市政府统筹职权的多少需要中央和省级政府进行一定的放权、授权。调查发现,浙江省和福建省政府通过省市共建、共管等方式,进行了大胆的探索实践,分别给宁波市和厦门市两个城市政府更多统筹高等教育的职权。他们不改变省市共管共建高校归属关系和以省级财政为主的办学资金投入模式,而是给市级政府明确了统筹和宏观管理高等教育发展的权责,提高了城市政府支持发展高等教育的主观能动性。例如,两个城市政府坚持政府主导,颁发了一系列政策文件,推动建立校地共建的合作机制和保障机制,将县级政府纳入高等教育治理体系内,构建地市级政府统筹、多方共治、纵横交错发挥作用的城市高等教育治理体系,在推动城市高等教育快速发展和高质量发展方面取得了实效。这两个省、两个市的改革创新是一种探索,尽管还属于个案,却给我们提供了一种可资借鉴的、积极有效的发展模式。①

然而,绝大多数省和城市(非直辖市)并没有突破省级统筹为主的体制,这些城市高等教育治理体系是什么架构呢?政府、高校、市场三者之间在构建城市高等教育治理时是一种怎样的运行模式呢?从国家和省级层面来看,高等教育治理体系现代化建设主要是调整政府角色,政府进行科学的简政放权,给高校更多自主权,协调各利益主体,建立一种权利义务共享、多元参与治理的机制。既然地市级政府没有多少对所驻高校的直接管理权,那么它与高校之间就是一种近似于相互独立自主、平等的合作关系,对高校来说主要是发挥服务型政府和法治政府的功能。当然,个别城市对一些市属职业院校拥有直接管理权。因此,城市(非直辖市)政府与高校、市场三者之间围绕城市高等教育发展这一系统正在形成有利于和趋向于利益共享、责任共担、协调共处的城市高等教育治理体系。②

综上所述,循着伯顿·克拉克高等教育"三角协调模式"相关理论,分析审视我国城市政府、市场和高校之间的相互关系,进一步认识和发现城市高等教育管理、治理和发展的运行机理,对"三角协调模式"的理论价值和功用有了更加深入、系统的理解和把握。应当说,伯顿·克拉克高等教育"三角协调模式",是针对当时个别国家高等教育发展态势、存在的问题提出的理论模式,给学界提供了一种新的研究范式。但是囿于当时的时代背景和其他因素的限制,该模

---

① 全国教育科学规划领导小组办公室."市场经济体制下'政府·市场·大学'新型关系研究"研究成果述评[J].当代教育论坛,2005(23):7-10.

② 胡建华.论省域高质量高等教育体系建设[J].中国高教研究,2022(1):16-20.

式未能深入探讨政府这一角色在高等教育系统中所发挥的切实作用。它将市场作为一个缺乏自主性的子系统,忽视了真正的市场供需双方形成的是一种自发的、趋利的、相对独立的运转系统,没有体现市场这一"看不见的手"的真正功用,致使学界在引用此模型时容易陷入矛盾的境地,因为不是在资源高效利用的自由市场的框架下。这些问题或者说理论缺陷,需要我们在今后的研究中科学理性地予以把握。

上述理论研究为非省会中心城市高等教育提供了基础理论支撑,也让我们找到诸多可资借鉴的研究方法。非省会中心城市高等教育作为一个复杂的系统,系统与各要素之间、系统内部的诸要素之间以及高等教育系统与环境之间存在相互制约、相互影响、相互依赖的关系。我们要用系统的思维来全面、深入地研究分析其中的关系,用好这些思维方法将有助于我们理解和把握城市高等教育发展这一复杂的系统问题。

## 第二节 非省会中心城市高等教育创新发展的"三维动力"模型

非省会中心城市高等教育的构成要素之间是如何进行相互作用的? 怎样认识和表述三者之间的相互关系、相互作用力? 动力模型的建构和运用应当是一种较好的路径和方法。探索和建构一个政府、高校和市场三维的动力模型,进而运用这个模型进行系统分析,是一条可行的研究路径。

### 一、"三维动力"模型建构

通过对"教育内外部关系规律"和"三角协调模式"等理论视角的审视分析,我们可以总结出不同理论对分析和解决非省会中心城市高等教育发展这一问题的切入点、着力点、突破点的异同,对于帮助我们从不同角度理解和把握城市高等教育发展具有不同的功效。当然,一个理论也不可能研究解决所有的问题,每种理论都有其特点和优势,也可能存在一些薄弱的地方。一般来说,"一把钥匙开一把锁",一种理论的诞生一般也是为了解决某一问题或某一领域的问题。有时候,一个问题牵涉到多领域,需要多个理论的综合运用才能解决。那么,城市高等教育发展问题最好使用哪些理论来分析阐释才更为科学、有效呢? 怎样综合运用两种或多种理论来系统解析呢?

根据"三角协调模式"理论和"教育内外部关系规律"等学术理论,受施万茨和卡罗尔(Schwanz and Carroll)在研究企业社会责任动力机理时提出的、用来解释企业承担企业之外的社会责任缘由的"三维动力"模型启示,非省会中心城市高等教育作为一个较为复杂的系统,应当可以建立"三维动力"模型进行更加科学系统的分析。非省会中心城市高等教育发展主要受城市高校自为发展拉动力、政府引领主导支撑力、市场参与推动力"三维动力"的影响。基于上述三种力量,依据前述有关理论,构建"三维动力"模型基本理论模型,如图4-3所示。

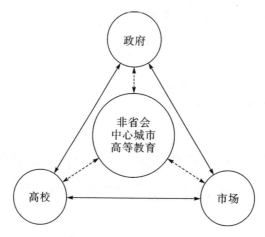

**图4-3 "三维动力"模型**

为了更理性、更形象、更有逻辑地解析和显示"三维动力"模型,运用结构方程模型,进一步构建非省会中心城市高等教育"三维动力"模型结构方程:

$$X_{政府} = g(\xi_{政府}) + \varepsilon$$
$$X_{高校} = f(\xi_{高校}) + \varepsilon$$
$$X_{市场} = \phi(\xi_{市场}) + \varepsilon$$
$$\xi_{高校} = F(\xi_{政府}, \xi_{市场}, \xi_{高校}) + \varepsilon$$

$X_{政府}$:财政资金投入,科研经费,划拨办学用地等资源等。$X_{高校}$:在校大学生数量,教师数量,录取分数线,师资队伍平均水平,生均年度预算支出,本科研究生比例。$X_{市场}$:金融资本投入,劳动力需求,科研项目合作等。$g, f, \phi$:形式已知的函数,描述因子到观测数据的转换方式,通常取线性函数估计其系数。$F$:待估函数,通常取线性形式估计其系数。$\xi$:潜在的、无法直接观测的因子集合,可通过观测指标推断。$\varepsilon$:随机扰动。由此,可建构结构方程理论下的"三维动力"模型政府、高校、市场相互作用基本模式图(图4-4)如下:

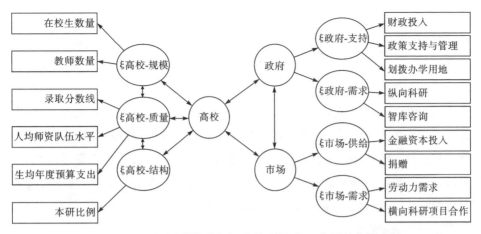

**图4-4 "三维动力"模型政府、高校、市场相互作用基本模式图**

## 二、模型的内涵

从城市高校自为发展拉动力、政府引领主导支撑力、市场参与推动力三个维度的作用力与反作用力切入,阐释"三维动力"模型的定义。通过分析模型中"三维动力"之间的相互作用机理可以看到,各维度的动力作用于城市高等教育系统,相互交织,有时产生正向发展动力,有时又会形成负向阻滞力。

### (一)模型的定义

非省会中心城市高等教育"三维动力"模型是用于演示非省会中心城市高等教育中政府、高校和市场三要素形成的三个维度的动力之间相互影响、相互支撑、相互推动的作用力与反作用力的理论模型。通过该模型,我们可以直观地感受到政府与高校之间、高校与市场之间、市场与政府之间存在作用力与反作用力,也可以看到政府、高校、市场三者之间共同作用于城市高等教育,必将形成影响城市高等教育发展的总动力。

首先,高校自为发展拉动力是对非省会中心城市高等教育创新发展具有重要作用力的一维力量。高校作为非省会中心城市高等教育中的主要组成部分,每一所高校发展的质量高低、速度快慢、规模大小、结构优劣,都影响着这座城市高等教育的发展。任何一所高校都希望自身不断发展,由此可以说,高校对城市高等教育发展总体上具有一种拉动力,只不过有时候可能是正向拉动力,有时候可能是与城市高等教育发展方向相反的负向拉动力。正反两个方向的作用力取决于高校的发展目标定位、理念思路和举措方法与城市高等教育发展的大趋势是否保持一致。

其次,政府引领主导支撑力是当前和今后一个时期非省会中心城市高等教育创新发展十分关键的一维力量。我国非省会中心城市政府正在从全能型政府向服务型政府转变,目前尚处于转型阶段,政府对城市高等教育发展的组织管理、引导领导、经济支撑的力量如何,相当关键。从调研掌握的情况看,城市政府重视高等教育发展的,就会强化对高等教育的管理,其组织力、管理力、引领力就自然而然地随之加强;反之,政府不重视甚至不管高等教育发展,就不会对城市高等教育特别是高校产生有力、有效的组织管理力。另外,政府对高等教育的财政经费支持支撑能力和服务效力水平,也会不同程度地左右着城市高等教育的创新发展水平。

最后,市场参与推动力是助推城市高等教育发展的一维重要作用力,也是未来发展的重要增长极。市场作为一只"看不见的手",只要存在,就会对其感兴趣的和有价值的商品或事物发挥作用。不管城市高等教育愿不愿意接受,市场都会不由自主地以某种形式、在某个时间节点参与到城市高等教育中。市场参与高等教育,可能产生正向的推动力,也可能产生负面的推动力。正向推动力必然有利于城市高等教育发展,反之则会阻碍高等教育的发展。我国社会主义市场经济还在不断发展完善中,未来非省会中心城市高等教育的发展或将有越来越多的市场元素的推动。

### (二)"三维动力"间相互作用机理

非省会中心城市高等教育"三维动力"模型中的每两个维度要素之间的作用力与反作用力之和,与非省会中心城市高等教育之间进行的相互作用,最后形成一个维度的影响和左右城市高等教育发展的动力。

首先,看政府与高校之间的相互作用力、政府与城市高等教育之间的作用力、高校与城市高等教育之间的作用力,是怎样耦合形成第一个维度的动力的。政府采取的有关城市高等教育发展的政策措施、投入的财政经费、对高等教育的组织管理等都会形成一种作用力,影响城市高等教育的改革发展,引起不同程度的变化。高校作为城市高等教育的要素之一,必然会受到政府采取的上述措施和经费投入等因素的影响,这些影响有的会促进高校的发展,有的会阻碍高校的发展。当然,高校实施的发展规划、策略、举措,一方面会推动或阻碍本校的发展,进而影响城市高等教育的发展速度与质量;另一方面也会或多或少地影响、干扰甚至阻碍城市政府相关政策措施的制定与实施,政府受到这些影响后必然会采取措施或调整政策。由此，政府、高校和城市高等教育之间相互作用，最终耦合形成这一个维度的发展动力。

其次，来看一下政府与市场的相互作用力、政府与城市高等教育之间的作用力、市场与城市高等教育之间的作用力，这三者是怎样耦合形成第二个维度的动力的。我国的市场参与城市高等教育，主要通过资本投入办学和吸纳大学生就业等路径和方式，市场投入高等教育的资本的多少、快慢及诉求会直接影响高等教育发展的速度、规模、效益，吸纳就业人数的多少也会影响城市高等教育的发展，进而影响政府出台有关高等教育发展的政策措施与决心信心。如此一来，政府、市场与城市高等教育之间相互作用，根据各力之间的耦合，形成相互制约的动力或相互促进的动力，最终形成这个维度的动力集成。

最后，高校与市场之间的相互作用力、高校与城市高等教育之间的作用力、市场与城市高等教育之间的作用力，这三者之间又是如何耦合产生第三个维度的动力的。正如上文所述，市场目前主要通过投资民办高校来参与城市高等教育的发展，市场对所举办的高校有一种总体上的管控力，在很大程度上左右着这一高校的发展规模、质量、效益、水平，以及学科专业发展方向，进而影响城市高等教育的发展。由此可见，高校、市场与城市高等教育之间的相互作用最终耦合形成这一维度的动力。当然，市场也会对公办高校投入一些科研经费或进行捐赠，只不过这些行为产生的作用力相比于公办高校总经费而言数额较小，产生的影响力一般不大。

上述各个维度的动力汇集作用于城市高等教育这一系统，相互交织在一起，有时候是相互促进的，产生正向的发展动力；有时候相互制约，甚至相互牵制，可能形成负向的发展动力，如此就会产生阻碍城市高等教育发展的阻力。三个维度的动力就是这样相互耦合，最终形成非省会中心城市高等教育创新发展的总动力。

## 三、政府、高校、市场三要素间的相互作用

分析非省会中心城市高等教育中政府、高校、市场三要素间如何进行相互作用，是十分复杂的。为了便于分析，需要假设一定的条件分别加以阐释。从"三维动力"模型运用出发，假定政府引领主导、高校自主发展和市场积极参与三种特殊情形，来分析解构"三维动力"模型理论框架下政府、高校、市场三者如何相互作用，推动非省会中心城市高等教育的发展。

### (一)政府引领主导情形下政府与高校、市场相互作用

假设某个非省会中心城市的高等教育发展中政府发挥着引领主导作用,也就是政府主导决定城市高等教育的方方面面,特别是高等教育发展的目标方向、理念思路、重大举措等。那么,在这种情形下,"三维动力"模型中的三个主要因素之间会是一种怎样的相互关系?

1. 政府引领主导的特征与定义

什么是政府引领主导?顾名思义,政府引领主导应当是城市政府对该城市高等教育的发展战略、发展目标方向、发展举措等具有明确清晰的规划和政策要求,特别是对该城市的各个类型高校的发展方向、重大发展改革举措具有强有力的管理力、驾驭力、指挥力、调控力,也就是说可以主导该城市高等教育发展尤其是全体高校的发展,这是政府引领主导的主要特征。当前此类型的城市主要是指该城市拥有的高校均为市属高校。

由此,我们可以给非省会中心城市高等教育的政府引领主导模式做如下界定:政府作为城市高等教育办学资金的主要供给者、高等教育改革发展战略与重大举措的主要决策者、高等教育发展目标方向的引领者和主导者的城市,其高等教育发展情形就是政府引领主导。这一情形下的非省会中心城市的高校全部隶属于城市政府或者以城市政府管理为主。

2. 政府引领主导情形下政府与高校的相互作用

不管是在什么情形下,高校都是城市高等教育的主要组成部分,是不可或缺的要素。在政府引领主导情形下,政府主要通过办学资源供给、办学政策制定、发展战略的主导引领等环节来左右着高校。

首先,政府通过办学经费拨付、科研经费竞争性供给和办学土地划拨等重要办学资源供给,控制着高校发展的"经济命脉"。其中,政府通过办学经费拨付和使用管理办法、经费使用审计和评估等一系列措施,可以有效地主导、限制、指挥高校人才队伍建设、学科专业建设、人才培养、社会服务等各方面的改革发展。至于政府每年组织的纵向科研经费的申报,也都要根据政府年度经济社会文化发展的思路和需求设计,各高校在政府主管部门设计的规则里竞争,研究方向、主题等也都是有限定的。另外,高校的办学用地主要来自城市政府的划拨。

其次,政府通过制定和组织实施城市高等教育改革发展政策,管理和控制着高校的改革发展。针对城市产业行业发展需求,政府可能会制定实施高校学

科专业建设意见,要求高校紧紧围绕意见开展建设和调整,同时设立学科专业建设专项资金引领高校积极向政府需求靠拢。针对人才队伍建设,政府也会制定相关政策,引导要求高校在根据各自发展需要招引高水平人才的同时,全力引进能够符合城市人才政策的相关人才和团队。

最后,政府通过编制城市高等教育战略发展规划,引领主导高等教育及高校的总体目标方向。政府在城市高等教育中长期发展规划中对高等教育规模、结构、质量、效益等提出指导思想、发展目标、建设理念、战略重点、重大举措、保障措施等,并要求所有高校认真贯彻,落实到各自的战略规划中。如此一来,各高校的发展就不得不与政府的战略保持同向。

当然,高校对政府主导高等教育发展具有反作用力。高校对于政府有关高等教育的政策措施可以提出修改意见和建议,也可以十分委婉含蓄地提出反对意见,希冀通过不断呼吁、建议来影响政府决策。

3. 政府引领主导情形下政府与市场的相互作用

围绕城市高等教育的发展,政府与市场之间处于一种怎样的逻辑关系? 既然是政府引领主导,那么,政府必然希望各方面条件、因素都服从和服务于它所需要的领域,以此调动组织各方面资源来推动高等教育的发展。市场作为城市高等教育发展的重要力量,政府当然希望尽可能发挥其正向作用,控制其可能发生的负面事件。

市场会按照政府的主导意见和要求参与城市高等教育的发展吗? 市场为了追求自己的利益,可能会采取与政府不一致的措施,符合市场利益的,市场会与政府保持同向。然而,市场是一只"看不见的手",追求利益最大化是市场不变的法则。因此,一旦政府的要求不能满足市场的利益,市场一般会按照自己的意愿作用于高等教育相关事项,有时可能会采取与政府主导意见完全相反的行为。如若出现此种情形,政府一般会采取某些举措限制或禁止市场参与,以此维护政府利益。

4. 政府引领主导情形下高校与市场的相互作用

政府引领主导情形下,每所高校的发展主要取决于政府强有力的管控,高校办学自主权少,因此,高校与市场往往处于矛盾尴尬的境地。一方面,高校的人才培养、科学研究、社会服务、文化传承与创新都需要与市场打交道,希望寻求市场资源来补充办学资源不足等困难,也需要与市场交流合作和对接,以便提高人才培养的针对性和满意度。特别是在其相互联系、相互作用的过程中,一定要厘清存在的问题与短板。另一方面,市场需要高校培养出符合自身发展的人才、产出能够助推市场创新发展的研究成果。由此可见,高校与市场二者的合作需求是客观存在的。但是,高校发展什么、怎么发展要受到政府强有力的主导,正如上述提到的政府与市场的关系,当市场的意愿和利益无法与政府要求达成一致,政府的主导将阻碍、限制高校与市场的交流合作,二者的意图、需求也就很难得以实现。

### (二)高校自主发展情形下高校与政府、市场的相互作用

假定高校能够自主决定本校的发展,不受政府和市场左右,或者说政府和市场都能够紧紧围绕高校确定的发展模式来推动城市高校的创新发展,在这样一个模式下,高校与政府、高校与市场、政府与市场以及高校政府市场三者之间的关系将会如何?

#### 1. 高校自主发展的特征与定义

高校自主发展是一种什么样的情形?用一句话来概述其特征,就是城市高校拥有办学自主权,完全根据高校自我需求和意愿实施改革、谋求发展,不受所在城市政府、市场等外在因素的左右。采用近似这一模式类型的城市主要指现有高校都是部属院校和省属院校的城市。

#### 2. 高校自主发展情形下高校与政府的相互作用

在此种情形下,政府不能采用指令性、主导性的方法手段来指挥、管控高校,特别是人才培养、学科专业建设、师资队伍建设、科学研究立项、社会服务等重要办学事项主要由高校自我决策,政府可以根据需要、在遵循高等教育规律和高校现实情况及未来发展需求等方面提出建设性意见和建议,但无权要求和命令高校贯彻执行政府的意图。

高校的办学资金主要来源、招生计划、学科专业建设、科研经费等不依赖于城市政府,而是来自省级政府和中央政府。高校可以根据自身的发展需求,根据国家和省级政府要求与高等教育改革发展趋势,积极主动地同城市政府开展合作、交流、共建等,也可积极争取城市政府的竞争性项目资金,可以自主决定采纳或不采信城市政府的意见建议。当然,高校要在党的建设、安全稳定、社会综合治理等属地化管理方面服从城市政府的管理。

#### 3. 高校自主发展情形下高校与市场的相互作用

自主发展情形下的高校与市场这双"看不见的手"之间可以实现自由式的交流、合作。在市场经济的大背景下,高校的发展离不开市场,不论是人才培养

之后的毕业生择业、就业、创业，还是科技研发之后的成果转化、产业化，或是高校的基本建设、后勤服务保障，都无法脱离市场大环境。社会主义市场经济体制下的高校已经不可能游离于市场之外，必须积极主动地与市场打交道，在瞬息万变、稍纵即逝的市场中积极谋划和寻求有利于自身发展的机会，努力向市场要资源，向市场要效益，向市场要出路。

我国社会主义市场经济体制尚在不断发展中，市场的建设发展也需要先进理论的支撑，需要各类人才的支撑，需要先进科研成果的支撑，需要先进文化理念的支撑。这一切都离不开高校的参与乃至主导。为了寻求某个方面的资源，市场会积极主动地与高校开展合作、共建，积极互动，谋求共进共赢。例如，市场会为了自己需要的人才，与高校进行订单式人才培养合作；为了拿到有经济价值、市场潜力的发明成果，共建研究院、实验室；为了体现企业市场的社会价值，扩大自己的社会影响力，捐资高校建设体育馆、图书馆等，或捐款设立奖学金。当然，市场也会在高校基本建设、物业服务、资产设备购置等方面与高校合作。总之，高校自主发展模式下市场与高校之间的关系是自由的、自主的，是充满活力的、富有创造力的，也是具有很大潜力和广阔空间的。

4. 高校自主发展情形下政府与市场的相互作用

围绕城市高等教育及各个高校的发展，城市政府与市场在高校自主发展模式下的身份理应是高校发展的独立参与者。因此，政府与市场在针对城市高校发展的相关事宜里，利益一致时可能是合作关系，有时为了各自的目的又可能是竞争关系。当然，现实中市场一般会寻求与政府的合作共赢。

### （三）市场积极参与情形下市场与高校、政府的相互作用

市场的资源是十分丰富的，又是十分复杂和微妙的。我国市场经济在不断完善发展，市场已经愈来愈多地参与到城市高等教育建设发展中，为推动高等教育快速发展做了大量富有成效的探索实践。当市场积极参与推动城市高等教育发展时，政府、高校与市场之间将会产生什么样的作用关系，这是需要理清的。

1. 市场积极参与推动的特征与定义

何为市场积极参与高等教育的推动？参照伯顿·克拉克"三角协调模型"中从国家层面阐释的美国等国家高等教育发展过程中市场占主导作用的情形，是否可以类推出我国非省会中心城市市场参与推动模式的特征、内涵和定义？当然，中国特色社会主义市场经济体制下的市场与美国的市场既有相同的特征与规律，也有自身的特色。由此，可以推演出我国非省会中心城市高等教育的

市场积极参与推动模式的定义:市场在推动高校发展中起主要的、主导性、决定性作用的模式。采用这一理想模式类型的城市主要是指现有高校都是民办高校的城市。

### 2. 市场积极参与情形下市场与高校的相互作用

我国民办高校是有关组织或个人用非国家财政经费举办的高校,主要特征是办学经费利用非国家财政性教育经费,也就是说主要办学经费不是来自政府的财政拨款。因此,在这种模式下,高校的举办者一般是来自市场的某个、某类或某几个主体,高校的发展依赖于与其密切相关的市场主体的经营状况、发展意愿等。

另外,高校培养的大学毕业生,需要经过劳动力市场、人力资本市场的选择,这必然受到市场优胜劣汰规则的洗礼、挤压、冲击,特别是民办高校毕业生的生存发展压力相对更大,市场的选择更加挑剔。这种竞争压力必然传导至高校人才的培养,使得这些高校更加注重人才培养的市场适应度、满意度。当然,办学水平较高或者追求高质量办学的高校,或许会抵制市场提出的一些过于急功近利的、不符合高级人才培养规律的要求,或者试图努力说服市场主体改变不符合高等教育规律的行为。

### 3. 市场积极参与情形下政府与市场的相互作用

围绕城市高等教育的发展,在市场推动模式下,市场作为民办高校办学经费供给的主体,是民办高校的举办者,除了在宏观政策上需要服从和服务于国家大政方针和总体规划,确保办学方向与政治方向与党中央保持一致,其他方面都由市场来主导,市场需求推动着高校乃至城市高等教育的发展改革。政府希望市场不断加大对高等教育的投入力度,只要遵循国家大政方针和社会主义办学方向,不会过多地干涉市场的办学行为。当然,政府要对市场举办高等教育的行为进行管控,及时发现、制止乃至处罚违规违法行为,直至取消办学资格。因此,市场与政府在高校办学方面始终存在一种被管控与管理的关系。

### 4. 市场积极参与情形下高校与政府的相互作用

市场积极参与情形下的高校,既要听命于其办学资源供给主体——市场的各方面指令,又要服从作为高等教育管理者的政府的宏观管理、调控、监督检查。当市场与政府要求一致时高校会积极主动地与政府互动共进;当二者目标要求不同时,高校将面临两难选择。当然,政府在管理高校的过程中,一般会以宏观调控为主,在确保正确办学方向的基础上,不会过多地干涉具体办学行为。

# 本章小结

    本章从"教育内外部关系规律""三角协调模式"等不同理论视角,对非省会中心城市高等教育的三维要素——政府、市场、高校三者之间或其中任何两者之间的相互作用情况进行分析,为非省会中心城市高等教育找到了可资借鉴的基础理论支撑和研究方法。这对于我们系统地认识、理解、把握三维要素之间的作用力到底是怎样的,它们是如何发挥能动性的,对非省会中心城市高等教育产生怎样的推动力,内含哪些系统运动、变化和发展规律等问题,是十分有益的。在对比分析的基础上,提出理论体系和"三维动力"模型的基本理论模型,并从高校自身发展拉动力、政府引领主导支撑力和市场参与推动力三个维度的作用力与反作用力切入,阐释"三维动力"模型的定义,同时分析模型中"三维动力"之间的相互作用机理。通过聚焦政府引领主导、高校自主发展、市场积极参与三个假定的特殊情形下各要素之间的相互作用关系,解析发现政府主要通过办学资源供给、办学政策制定、发展战略的主导引领等环节来主导高校,通过各方面条件、因素使得市场服从和服务于政府所需要和希望的方向,受政府强有力的管控影响,高校与市场往往容易处于矛盾尴尬的境地。高校自主发展时,政府可以根据需要,在遵循高等教育规律和高校现实情况及未来发展需求的基础上提出建设性意见和建议,市场与高校之间的关系是独立的、自主的,是充满活力和具有发展潜力的。在现有高校都是民办高校的城市这种情形下,市场与高校、政府相互作用,高校的发展依赖于与其密切相关的市场主体的经营状况、发展意愿,政府与市场在高校办学方面始终存在一种主动管理与被管控的矛盾关系;高校既要听命于其办学资源供给主体也就是市场的各方面指令,又要服从作为高等教育管理者的政府的宏观管理、调控和督查。

# 第五章　非省会中心城市高等教育
## 创新发展动力的"软弱性"透视

本章主要从"三维动力"的视角探究非省会中心城市高等教育创新发展动力的"软弱性"，着力探寻制约其创新发展的动力方面的"软弱"要素，以及这些要素对非省会中心城市高等教育产生的影响。通过前文分析论述可以看到，非省会中心城市高等教育发展动力主要来自城市政府经济支撑力与行政推动力、高校拉动力、市场推动力等几方面的正向作用力，这些作用力大小如何、方向怎么样，都会不同程度地影响其发展动力。经济基础决定上层建筑，政府经济支撑力的"软弱性"程度对高等教育发展影响可能更大一些。人才队伍实力是决定高校和城市高等教育实力的主要因素之一，聚才、留才、用才的能力水平是影响高等教育发展动力不可忽视的要素。市场推动力如何，也是社会主义市场经济体制下城市高等教育发展须充分考虑的问题，其"软弱性"程度也是高等教育发展的重要影响因子。

## 第一节　政府的"软弱性"

对比分析发现，非省会中心城市政府对高校的经济支撑力相对"软弱"，发展高等教育的行政推动力也存在着不同程度的"软弱"。其中，财政收入、生产总值具有的相对"软弱"的问题是经济支撑力表现"软弱"的两个主要方面，其行政推动力的"软弱"问题主要体现在行政管理权限、管理意愿、管理能力，这些"软弱"之处综合形成非省会中心城市政府发展高等教育动力的"软弱性"。

### 一、经济支撑力的"软弱性"

城市政府的经济发展水平和国家财政税收政策等影响着一座城市的经济

实力,也在某种程度上决定着其支撑发展高等教育的能力。我国非省会中心城市目前的国内生产总值(GDP)和一般财政预算收入都不同程度地存在"软弱性"问题。

### (一)财政收入的相对"软弱性"问题

综合多方因素,选取 2020 年和 2019 年的城市一般公共预算收入进行分析研究。有关统计显示,2020 年收入超过 1000 亿的城市,仅有 16 个,都是一线及新一线城市。其中,上海作为直辖市一骑绝尘,是唯一超过 7000 亿元的城市;北京市 5000 亿元;深圳市 3000 亿元。苏州市、重庆市、杭州市均超过了 2000亿元。天津、广州、南京、成都、宁波、郑州、青岛、武汉、长沙、无锡等城市处在1000 亿~2000 亿元的层级。其中,财政收入最少的兰州未过 250 亿元,最高的上海接近其 29 倍。这些城市中属于非省会城市的有 20 个。

据统计,2019 年我国非省会中心城市一般财政预算收入的差别很大,财政收入过 1000 亿元的仅有深圳、青岛、无锡、宁波 4 个城市,超过 200 亿元的有 30个城市(见表 5-1)。

一般而言,财政收入不高特别是人均财政收入低的城市,仅能基本维持当地基本运行和必需的中小学教育支出,有的可能还要依赖国家的转移支付来维持支撑。因此,这些非省会中心城市是很难拿出更多的经费来建设发展"非必需的"高等教育的。由此可见,全国大多数非省会中心城市财力不济,高等教育发展面临着心有余而力不足的尴尬境地。

表 5-1　我国非省会中心城市 2019 年度地方一般公共财政预算收入一览表

| 省/自治区 | 城市 | 城市地方一般公共财政预算收入(亿元) |
|---|---|---|
| 湖南 | 岳阳 | 338.64 |
| | 怀化 | 95.29 |
| | 郴州 | 441.9 |
| 湖北 | 宜昌 | 369.84 |
| | 襄阳 | 300.2 |
| | 黄石 | 119.46 |

续表

| 省/自治区 | 城市 | 城市地方一般公共财政预算收入(亿元) |
|---|---|---|
| 四川 | 绵阳 | 131.15 |
| | 乐山 | 116.5 |
| | 南充 | 123.3 |
| | 泸州 | 159.6 |
| | 宜宾 | 175.49 |
| 云南 | 曲靖 | 149.07 |
| | 玉溪 | 133.2 |
| | 楚雄 | 87.6 |
| 贵州 | 遵义 | 254.45 |
| | 六盘水 | 106.81 |
| | 铜仁 | 63.55 |
| 新疆维吾尔自治区 | 喀什 | 15.26 |
| 青海 | 海东 | 20.42 |
| 甘肃 | 天水 | 50.36 |
| | 张掖 | 26.92 |
| 宁夏回族自治区 | 固原 | 16.24 |
| 内蒙古自治区 | 包头 | 151.8 |
| 陕西 | 宝鸡 | 87.98 |
| | 榆林 | 405.6 |
| | 汉中 | 49.1 |
| | 渭南 | 86.01 |
| 山西 | 大同 | 130.1 |
| | 运城 | 86.6 |
| | 长治 | 86.6 |
| 河南 | 洛阳 | 369.8 |
| | 开封 | 154.86 |
| | 南阳 | 196.15 |

续表

| 省/自治区 | 城市 | 城市地方一般公共财政预算收入(亿元) |
|---|---|---|
| 河北 | 唐山 | 465.3 |
| | 保定 | 272.6 |
| | 邯郸 | 262.1 |
| 山东 | 青岛 | 1241.7 |
| | 烟台 | 595.42 |
| | 临沂 | 330 |
| 江苏 | 无锡 | 1036.33 |
| | 南通 | 619.3 |
| | 淮安 | 257.31 |
| | 连云港 | 242.4 |
| 安徽 | 芜湖 | 321.79 |
| | 蚌埠 | 163.28 |
| | 安庆 | 321.5 |
| 浙江 | 宁波 | 1468.5 |
| | 温州 | 579.0 |
| | 金华 | 411.30 |
| 福建 | 厦门 | 768.37 |
| | 泉州 | 457.75 |
| 江西 | 九江 | 283.87 |
| | 赣州 | 280.37 |
| 广东 | 深圳 | 3773.21 |
| | 汕头 | 138.23 |
| | 湛江 | 131.26 |
| 海南 | 三亚 | 109.10 |
| 广西 | 柳州 | 221.45 |
| | 桂林 | 152.79 |

续表

| 省/自治区 | 城市 | 城市地方一般公共财政预算收入(亿元) |
|---|---|---|
| 黑龙江 | 齐齐哈尔 | 72.8 |
| | 大庆 | 164.1 |
| | 佳木斯 | 43 |
| 吉林 | 吉林 | 376.9 |
| | 延吉 | 22.41 |
| 辽宁 | 大连 | 692.8 |
| | 锦州 | 102.0 |
| | 丹东 | 75.1 |

(资料来源:中国统计信息网。)

### (二)生产总值的相对"软弱性"

以 2019 年全国地市级以上城市 GDP 为例,排名前十的只有深圳、苏州 2 个非省会(直辖市)城市,仅占 20%,过万亿的 16 个城市中,有 6 个非省会(直辖市)城市,占 37.5%。这就说明一个现实:中国经济总量大的城市中,非省会中心城市生产总值与省会城市和直辖市相比明显处于劣势,其相对"软弱性"显露无遗。

当然,前 20 名当中有 8 个非省会(直辖市)城市,占比达到 40%;前 30 名中有 13 个非省会(直辖市)城市,占 43.33%。这又从另一个角度说明,随着范围的扩大,非省会中心城市经济发展的整体竞争劣势有所趋缓。因为,我国区域经济发展存在东西差距,中西部省份经济发展速度和实力还远不如东部沿海省市,东部、南部发达省份中的不少城市的经济总量超越了许多中西部省会城市。

然而,在同一个省级区域,除广东、江苏、山东等少数几个省的省会城市生产总值与其他非省会中心城市相比没有明显的绝对优势外,其他省(自治区)的省会城市的经济总量占全省的比重都有较大优势。也就是说,这些省份的非省会中心城市生产总值相对于省会城市的生产总值来说,存在较显著的"软弱性"问题(见表 5-2)。

表5-2　2019年全国地市级以上城市生产总值(GDP)

| 城市 | 行政级别 | 所属省份 | 2019年GDP(亿元) | 排名 |
|---|---|---|---|---|
| 上海 | 直辖市 | 上海 | 38155.32 | 1 |
| 北京 | 直辖市 | 北京 | 35371.3 | 2 |
| 深圳 | 副省级 | 广东 | 26927.09 | 3 |
| 广州 | 副省级、省会 | 广东 | 23628.6 | 4 |
| 重庆 | 直辖市 | 重庆 | 23605.77 | 5 |
| 苏州 | 地级市 | 江苏 | 19235.8 | 6 |
| 成都 | 副省级、省会 | 四川 | 17012.65 | 7 |
| 武汉 | 副省级、省会 | 湖北 | 16223.21 | 8 |
| 杭州 | 副省级、省会 | 浙江 | 15373.05 | 9 |
| 天津 | 直辖市 | 天津 | 14104.28 | 10 |
| 南京 | 副省级、省会 | 江苏 | 14030.15 | 11 |
| 宁波 | 副省级 | 浙江 | 11985.12 | 12 |
| 无锡 | 地级市 | 江苏 | 11852.32 | 13 |
| 青岛 | 副省级 | 山东 | 11741.31 | 14 |
| 郑州 | 省会 | 河南 | 11589.7 | 15 |
| 长沙 | 省会 | 湖南 | 11574.22 | 16 |
| 佛山 | 地级市 | 广东 | 10751.02 | 17 |
| 泉州 | 地级市 | 福建 | 9946.66 | 18 |
| 东莞 | 地级市 | 广东 | 9482.5 | 19 |
| 济南 | 省会 | 山东 | 9443.4 | 20 |
| 合肥 | 省会 | 安徽 | 9409.4 | 21 |
| 福州 | 省会 | 福建 | 9392.3 | 22 |
| 南通 | 地级市 | 江苏 | 9383.39 | 23 |
| 西安 | 副省级、省会 | 陕西 | 9321.19 | 24 |
| 烟台 | 地级市 | 山东 | 7653.45 | 25 |
| 常州 | 地级市 | 江苏 | 7400.86 | 26 |
| 徐州 | 地级市 | 江苏 | 7151.4 | 27 |

续表

| 城市 | 行政级别 | 所属省份 | 2019 年 GDP(亿元) | 排名 |
|---|---|---|---|---|
| 大连 | 副省级 | 辽宁 | 7001.7 | 28 |
| 唐山 | 地级市 | 河北 | 6890 | 29 |
| 温州 | 地级市 | 浙江 | 6606.11 | 30 |
| 昆明 | 省会 | 云南 | 6475.88 | 31 |
| 沈阳 | 副省级、省会 | 辽宁 | 6470.3 | 32 |
| 厦门 | 副省级 | 福建 | 5995.04 | 33 |
| 长春 | 副省级、省会 | 吉林 | 5904.1 | 34 |
| 扬州 | 地级市 | 江苏 | 5850.1 | 35 |
| 石家庄 | 省会 | 河北 | 5809.9 | 36 |
| 绍兴 | 地级市 | 浙江 | 5780.74 | 37 |
| 盐城 | 地级市 | 江苏 | 5702.26 | 38 |
| 潍坊 | 地级市 | 山东 | 5688.5 | 39 |
| 南昌 | 省会 | 江西 | 5596.18 | 40 |
| 嘉兴 | 地级市 | 浙江 | 5370.32 | 41 |
| 哈尔滨 | 副省级、省会 | 黑龙江 | 5249.4 | 42 |
| 台州 | 地级市 | 浙江 | 5134.05 | 43 |
| 泰州 | 地级市 | 江苏 | 5133.36 | 44 |
| 洛阳 | 地级市 | 河南 | 5034.9 | 45 |
| 襄阳 | 地级市 | 湖北 | 4812.84 | 46 |
| 漳州 | 地级市 | 福建 | 4741.83 | 47 |
| 临沂 | 地级市 | 山东 | 4600.25 | 48 |
| 金华 | 地级市 | 浙江 | 4559.91 | 49 |
| 南宁 | 省会 | 广西 | 4506.56 | 50 |
| 宜昌 | 地级市 | 湖北 | 4460.82 | 51 |
| 济宁 | 地级市 | 山东 | 4370.17 | 52 |
| 惠州 | 地级市 | 广东 | 4177.41 | 53 |
| 榆林 | 地级市 | 陕西 | 4136.28 | 54 |

续表

| 城市 | 行政级别 | 所属省份 | 2019 年 GDP(亿元) | 排名 |
|------|---------|---------|------------------|------|
| 镇江 | 地级市 | 江苏 | 4127.32 | 55 |
| 贵阳 | 省会 | 贵州 | 4039.6 | 56 |
| 太原 | 省会 | 陕西 | 4028.51 | 57 |
| 淮安 | 地级市 | 江苏 | 3871.21 | 58 |
| 南阳 | 地级市 | 河南 | 3814.98 | 59 |
| 岳阳 | 地级市 | 湖南 | 3780.41 | 60 |
| 保定 | 地级市 | 河北 | 3772 | 61 |
| 淄博 | 地级市 | 山东 | 3642.4 | 62 |
| 常德 | 地级市 | 湖南 | 3624.21 | 63 |
| 芜湖 | 地级市 | 安徽 | 3618.26 | 64 |
| 鄂尔多斯 | 地级市 | 内蒙古 | 3605.03 | 65 |
| 沧州 | 地级市 | 河北 | 3588 | 66 |
| 邯郸 | 地级市 | 河北 | 3486 | 67 |
| 遵义 | 地级市 | 贵州 | 3483.22 | 68 |
| 赣州 | 地级市 | 江西 | 3474.34 | 69 |
| 乌鲁木齐 | 首府 | 新疆 | 3450.1 | 70 |
| 珠海 | 地级市 | 广东 | 3435.89 | 71 |
| 菏泽 | 地级市 | 山东 | 3409.98 | 72 |
| 许昌 | 地级市 | 河南 | 3395.7 | 73 |
| 衡阳 | 地级市 | 湖南 | 3373.68 | 74 |
| 茂名 | 地级市 | 广东 | 3252.34 | 75 |
| 廊坊 | 地级市 | 河北 | 3196 | 76 |
| 江门 | 地级市 | 广东 | 3146.64 | 77 |
| 连云港 | 地级市 | 江苏 | 3139.3 | 78 |
| 柳州 | 地级市 | 广西 | 3128.35 | 79 |
| 湖州 | 地级市 | 浙江 | 3122.43 | 80 |
| 九江 | 地级市 | 江西 | 3121.05 | 81 |

续表

| 城市 | 行政级别 | 所属省份 | 2019 年 GDP(亿元) | 排名 |
|------|---------|---------|------------------|------|
| 中山 | 地级市 | 广东 | 3101.1 | 82 |
| 宿迁 | 地级市 | 江苏 | 3099.2 | 83 |
| 湛江 | 地级市 | 广东 | 3065 | 84 |
| 德州 | 地级市 | 山东 | 3022.27 | 85 |
| 周口 | 地级市 | 河南 | 3198.49 | 86 |
| 株洲 | 地级市 | 湖南 | 3003.13 | 87 |
| 威海 | 地级市 | 山东 | 2963.6 | 88 |
| 东营 | 地级市 | 山东 | 2916.19 | 89 |
| 商丘 | 地级市 | 河南 | 2911.2 | 90 |
| 滁州 | 地级市 | 安徽 | 2909.1 | 91 |
| 绵阳 | 地级市 | 四川 | 2856.2 | 92 |
| 兰州 | 省会 | 甘肃 | 2837.36 | 93 |
| 呼和浩特 | 首府 | 内蒙古 | 2791.46 | 94 |
| 焦作 | 地级市 | 河南 | 2761.1 | 95 |
| 信阳 | 地级市 | 河南 | 2758.47 | 96 |
| 驻马店 | 地级市 | 河南 | 2742.06 | 97 |
| 新乡 | 地级市 | 河南 | 2740 | 98 |
| 包头 | 地级市 | 内蒙古 | 2714.47 | 99 |
| 阜阳 | 地级市 | 安徽 | 2705 | 100 |
| 汕头 | 地级市 | 广东 | 2694.08 | 101 |
| 宜春 | 地级市 | 江西 | 2687.57 | 102 |
| 龙岩 | 地级市 | 福建 | 2678.96 | 103 |
| 泰安 | 地级市 | 山东 | 2663.6 | 104 |
| 曲靖 | 地级市 | 云南 | 2637.59 | 105 |
| 宜宾 | 地级市 | 四川 | 2601.89 | 106 |
| 三明 | 地级市 | 福建 | 2601.56 | 107 |
| 莆田 | 地级市 | 福建 | 2595.39 | 108 |

(资料来源:搜狐网:全国地级及以上城市 2019 年度 GDP 排名。)

## 二、行政推动力的"软弱性"

非省会中心城市政府推动高等教育发展的行政主观能动性、科学决策力以及对高等教育进行有效管理等方面是否有力,在很大程度上影响着城市高等教育发展的速度、质量和水平。

### (一)政府出台高等教育发展政策的"软弱性"

据调研统计,全国 65 个非省会中心城市中曾经出台以高等教育发展为主要对象或主题的规划、意见的城市,只有深圳市、洛阳市 2 个,其中,深圳市在 2016 年出台了《关于加快高等教育发展的若干意见》。大部分城市出台了教育或产教等事关教育领域的规划纲要、规划、计划、意见、决定、方案等政策文件,然而,涉及高等教育发展的文字描述最多是一段话,甚至只有一句话,很少系统、全面、深入地阐述高等教育发展的目标、任务和举措。

从这个角度来看,非省会中心城市出台高等教育发展政策的"软弱性"是比较普遍的,甚至可以说是一个通病,政策支撑力、推动力、保障力都还远不能适应、更无法满足城市高等教育发展的需求。没有科学、管用、够用的政策,城市政府又如何能够支撑起城市高等教育的创新发展。可见,政府行政推动高等教育创新发展的主观能动性和科学决策推动力还存在不少"软弱性"问题。

### (二)政府有效管理高等教育的"软弱性"

非省会中心城市政府对高等教育进行有效管理存在一系列"软弱性"问题,主要体现在行政管理权限的"软弱性"、管理意愿的"软弱性"、管理能力的"软弱性"等三个方面。

#### 1. 行政管理权限的"软弱性"

中华人民共和国成立以来,我国高等教育管理体制一直处在不断探索中,特别是改革开放后,高等教育管理体制也从中央高度集权逐步转向中央和省两级管理(以省为主)与中央、省、地(市)三级办学的架构。

首先,从中央授权市(地)级政府管理或管辖高等教育的层面来分析。1986 年发布的《高等教育管理职责暂行规定》,规定了国家教育委员会管理高等教育的职责、相关部委管理高等教育的职责、省级政府管理本地区内的高等学校的职责,还提出了高等学校管理权限。当然,该规定并未涉及市(地)级政府职权问题。高等学校的"举办者""管理者"和"办学者"等概念表述在 1995 年发布的

《关于深化高等教育体制改革的若干意见》中被明确提出和阐释,进一步明确了改革的目标是实现中央和省级政府两级分工负责,以省级统筹为主,条块有机结合。此意见明确指出,教育行政管理者主要是国务院和省、自治区、直辖市两级教育行政部门,负责统筹规划和宏观管理全国或本省、自治区、直辖市的高等教育,行使教育行政管理权。也就是说,当时国家没有赋予市(地)级政府高等教育管理权。直到 1999 年,教育部印发的相关文件依然强调要按照《高等教育法》规定推进高等教育体制改革,争取到 21 世纪初基本形成中央和省级两级管理、分工负责,以省级政府统筹管理为主的体制。这里的省级政府统筹管理为主,是指在国家宏观指导下进行的。回顾我国高等教育管理体制从改革开放到 20 世纪末的改革历程,可以清晰地看到,这期间一直是国家和省级两级管理、以省统筹管理为主,国家没有在政策文件中明确表述赋予市(地)政府对普通高等教育的行政管理权。① 但是,《中华人民共和国民办教育促进法》指出"县级以上地方各级人民政府教育行政部门主管本行政区域内的民办教育工作",这里的"民办教育"应当包括民办高等教育,"县级以上地方各级人民政府"包括地市级政府。另外,《中华人民共和国职业教育法》明确"县级以上地方各级人民政府应当加强对本行政区域内职业教育工作的领导",这里所表述的职业教育当然包括高等职业教育,县级以上地方各级人民政府包括地市级政府。②

2004 年,国家发布《2003—2007 年教育振兴行动计划》,该计划对发挥市(地)级政府统筹职业教育的责任做了明确要求,提出要实行国务院领导下的职业教育工作部际联席会议制度,逐步完善政府统筹与社会参与有机结合、分级管理与地方为主有机结合的职业教育管理体制,不断强化市(地)政府的统筹责任。2010 年发布的《国家中长期教育改革和发展规划纲要(2010—2020 年)》提出要加快从教育大国向教育强国、从人力资源大国向人力资源强国迈进。在管理体制改革方面,该纲要指出要以转变政府职能和简政放权为重点,明确各级政府责任,促进管办评分离,形成政事分开、权责明确、统筹协调、规范有序的教育管理体制。同时,支持和督促市(地)、县级政府履行职责,发展管理好当地各类教育。这里明确提出了支持督促市(地)政府履行职责,但依然没有详细阐释

---

① 杨尊伟. 改革开放 40 年我国高等教育管理体制改革的回顾与前瞻[J]. 河北师范大学学报(教育科学版),2018(5):13-19.

② 向东,徐明,粟显进,徐文,黄华明. 国土资源行业在我国职业教育改革发展中的重要地位与作用研究[J]. 国土资源高等职业教育研究,2012(3):6-39.

有哪些责权。由此看来,国家层面给市(地)级政府授权管理高等教育的相关政策文件很少,表述也比较笼统。这进一步说明,国家在授权市(地)级政府管理高等教育方面存在诸多"软弱性"问题。①

其次,从省级政府授权市(地)级政府管理或管辖高等教育的层面来看"软弱性"。以高等教育规模大省——山东省为例,山东省政府于1999年出台了《关于深化高等教育改革的若干意见》,该意见指出要贯彻共建、调整、合作、合并方针,与中央部委共建山东大学等;推进省属高校调整,加强省教育主管部门对高等教育的统筹。各级政府要与驻地高校搞好共建,在人才培养等方面互相支持,使高校成为当地社会事业发展的重要基地。要根据教育部要求逐步实现师范教育由三级制向二级制的转变。在此之后,山东省政府鲜有关于(地)市级政府对高等教育进行管理的系统性政策文件出台,只是在与个别高校签订的省市共建、省市合建的协议中有所规定和表述。

在教育或高等教育政策文件之外的一些综合性文件中,还有诸如在党的建设、安全稳定等方面强调属地管理的内容,因此城市政府不得不对本地高校进行管理。特别是随着全面从严治党的深入推进,国家和省级政府赋予市(地)政府这方面的管理督导权责越来越多、要求越来越高。但是,省级教育主管部门代表省级政府统筹管理全省高等教育特别是普通本科院校,包括党建思想政治工作、意识形态工作、安全稳定工作,比较而言市(地)政府的管理权还是相对比较"软弱"。

2. 管理意愿的"软弱性"

客观上讲,如上所述市(地)级政府没有多少管理高等教育的权利,政府又怎会有积极主动进行管理的意愿呢?因此,管理意愿的"软弱性"便成为非省会中心城市政府管理城市高等教育的一个比较普遍的"标签"。

另外,党建思想政治工作、意识形态、安全稳定等方面的管理责任大,有些城市政府担心管多了、管宽了,承担的责任也多,这也是影响其管理主动性的一个要素。由此,一些城市政府把这种对高等教育的管理权看作是一种负担、压力,宁肯不要,或者尽量少要,导致了管理上的"软弱性"。

从城市政府与高等教育的利益相关角度分析,政府管理好该城市的高等教育能够给当地经济社会文化发展带来多大好处呢?一般而言,部属或省属高校面向全国或全省招生,对城市本区域考生没有特殊政策。另外,大学毕业生是否留在本地就业,一般也不受城市政府管理高等教育程度的影响。具体到高校人才引进,主要取决于高校的政策和发展环境。由此可以分析判断,从利益相关者理论视角分析,城市政府管理高等教育的利益驱动性不强,管理的意愿存在一定的"软弱性"。①

### 3. 管理能力的"软弱性"

一方面,我国大部分非省会中心城市因为长期没有管理高等教育的经历,也就没有这方面的经验基础,处于不会管的尴尬境地,显示出管理能力的"软弱性"。这种"软弱性"主要表现在,有的政府习惯于用行政命令管控、干涉高校正常办学秩序;有的热衷于照搬欧美国家的某些所谓经验做法,一味地让本地高等教育开设某些学科专业;有的参照教育部对部属高校的管理模式,不切实际地要求本地高校建设高端研究平台;有的为了迎合所谓的"战略构想"而不合教育规律地大肆扩招某专业招生数额,等等。这些都是现实中曾经发生甚至是较为普遍的一些管理能力"软弱性"的表现。

另一方面,城市高等教育专门管理机构或领导机构成立与否,是非省会中心城市管理高等教育手段与能力的一个重要表征。有的城市政府成立高校工委或教育工委及高教处,专门负责高等教育发展和管理服务工作,如 2009 年 1 月,中共青岛市委高等学校工作委员会正式成立,市委高校工委与市教育局合作部署,在市委的统一领导下,代市委管理全市高校的党建和思想政治工作。由此拉开了青岛市委、市政府进一步强化对本市高等教育统筹管理的序幕,青岛市的高等教育发展也逐步进入了一个更快更强的轨道。后来,山东省其他一些地市也陆续学习借鉴,成立高等教育管理机构,2012 年 7 月中共滨州市委高等院校工作委员会正式挂牌,2018 年 12 月中共日照市委教育工作委员会、中共日照市委教育工作领导小组办公室举行挂牌仪式。应该说,成立这些高等教育管理机构或组织,的确有利于强化对本市高等教育的统筹管理。相反,许多城市并没有意识到这一点,仅仅是在市教育局某处室中增加统筹管理高等教育职能,并未组建专门的高等教育管理机构,其高等教育发展自然而然地受到了一定的制约。

---

① 李明磊. 公共治理理论视野的高等教育管办评分离模型与框架[J]. 中国高教研究,2021(11): 49-56.

## 第二节　市场的"软弱性"

我国社会主义市场经济历经 30 余年的发展取得了举世瞩目的成绩,但依然存在许多"软弱性"问题。市场参与高等教育发展的"软弱性"在所难免,市场参与高等教育发展的动力不足、活力不够、制度机制不完善等问题是"软弱性"的主要表现,这些都不同程度地制约着非省会中心城市高等教育的发展。

### 一、我国市场经济的"软弱性"问题

社会主义市场经济体制的建立是一个伟大创举,解决了一系列束缚人们思想和手脚的重大理论与现实问题,为经济社会的发展创造性地开辟了更加广阔的前景。社会主义市场经济体制建立以来的飞速发展,向世界有力地证明和展示了建立社会主义市场经济体制的前瞻性、创造性。当然,在建立社会主义市场经济体制的过程中,也有一些来自不同领域的错误思潮的干扰,在不同的历史时期产生了一系列问题,面临诸多不同层面、不同程度的挑战,我国社会主义市场经济的一些"软弱性"也逐步暴露出来。[①]

一方面,我国的社会主义市场经济体制是在毫无经验可循的基础上一代接着一代干起来、干出来的,但社会主义市场经济体制形成的时间还比较短,正在逐步完善。另一方面,中国日前处于且将在较长时期处于社会主义初级阶段,这是我国的基本国情,初级阶段的发展过程中必然存在不能很好地满足市场经济客观条件的情况,还有诸多不完备、不发达、不够硬、不够强的领域和环节。

例如,国有企业改革还面临产权制度体系不完善、所有制结构不科学和企业效率不高的"软弱"之处。现有的金融体制不完善,金融监管体系也比较薄弱,金融业在当今经济全球化的背景下隐藏着较大的金融风险,其"软弱性"也令人担忧。我国大宗商品市场的监管机制存在许多漏洞,市场的准入门槛较低、企业的权责不清、恶性竞争常有发生,法律规章约束力比较缺乏;资源配置不合理,一方面某些资源严重过剩,另一方面,一些资源严重短缺、需要进口。这些都是市场经济存在的"软弱性"问题,都会从不同层面对非省会中心城市高

---

① 周新城. 建立社会主义市场经济体制是中国共产党的伟大创举——纪念建立社会主义市场经济体制提出 20 周年[J]. 学习论坛,2012(7):28-33.

等教育产生不同程度的影响。①

## 二、非省会中心城市高等教育市场发展的"软弱性"

在经济全球化和市场化不断发展的大环境下,越来越多的国家或地区的高等教育呈现出市场化的某些特征,有的国家或地区逐步形成了自己的高等教育市场,也有的国家或地区的原有的高等教育市场得到了进一步发展完善。当然,高等教育市场总体上来讲应是一种准市场和不完全市场。

近30多年来,我国高等教育的改革发展之路是政府职能逐渐转变、市场因素不断增加、市场资源配置机制渐趋形成的过程。尽管我国坚持以高等教育的公益性为主基调,不提倡、不推动高等教育市场化,但在社会主义市场经济的大环境中,其必然或多或少地受到市场的某些影响。所以说,高等教育市场是客观存在的。然而,我国高等教育市场特别是非省会中心城市高等教育市场还存在许多"软弱性"问题。

首先,从市场竞争的视角看,我国高等教育市场还不是完全市场,其竞争属于非完全性竞争,尤其是处于高等教育发展弱势地位的非省会中心城市的高等教育市场发育,还处于不完全、不强大的状态。一方面,由于政府宏观管控体制的作用依然强劲,市场运行机制尚不健全,非省会中心城市高等教育市场竞争呈现出诸多无序现象和问题。另一方面,高等教育存在着"时滞"的情况,教育与劳动力市场的分割,使得单个消费者无法及时准确获得教育市场信息、洞悉教育产品和劳务市场供需状况,因而高等教育市场普遍存在着信息不充分、不对称的现象。这些无序现象和信息不对称、不充分的问题,使得现在的非省会中心城市的高等教育市场不可能成为完全的市场。因此,市场参与高等教育建设发展的动力、活力必然不足。

其次,从民营资本进入高等教育领域的视角看,民办高校尚未得到一个十分公平的竞争环境。在我国现有的高等教育体制下,政府的财政拨款主要划拨给了公办高校,民办高校很难争取到。这些年来,尽管国家出台的相关政策明确提出要支持民办高校发展,但非省会中心城市政府受传统政绩观等因素的影响,支持推动民办高等教育发展的主动性还不够。② 这些都不同程度地影响民办高校与公办高校在非省会中心城市高等教育市场上的竞争,导致了不公平的发展环境和态势。

① 方林佑. 主体身份、政府角色与中介组织地位[D]. 长沙:湖南师范大学,2013.
② 严汇. 在政府与市场之间——对中国高等教育市场化特色分析[J]. 高教探索,2009(1):46-49.

最后，从高等教育市场发展的视角看，市场经济规律在某种程度上导致了一流大学、普通院校和底层院校的分层，也导致市场参与不同类别高校建设发展时的动力差别较大，政府为了尽可能保障教育的公益性经常进行必要的干预，又对市场参与高等教育产生一定的阻碍，导致了市场参与高等教育能动性的"软弱"问题。一方面，高等教育市场化并未有效地促进市场内部充分的自由竞争，反而拉开了差别，主要表现在：一流大学处于高等教育市场竞争的真空地带，基本上处于"卖方市场"地位，这就决定了市场参与一流大学的动力减弱。民办院校则因为要生存，就要参与激烈的竞争，因而这些院校便处于"买方市场"，市场的活力、动力比较强劲。处于中间层的普通院校基本上是政府拨款为主，对市场参与学校建设发展有需求，但动力参差不齐，主要取决于学校领导的认识水平和统筹组织能力。另一方面，高等教育市场的逐步形成或市场化发展趋势的不断增强，也在某种程度上加剧了高校间的不平衡。由此看来，若要保证高等教育市场发挥适当的正向作用，离不开政府的某些干预。然而，干预对于市场作用的发挥是逆向作用力，必然影响市场参与高等教育发展的动力，又导致了市场参与高等教育能动性的"软弱"。①

## 第三节　高校的"软弱性"

每所非省会中心城市高校作为城市高等教育的一分子，都希望自己发展得又快又好，以期在该城市的经济社会文化事业发展中拥有一席之地、贡献更多的力量，这是毋庸置疑的，也是高校积极参与城市高等教育发展的重要源动力。然而，事实上非省会中心城市的高校特别是部属和省属高校助力本地高等教育发展还存在不少"软弱性"问题。

### 一、办学体制机制导致能动性弱化

我国高等教育办学体制在不断变革，当前的体制致使高校助推本地高等教育发展的作用力存在"软弱性"。非省会中心城市政府出台服务本市高校的政策举措乏力，致使其助力高校发展的机制尚不能很好地调动高校的能动性。

---

① 蒋凯. 高等教育市场的影响与限度[J]. 中国人民大学教育学刊，2013(2)：5-19.

### (一)办学体制导致高校助推力的"软弱性"

我国高等教育经历 40 多年的发展,其办学体制已由中央、省级二级管理逐步向中央、省、中心城市三级管理体制迈进,办学格局也在逐步地从单一的政府办学向政府办学为主、社会各方参与的多元化格局转变。

1985 年国家发布有关教育体制改革的决定后,三级办学的体制逐步推开,但是,中央各主管部门、地方各级政府、中央与地方政府之间常常出现互不相通的情况,在人才培养等方面常常强调优先满足自己的需求,这说明三级办学体制建设和运行还不完善、不顺畅。在现实工作中,只有大部分中心城市真正将高等教育的两级办学转向了三级办学格局。然而,中心城市办学仍然未能在管理体制与运行机制方面进行大的革新,无法摆脱中央政府和省级政府办学的"影子",非省会中心城市自主谋划建设和管理高等教育的授权获得感不强,良好环境尚未形成。

1993 年出台的《中国教育改革和发展纲要》进一步提出,要通过深化体制改革,逐步建立起两级办学为主、各界共同办学的格局,但此纲要并未对直辖市以外的城市政府办高等教育提出明确的目标要求。随着 1999 年开始的高考招生规模扩大,一些公办高校利用非国家财政经费、与社会有关力量一起联手举办二级学院,这些二级学院主要是国有民办性质。国家出台的一系列政策法规的许可,为地方政府和社会各方积极参与高校办学提供了较有力的依据和支持,但相关制度和机制还有待进一步完善,社会力量办学与高校办学的积极性、主动性依然不够。①

国家部委直属高校和省属高校的办学主体分别是教育部等国家部委或省级人民政府,市(地)政府对省属高校和部属高校管理权限很小。因此,这些院校对其所在城市中除自身以外的高等教育发展内容并不会给予很多关心。

### (二)政府助力高校发展的机制未充分调动高校能动力

一方面,城市政府出台的有针对性地鼓励鞭策本市高校特别是国家部属或省属院校服务城市发展的制度比较匮乏,致使城市高等教育发展运行机制缺活力、不给力。例如,出台贡献度评价办法的非省会中心城市并不多,高校服务城市发展的约束力、正激励都不够强。另一方面,城市政府各级各部门积极主动

---

① 皇甫林晓,梁茜. 新中国成立 70 年来高等教育办学体制改革的历史回顾与未来展望[J]. 大学教育科学,2020(1):73-79.

与本市高校进行政产学研合作、发挥本地高校作用、把竞争性资源向本地高校倾斜的机制也还未真正建立起来,许多城市政府部门不管项目需求,不计成本地、盲目地追求到大城市或境外寻求与名牌院校搞设计、做规划、办培训,原本可以花更少经费、用本地高校即可完成的项目,非要舍近求远、盲目追求"高大上",使得本地高校只能望眼欲穿、望洋兴叹,久而久之便弱化乃至丧失了服务推动城市高等教育的自信心和主动性。反之,如果建立起扶持、助力本地高校的有效机制,让原本比较弱小的本地高等教育得到更多关心、更多帮助和扶助,就能够激发本市高校荣辱与共、振兴本市高等教育的责任心、使命感。

### 二、办学经费处于相对劣势地位

由于非省会中心城市拥有的高校绝大多数是省属或市县所属的,其办学经费主要来源于归属单位的财政资金拨付,基本上得不到中央财政的支持。另外,非省会中心城市高校中的省属高校办学经费也主要来自省级财政,所在城市政府一般不会给予直接的财政拨款。这些情况基本决定了非省会中心城市高校办学经费不可能充足,相比起部属院校更加充足的办学经费明显处于劣势地位。

一方面,来源于中央财政的办学经费少。不管是21世纪90年代实施的"211"工程院校,还是后来面向21世纪教育振兴计划提出并实施的"985"工程院校,抑或是近些年来统筹推进的"双一流"建设高校,大部分集聚在省会城市或直辖市,甘于留在非省会中心城市的不多,这就决定了非省会中心城市高等教育从国家财政获取经费支持的能力是十分"软弱"的。随着近些年来中央财政对高等教育特别是"双一流"高校建设投入力度的加大,大多数省级政府的非"双一流"高校从地方政府获得的办学经费数量远低于"双一流"高校从中央财政和地方政府两个层面获得的经费数量。许多"双一流"高校特别是国家部委隶属高校动辄近百亿乃至几百亿的预算经费,与非省会中心城市的地方高校捉襟见肘的办学经费形成了鲜明的对比。由此,导致非省会中心城市高等教育经费支撑力与省会城市相比,总体上显得比较"软弱"。

据已公布的2020年我国高校预算排名数据,共有10所高校预算总数过百亿元。其中,清华大学最多,为310.72亿元;其次是浙江大学,为216.20亿元;北京大学为191.08亿元,位居第三。这些院校都是中央部委所属,非中央部委所属院校的年度预算与它们的差距很大,非省会中心城市所属的高校经费预算的"软弱性"由此便一目了然。

另一方面,城市政府和社会给予资金支持的能力较"软弱"。作为非省会中心城市高校主力军的省属院校,其办学经费主要来自省级财政拨款,其所在的城市政府能够给予的经费主要通过科研项目资助、高层次人才引进专项经费等渠道和方式,而且提供的资金量对于高校办学需求来讲也只是杯水车薪。民办高校办学资金主要来自学生学费,市政府拨付支持的经费更是少得可怜。只有市属的公办职业院校可以得到市政府财政资金比较充足的支持。另外,受城市经济发展实力的影响,非省会中心城市的企业、社会个人捐赠助力本地高等教育发展的力量也是相对"软弱"。

## 三、"聚才力"比较软弱

哪里的生活环境好、工作条件好、待遇福利好,哪里的吸引力就强。非省会中心城市总的环境、条件、待遇等一般无法与省会城市、直辖市相比,所以引才难、留才难的问题比较突出,"聚才力"比较软弱。

### (一)引才难

在社会主义市场经济体制下,人力资本是市场中最活跃的要素之一,人力资本的流动总的来说主要以自身收益的最大化为基础。[①] 一座城市要想拥有很强的人才聚集力,就要为人才提供优越的经济收益、城市环境和个人成长发展机会。因此,非省会中心城市引才难主要体现在以下三个方面。

首先,提供给人才的经济收益较为弱势。人才经济收益高低是一个地方吸引人才的十分重要的因素。非省会中心城市的经济发展一般比本省省会城市弱,能够给人才提供的经济收益总体上就会弱一些,吸引人才的力度、效度就自然而然地弱于省会城市,难度也必然要大于省会城市。

其次,城市的环境吸引力处于弱势。城市的发展环境状况是影响人才集聚的要素,环境包括社会、家庭、工作等方面的环境。每个省级区域中,自然、人文综合环境质量最优的往往是省会城市,这也是非省会中心城市引才难、聚才力弱的重要原因之一。

最后,提供给人才的个人成长发展机会相对较弱。非省会中心城市人才引进配套政策体系建设的思想解放度、改革创新度相对较弱。市场上有助于人才创业发展的金融资本活跃度、服务意识与能力一般比不过省会城市,科研资源、

---

科技文化条件作为吸引学术人才的重要因素,其质量、效率和水平一般也不如同一省域的省会城市。

### (二)留才难

人才引进后,能否把人才真正留得住,让人才安心留在该城市工作生活,是一个系统工程。

受直辖市和省会城市的虹吸效应的影响,部分人才特别是中青年高层次人才出于对自身价值最大化的考量,容易思想动摇,不安心、不甘心留在待遇较低、环境较差、发展空间较小的非省会中心城市,只要有合适的机会就会离开这里。

非省会中心城市的人才发展和待遇政策改革创新力度不够、完善程度不够、激励效度偏弱。人才绩效考核导向作用对于人才安心工作而言是十分关键的要素,非省会中心城市在建立科学、务实、新颖、有力的政策以激励人才创新创业方面还不够大胆,人才政策体现出的对人才的诚意和尊重不够,有利于稳住、留住人才的政策调控作用发挥不够。

关心人才、服务人才、助力人才不断提升自我和高品质生活的后续服务保障机制相对软弱,解决人才后顾之忧的政策举措的创造性、科学性、系统性不够,使得人才安居乐业、勇于创业、愉快兴业的积极性偏弱。非省会中心城市的高校人才在全省科研项目竞争中与省会城市高校相比,其综合竞争力往往处于劣势;非省会中心城市国际化发展一般弱于省会城市,引进的人才通过城市国际化发展来找寻国际一流水平学术资源的机会偏少。

# 本章小结

研究一个事物的创新发展,必须找到它的"软弱"问题及其根源。本章对政府、高校、市场"三个维度"中单一维度推动城市高等教育发展的作用力进行分析,特别是对其存在的"软弱性"问题进行了透视。从政府经济支撑力和行政推动力两个方面分析了政府在推动高等教育创新发展过程中存在或可能会发生的诸多"软弱性"问题,其中,非省会中心城市政府经济支撑力的"软弱性"主要体现在财政收入相对"软弱"、生产总值的相对"软弱";政府发展高等教育的行政推动力"软弱性"问题主要存在政策的"软弱性"和政府对高等教育进行有效

管理的"软弱性"。从我国市场经济的"软弱性"问题切入进行阐释,探析了非省会中心城市高等教育市场发展的软弱问题,发现从市场竞争的视角看非省会中心城市的高等教育市场发育仍然处于不完全、不强大的状态;从民营资本市场进入高等教育领域的视角看,民办高校在目前我国既有的高等教育管理体制下尚处于一个不公平的竞争环境;从高等教育市场发展的视角看,为尽可能保障教育的公益性,政府干预市场也会不同程度地导致市场参与高等教育能动性的"软弱"。从办学体制导致高校助推力的"软弱性"和政府助力高校发展机制的"软弱性"两个方面,分析了体制机制的不顺畅可能导致的高校在助推城市高等教育发展方面的能动性、"聚才力"等方面的"软弱"问题。非省会中心城市拥有的高校绝大多数是省属或市县所属,其主要办学经费来源于归属单位的财政资金拨付,很难得到中央财政的支持。对这些"软弱"问题的分析,对本书下一步的分析论证奠定了良好基础。

# 第六章　案例分析：以青岛为例

本书确定的我国非省会中心城市现有 65 个，分布在 26 个省（自治区）。虽然本书将这些城市都作为非省会中心城市，但因为历史、地理和经济文化发展等诸多因素，这些城市的高等教育呈现出不同的规模、层次和水平，当前的发展状态也是参差不齐，有的城市的高等教育得益于中华人民共和国成立后进行的高等教育布局调整，因此高等教育规模水平一直处于领先水平，但这些年的发展速度大不如前，如大连；有的城市的高等教育基本上是改革开放以后自己建立和引进的，伴随着经济的发展实现了飞跃式发展，如深圳、宁波；有的城市因为曾经是省会城市，保留了原来的高等教育资源优势，如保定、芜湖；有的城市的高校既有因中华人民共和国成立后高等教育调整改革而组建的，也有改革开放后新成立的，还有近些年来积极招引建立的，如青岛、烟台，这类城市高等教育的发展历史相比较而言更复杂、更丰富，深入剖析梳理和总结其中的发展经验启示更有价值、更具有代表性。因此，本书选取青岛为案例进行深入解剖。

青岛是中国首批沿海开放城市，作为山东省经济发展引领示范区，近十年来的城市高等教育发展更加迅速，通过引进、扩容、提升，其高等教育规模、结构、质量都发生了较大的变化，发展速度之快曾被称为"青岛现象"，与深圳高等教育快速发展遥相呼应，一时间形成了"南深圳、北青岛"现象。作为非省会中心城市的典型代表，在青岛的高等教育发展历史、现状中有哪些值得探寻的经验做法、必然规律和应然道理呢？青岛的政府、高校和市场"三维动力"之间是怎样发挥作用、推动城市高等教育发展的？这些都值得我们深入探究分析和总结凝练。

## 第一节　青岛高等教育发展历程

青岛的建市历史仅有短短的 130 余年，却有 110 余年高等教育发展史。青岛市第一所高等学校始建于 1909 年，即由当时的清政府与德国政府合资举办的青岛特别高等专门学堂,这所高校的举办为青岛留下了德国现代高等教育和中华优秀传统文化融合发展的"历史基因"。青岛建市不久便拥有了自己的高等教育,在中国的城市高等教育发展史上应当属于"先行者"之列。青岛高等教育发展历经了多少历史变迁、跌宕起伏、兴衰赓续、调整巩固、拆分合并和变革创新? 现在和未来的振兴发展将是什么样子? 在百余年的发展历程中,城市政府和高校、市场三个维度是如何相互作用、相互推动或拉动、相互影响或促进的? 其中蕴藏着许多经验、教训、规律。

## 一、近现代青岛高等教育的发展

青岛高等教育从其诞生开始到中华人民共和国成立,大部分时间是在帝国主义列强的殖民侵略下亦步亦趋、艰难前行。19 世纪初,当时的德国和清政府合资合力举办青岛特别高等专门学堂,高点起势拉开青岛高等教育序幕,政府高校同向合力推动城市高等教育快速发展。随着日本侵略者占领青岛,其侵华政策致使青岛高等教育陷入殖民化发展泥潭。后来,我国收回青岛主权,私立青岛大学在市场(社会)力量的作用下应运而生,国立青岛大学、国立山东大学相继举办,青岛高等教育发展呈现出一派兴盛的景象。抗战时期,国立山东大学被迫迁徙和停办,直到抗战胜利后复校,政府、高校和市场继续努力推动青岛高等教育向前发展。

### (一)青岛高等教育在德国殖民主义迫使下拉开帷幕

1897 年德国侵占青岛,青岛沦为德国的殖民地。德国积极推进其在青岛的文化侵略计划,1905 年,德国胶澳督署开始着手谋划在青岛租借地进行"独立的文化政策"计划,目标是在青岛举办一所高等学堂,以此进行德国文化科技传播,进而培养德国精神,并向山东腹地和黄河流域辐射扩散。为了得到清政府的同意,特别是承认其举办高校的毕业生资格,承认该高校在中国办学的合法地位,德国胶澳督署于 1906 年进一步提出"华人学校计划",制定了在青岛举办中德合办高等学堂的具体方案。

1907 年 10 月,德国海军部国务秘书梯尔匹茨致函清政府外交部门,提出在青岛创办德华高等学校,并与中国驻德国公使进行联络,对德国驻华公使提出要求。两个月之后,再次提议双方进行商谈,并向当时的清政府通报德国拟在青岛建立高校的计划。德方派驻华公使照会中方,提出要在青岛开办特别高等专门学堂,请转饬选派学生、教员和总稽查。当时清政府学部认为教育"实为国家应尽义务,非外人所能代谋",拒绝了德方提出的举办青岛特别高等专门学堂(即德华大学)的计划。德国政府及驻华公使等并未就此罢休,而是不断与清政府接洽并向其施压,锲而不舍地推动自己在青岛的办学计划。

1908 年 2 月,清政府派学部大臣张之洞与德国驻华公使莱克斯进行了首次会谈。莱克斯阐释了德国在青岛办高校的目的,主要是想通过青岛向中国展示德国的文化与科学,促进两国文化精神的交流,使中国人在国内获得接受德国高等教育的机会。他希望双方达成一个能确保学校独立于中国学部中人事与体制的变迁的协议。张之洞就双方协议提出不能由德国自主招生且只能接收中国选送的学生,高级部与初级部须按中国的规定分类,要按中国的规定设中文课,不可以教外国宗教等六项原则。莱克斯表示,德方希望未来学校生源来自全中国,宗教与这所学校毫不相干,德方如果看到中方热心于这个项目肯定会投入更多资金,使学校设施达到要求的水准。[①]

1908 年 4 月,德国海军部梯尔匹茨聘驻华公使馆翻译奥托·弗兰克,委托其代表德方与中方进行谈判,5 月弗兰克与张之洞就青岛办高等教育项目进行会谈。经双方协商,中方认为德国政府在青岛设立高等学堂的用意是友好的、有意义的。6 月,清政府学部郎中杨雄祥等受张之洞委派前往德国驻华公使馆,递交了关于中德合办青岛特别高等专门学堂的对应文本草案,对德方的建校草案提出四点异议,同意校名为"青岛特别高等专门学堂",表明张之洞一直把高等教育目标视为建校的关键,加上"特别"显示其在保持统一性基础上自成一体。所有的学生录取一律通过山东管理学务衙门办理,中文教员由山东管理学务衙门举荐。该文本草案里还特别表述,其他外国在华学校都还没有获得该校所享有的官方承认和特权。这说明青岛特别高等专门学堂在成立之初便被赋予了独特的"历史基因"。

1909 年 6 月 20 日,清政府学部上呈《山东青岛设立特别高等专门学堂咨议情形并商定章程认筹经费折》,该奏折陈述中原则上同意中德联合筹办,承认该校毕业生学历,同日获得奏准立案。7 月 9 日,中德双方在青岛商订《青岛特别高等专门学堂章程》,规定学堂由中德两国政府合办,定名为青岛特别高等专门学堂,德国选派监督(即校长)总理学堂事务,中国派总稽查负责学校办法和章程、教员是否合度、学生功课品行等方面的稽查。

1909 年 7 月 11 日,清政府学部官报公布学堂章程,中国政府派记名御史学

---

① 刘金玲. 特别高等专门学堂研究[D]. 济南:山东经济学院,2010.

部员外郎蒋楷任学堂总稽查,德国政府委派凯贝尔任学堂监督。校址选在德国驻军炮兵营旧址,即现在的青岛朝城路 2 号青岛铁路局办公楼。开办经费按照德国国会通过的胶澳督署建校预算及赞助法案规定,共计 64 万马克,其中德国拨付 60 万马克,中国协筹开办费 4 万马克。德国每年支出 13 万马克作为学堂常年办学经费,还有每年的学费收入 3 万马克、清政府学部每年认筹 1 万马克、直隶和山东每年各认筹 1.5 万马克,由此保障每年 20 万马克办学经费。在实际运行中,学堂每年支出远超 20 万马克,如 1912~1913 年总收入达到 36.7757 万马克,说明该校经济实力比较雄厚。①

山东提学司从国内各省考录 60 名学生,9 月 6 日前陆续到达青岛准备开学。10 月 25 日,学校举行开学典礼暨校舍开工庆典。成立青岛特别高等专门学堂具有重要的历史意义,现代高等教育体系由此开始在青岛逐步建立和发展。学堂实施了"合作共融"办学宗旨,创新管理体制,践行了"崇尚科学,因需施教,实践第一,学研相长"的教育理念。1912 年孙中山到学堂访问,以到青岛两天所见的街道、房屋、海港、卫生设施等显示出的先进之处,呼吁学生们应该以此为鞭策自己的动力,使自己树立这样的目标,并把这个范例推广到全中国,把祖国建设得更加富强。1914 年,第一次世界大战爆发,日本对德国宣战并占领青岛,青岛特别高等专门学堂随之解散。

尽管学堂只开办了五年多,但作为青岛高等教育历史的开端,其影响是深远的,特别是两国政府合资合力,虽然其中充斥着殖民侵略,但确保了该校办学的合法化、规范化,体现了当时两国政府在举办高等教育中的决定性作用。加上其开放与融合的办学模式、教育理念与中国社会的有机结合,迎合了当时政府的意图,也适应了城市建设发展的客观需要,办学不久便迅速成为一所闻名全国的高等院校,被称为"蒸蒸日上之青岛大学"。

这五年间,中西方文化在交流、碰撞与共融中发展,经历了许多激荡、冲突、融合,两种不同文化基因在青岛这座新兴城市中的相互包容与吸纳,促成了高校教育教学与中国近代社会发展及城市建设的互动共生、共进,开启了青岛现代高等教育的发展之路,在青岛高等教育发展历史进程中发挥了基础性的作用,留下了浓墨重彩的一笔,也留下了德国现代高等教育和中华优秀传统文化融合发展的特色"历史基因"。该高校的许多办学治校理念被后来者传承,从私立青岛大学、国立青岛大学、国立山东大学等学校的办学历史中都能看到青岛

---

①  刘增人,王焕良. 青岛高等教育史(现代卷)[M]. 北京:人民出版社,2008.

特别高等专门学堂办学理念的痕迹。当然，该校的开办，德国有其功利的一面，他们不仅仅着眼于科学文化的传授，不是真心为中国培养人才，而是致力于德意志精神的传播与培养，导致在大学内部最终出现中华文化与德意志文化的冲突，德意志文化优越感主导德国殖民文化，特别是种族差异被人为地扩大、强化，这也给办学带来一些挑战和影响。[①]

### (二)殖民战争使青岛高等教育跌宕起伏

日本侵华战争和殖民政策给青岛高等教育带来灾难，青岛高等教育在斗争与战争中艰难前行。国民政府与市场、高校合力推动城市高等教育的发展，书写了不少辉煌篇章。

1. 一战后日本独占青岛，按其战略利益顺势举办医学高等教育

1914年，第一次世界大战爆发，日本出兵侵占青岛，办学五年的青岛特别高等专门学堂由此夭折，青岛高等教育刚刚起步又遭遇磨难，跌入低谷。青岛特别高等专门学堂停办后，医科中还没有毕业的学生迁入了德国人在上海举办的同济德文医工学堂(即同济大学前身)，教学设施及教学资料都留在了医院。此后，医院被改称为陆军医院，1916年又被改称为青岛病院，以医院为依托举办了青岛医学校。这所学校又先后历经同仁会青岛医学校、青岛医科大学、同仁会青岛东亚医科学校、青岛医学专门学校等发展时期，直至1946年并入复校后的国立山东大学。

2. 政府与市场合办私立青岛大学，开启青岛高等教育新篇章

1922年12月10日，当时的中国北洋政府终于收回被德国和日本长期侵占的青岛主权。北洋政府将青岛开辟为商埠，设立胶澳商埠督办公署，直属中央政府。1923年，教育部特派员李贻燕到青岛调研教育，形成了《调查青岛教育报告书》，其中提出应当在青岛设立国立青岛大学的建议，但其建议被当时的北洋政府束之高阁。

私立青岛大学在市场和政府合力下艰难办学。1924年3月高恩洪任胶商埠督办，开始谋划在万年兵营创办青岛大学，但因为校舍、经费等难题迟迟得不到解决而一拖再拖。青岛总商会等社会团体也为开办青岛大学积极筹措经费和奔走呼吁，得知高恩洪的计划和困难后召开董事会决定协助解决，通过致函驻青岛美国公使和北京市政府外交总长，请求拨付庚子赔款来创办青岛大学。

---

① 翟广顺.青岛特别高等专门学堂的创建及其影响[J].青岛职业技术学院学报,2011(5):77-83.

尽管青岛总商会的这些努力没有被采纳实施,但客观上为青岛大学的成立起到了鼓与呼的积极作用,也为高恩洪办大学提供了更多支持与动力。高恩洪了解到德华大学办学历程及北京市政府不可能批准在青岛设立公立大学的动向后,决定由他出面联合社会各界成立私立大学。于是,会同青岛富商刘子山、私立青岛中学校长孙广钦等协议发起创办私立青岛大学。1924 年 5 月 29 日成立了私立青岛大学筹备处,高恩洪等 11 人被公推组成校董会。校董会推举孙广钦为筹备主任,推举王西园等 29 人为董事,聘请梁启超、蔡元培、张伯苓、黄炎培等 24 人为名誉董事。高恩洪捐款 1 万元、刘子山捐款 2 万元作为筹备经费。校址拟定在德占青岛时的俾斯麦兵营。8 月 21 日,高恩洪被校董会推举为校长。这一系列历史事实表明,私立青岛大学的筹办是高恩洪作为政府当局积极参与、支持的结果,也是当时的社会贤达、市场资本聚力合谋的结果,政府与市场在这一过程中都发挥了不可或缺的推动作用。

9 月 15 日,私立青岛大学首届学生入学,9 月 20 日正式开课,校长高恩洪发表训词,10 月 25 举行开学典礼。1924 年爆发直奉战争,奉军得胜后,高恩洪于 11 月被捕。高恩洪的离开使得私立青岛大学受到严重影响,校董会决定由孙广钦代理校长职务。1925 年 1 月,校董会研究推举宋传典继任校长。宋传典利用其山东省议会议长及买办资本家的身份,勉强维持私立青岛大学的正常运转。但是办学经费紧张,师生逐步流失。宋传典重新招募部分学生和老师,使学校勉强维持。然而,由于时局动荡,教师流失,学校每况愈下。"五卅惨案"后,宋传典出逃,导致私立青岛大学办学经费更加困难,濒临破产。1925 年 5 月,北洋政府任命朱庆澜担任胶澳督办,但其坚辞不就。学校在 1925～1927 年没有公开招生。1929 年 4 月 15 日南京国民政府接收青岛,改胶澳商埠局为青岛接受专员公署,后被改为青岛特别市。5 月 6 日私立青岛大学被迫停办。

从上述私立青岛大学筹办、举办、发展的历程可以看出,大学的举办得到了北洋政府的承认和支持,这是私立青岛大学能够举办的必要条件,同时也受到政局动荡不稳的严重影响。市场在这个过程中起到了举足轻重的作用,可以说,没有当时的社会贤达发动组织市场的力量积极参与、推动和支撑,私立青岛大学也很难办成,更不可能艰难维持一个时期。

3. 国民政府力主办国立大学,铸就青岛高等教育辉煌历史篇章

1929 年 6 月 3 日,南京国民政府取消私立青岛大学,在蔡元培先生力主下,把在济南的省立山东大学迁到青岛,使用私立青岛大学留下的校舍等资源建设大学。1930 年,国立青岛大学在传承私立青岛大学校舍校产和省立山东大学的

基础上应运而生,杨振生于当年 4 月被任命为校长。① 该校坚持"兼容并包,思想自由"的思想,广泛邀聘国内著名专家学者来校任教,一时间学校里人才济济,群星璀璨。

1932 年 7 月,国民政府批准校长杨振生辞职,国立青岛大学更名为国立山东大学,赵太侔任校长,开启了国立山东大学新纪元。在赵太侔的带领下,国立山东大学延续了国立青岛大学时期的办学理念,进一步加大人才引进力度,院系设置和学科专业课程建设逐步确定、稳定,教学科研特色鲜明、屡创佳绩。1937 年 11 月,国立山东大学迁至安庆办学,1938 年 2 月 23 日根据当时国民政府行政院的训令暂行停办。

随着抗日战争的胜利,1946 年 1 月,国民政府教育部批复同意国立山东大学在青岛复校,设立了文学院、理学院、工学院、农学院和医学院。其医学院就是合并了前述的青岛医学专门学校及其附属医院组建而成。10 月 25 日,举行复校后的第一次开学典礼。复校后,学校高起点组建师资队伍,广延名流、礼贤下士,一批名师汇集于此,为国立山东大学的发展奠定了坚实基础,也为青岛高等教育的发展振兴做出了不可替代的重大贡献。

综上所述,青岛高等教育诞生和成长于近现代遭受外国列强侵略的大背景下,战争使青岛高等教育跌宕起伏,在战火纷飞中艰难前行。当时的政府、市场和高校在不同的历史时期各领风骚,共同推动了城市高等教育的发展,其中政府的积极参与或主导推动发挥了不可替代的作用。

## 二、政府引领主导的现代青岛高等教育

中华人民共和国成立后,千疮百孔的中华大地焕发了勃勃生机。伴随着政府对高等教育的调整,山东大学衍生出多所高校,堪称青岛的"母本学校",这些高校乘势发展,多所高校应运而生或搬迁到青岛,这些为青岛高等教育的发展做出了不可磨灭的历史贡献。改革开放后特别是 20 世纪 90 年代,新一轮高等教育管理体制改革,山东省政府、青岛市政府和相关高校勠力同心,抓住新一轮高等教育管理体制改革契机,推动新的青岛大学合并组建,驻青各高校乘势而上实现大发展,多类型多层次院校的建立和发展成为青岛高等教育繁荣发展的重要增长极。

---

① 李勇. 动因、特征与借鉴:区域教育近代转型探究——以青岛为例[J]. 青岛职业技术学院学报,2019(32):77-82.

### (一)山东大学在政府主导的变革中繁衍发展成为青岛"母本高校"

中华人民共和国成立后不久,中央政府就着手强力推动进行了全国范围内的高等院校学科调整、重新组合。山东大学就是在这样的大背景下翻开崭新一页,再次助推青岛高等教育走向新的辉煌篇章。1951年3月,山东大学和华东大学合校,成为新的山东大学,设文、理、工、农、医五个学院,分18个系。山东大学进入了一个崭新的学术繁荣时期,也将青岛高等教育带入新的兴盛期。

依据"发展专门学校,整顿和加强综合性大学"的方针,1952年秋,青岛工学院由山东大学和山东工学院两校的土木专业及山东工学院的纺织系等合并组建而成,校址分设在青岛松山路和黄台路。随着我国第三次院系大调整,1956年,青岛工学院相关学科专业被分别调整到华东纺织工学院、西安交通大学等院校。青岛工学院建制也随之被撤销。当时的青岛工学院存在还不到四年,可谓是昙花一现,但其传承了山东大学的部分办学资源和文化,实现了高起点办学,为青岛高等教育发展增添了短暂的新活力,也为青岛高等教育增加了多姿多彩的瞬间。为进一步改变我国高校布局,教育部于1955年决定将沿海区域有关高校中相同的专业迁至内陆组建新校,或调整到内陆原有高校,以此来调整高等教育布局结构,助推中西部发展。1956年,山东大学医学院独立出来,扩建为青岛医学院。源于山东大学的青岛医学院,传承发展了山东大学的优秀历史文化和办学理念、经验,为青岛高等教育、医疗卫生健康事业发展做出了重要的贡献,为国家培养了一批又一批优秀的医学医疗专业人才和综合管理人才。[①]

1993年,青岛医学院与1985年成立的青岛大学、山东纺织工学院、青岛师范专科学校合并组建为新的青岛大学。尽管与青岛大学合并,但直到1998年6月,青岛大学医学院在内部管理体制上依然相对独立,招生、人才培养、财务管理等都独立运行,近乎"校中校"。青岛医学院及后来的青岛大学医学院(部)为青岛医学高等教育的发展立下了无可替代的汗马功劳,也带动助推合校后的青岛大学快速取得博士点授权单位,学科学术水平获得快速跨越提升。

1958年7月,山东大学归山东省领导,同年10月迁校济南,中文、历史、数学、物理、化学、生物六系迁至济南。应该说,山东大学1958年搬离青岛,是青岛高等教育的重大损失。好在山东大学的海洋、水产和正在筹建的地矿三系留

---

① 江沛,王洪学.50年代高校院系调整述评[J].当代中国史研究,1998(3):68-73.

在了青岛，1959 年独立为山东海洋学院，1988 年更名为青岛海洋大学，跻身国家"985 工程"重点建设行列，2002 年更名为中国海洋大学，2017 年 9 月入选国家"世界一流大学建设高校"，获得教育部、自然资源部、山东省、青岛市四方重点共建，为青岛高等教育高质量发展增添了浓墨重彩的一笔。

经过青岛市政府与山东大学的共同努力，2012 年 3 月 17 日山东大学青岛校区建设奠基，12 月 8 日，教育部批准《山东大学青岛校区规划建设方案》，校区地处青岛市"蓝色硅谷"核心区，校园规划 3000 亩。建设青岛校区，是山东大学审时度势的战略性举措，也是青岛市政府积极引进名校战略的结果。该校区已成为青岛人才培养和科技创新的重要基地，也成为引领青岛城市文明、助推城市发展的重要活力源泉，必将助力青岛高等教育开启新的征程、攀登新高度。山东大学与青岛这座国际化现代化城市互动共进，开启了新征程，必将驶向新的百年辉煌，为青岛高等教育的创新发展提供强有力的支撑。

**（二）政府主导高校合力推进青岛高等教育向前挺进**

政府主导下的高校协力和政校联手，有力地促进了多所高校的合并，多校迁入青岛，为青岛高等教育高水平发展注入了许多新希望、新活力。

1. 政府高校协力组建新青岛大学，为青岛高等教育高水平发展注入新希望

考虑到山东大学离开青岛之后，青岛市一直没有一所真正的综合大学支撑和服务，青岛市政府积极酝酿推动建设一所高水平综合大学，山东省政府从建设高等教育强省目标出发对此也十分支持。当时的青岛大学、山东纺织工学院、青岛师专等院校也积极响应，为了建设更高水平的综合性大学而相互磋商、到处奔波、积极争取。由此，省市政府上下联动、政府高校同心聚力、有关各方协力奋斗，积极谋划如何抓住新一轮高等教育管理体制改革机遇，合并驻青岛的几所院校，朝着建立一所高水平综合大学的目标而努力。

经过各有关方面的努力，原青岛大学与山东纺织工学院、青岛医学院和青岛师范专科学校于 1993 年 5 月合并。四校的合并使得多个历史源头汇聚于新的青岛大学，实现了薪火相传，更好地推动实现了青岛高等教育发展历史的衔接与融合，新的青岛大学进入了一个多元交融、优势互补的崭新发展时期，也加快了青岛高等教育高质量发展的步伐。青岛大学在融合发展中形成了医学教育区域优势明显，工科和师范教育行业特色鲜明，理、工、医、人文、社会等学科融合发展，新材料、新能源、新一代信息技术及文化创意等新兴学科加快孕育建设，11 个学科门类相互支撑、相互促进、协调发展的新格局。

其中,1956 年从山东大学独立出来的青岛医学院,作为我国最早创建的 36 所高等医学院校之一,并入新的青岛大学,在多学科融合发展中探寻新的发展道路、模式,在人才培养、科研联合攻关等诸多领域环节充分利用综合大学学科综合优势,积极探索实践与城市医疗卫生事业和经济社会发展互动共进。2020 年 10 月青岛市人民政府、青岛大学开启市校共建青岛大学青岛医学院的新篇章。

源于 1950 年 4 月由纺织工业部华东纺织管理局举办的青岛纺织技术训练班的山东纺织工学院,为纺织行业的发展培养了大批工程类人才,特别是合校后的纺织、材料等学科与医学、理科、文科交融发展,成为青岛高等教育中独具特色的高水平学科群,引领支撑着城市相关产业的发展,也成为青岛高等教育冲刺国家一流学科的重要培育对象。源于 1951 年 10 月由青岛市文教局联合青岛教育工会、山东大学共同组建的青岛教师业余进修学院的师范学科,作为青岛市唯一的普通高等师范院校,应城市师范人才培养之需发展师范教育学科,成为青岛师资培养和教师教育的"独苗",自然而然地成为师范人才培养的重要基地。应当说,合校后的青岛大学实现了多学科不断融合发展,综合性大学的特色优势逐步显现,为青岛城市高等教育创新发展贡献了不可替代的力量。

2. 政校联手促成多校迁至青岛,为城市高等教育发展注入新活力

随着中国石油大学(华东)逐步完成青岛主校区的建立发展,青岛又多一所"双一流"大学。2004 年 8 月,教育部批准立项建设青岛校区,从此开启了这所原"211"院校参与和助力青岛高等教育发展的历史篇章。2012 年,中国石油大学(华东)主要办学地已经由山东省东营市调整为山东省青岛市西海岸新区,其办学主体由此开始放在了青岛。2021 年,经教育部批准,东营校区调整为东营科教园区,办学主校区调整到青岛。正是由于中国石油大学(华东)的加盟,青岛又多了一所高水平大学,青岛高等教育水平得到进一步提升。该校向着"石油学科世界一流、多学科协调发展的高水平研究型大学"办学目标的奋力迈进,必将为青岛高等教育大发展增光添彩。

山东科技大学迁址青岛展宏图,助力青岛高等教育再上新台阶。山东科技大学于 1951 年建校,是山东省重点建设的高水平大学,也是近年来山东省"冲一流"建设高校。2001 年,开始在青岛建设新校区,2004 年办学主体搬迁至青岛校区,2007 年 4 月法人注册地登记为青岛经济技术开发区,并在泰安和济南分别注册了校区。一位曾具体负责筹划、联络推动的校领导回忆,"学校建、迁

青岛这件事，是在学校党委领导下，党委各部门及师生员工一起努力抓住机遇、谋求发展，使我校向更高层次、更高水平提升而共同奋斗的结果。"由此可以看出，山东科技大学迁建青岛，是学校党委及干部职工同心同向、积极努力的结果，其中也包含了青岛经济技术开发区政府积极、热情、周到的服务和有力的政策措施。从此，山东科技大学扎根青岛，迅速融入青岛城市发展特别是高等教育大家庭，为学校谋求了更为优良的发展环境，使得学校人才引进、招生质量、学术水平快速提升，也为青岛高等教育的发展送来了一所特色鲜明的地方高水平大学。

莱阳农学院从烟台迁到青岛，实现脱胎换骨的蝶变发展，为青岛高等教育"大家庭"送来了一所有特色的地方大学。该校始建于 1951 年，截至目前已经建有城阳、平度、莱阳、蓝谷四个校区和现代农业科技创新中心。2001 年开始建设青岛校区，2007 年更名为青岛农业大学。加盟青岛并更名后，该大学步入了快速发展提升的轨道，在教育部本科教学工作水平评估中获得优秀，很快发展为山东省"高水平大学"建设单位、山东省一流学科立项建设单位，被评为"山东特色名校工程"首批立项重点建设大学。

中国石油大学（华东）、山东科技大学和莱阳农学院先后迁建青岛，是青岛市区两级政府积极作为的结果，是这座城市独有的自然地理条件和国际化发展前景的魅力吸引的结果，也是相关高校从各自长远发展出发统筹谋划、积极争取、集中师生智慧力量而积极求索争取的结果。这三所大学迁建青岛，的的确确为青岛送来了三所各有特色、富有潜力、底蕴较为深厚的高等院校。青岛目前共有七所普通本科大学、一所大学的校区，它们的贡献可谓是巨大的。回望当年青岛市区两级政府积极引进高校的决策举措，其战略视野之长远、抢抓机遇之果敢、执行落实之高效，令人赞叹。政府与高校看似不谋而合，实则是青岛市区两级政府发挥了主导性、关键性作用。

### （三）高校应势而生、借势而升，青岛高等教育不断增添新生力量

青岛原有的几所高校抢抓国家改革机遇，或借势而升实现蝶变图强，或应势而生为青岛高等教育规模层次水平的提升做出了积极贡献。

*1. 多所学院升格大学，提升了青岛高等教育办学规模层次*

青岛理工大学由小到大蝶变图强。创建于 1952 年的"青岛建筑工程学校"是青岛理工大学的前身。学校隶属关系多次反复更迭，办学层次也历经几次起落。1998 年 11 月该校划转山东省管理。2004 年更名为"青岛理工大学"，2005

年被国务院学位委员会批准为博士学位授予权单位。2016 年 12 月,在青岛市政府的支持下,青岛理工大学与青岛西海岸新区政府签署老校区搬迁、新校区建设合作协议,区政府出资 13.8 亿元支持其新校区建设。市、区政府推出这样一个支持高等教育发展的力作,真真切切地为青岛理工大学未来的发展拓展了办学空间、奠定了坚实基础、注入了新的活力。

青岛科技大学抢抓机遇升格蝶变求强。该校的前身在沈阳,1956 年迁至青岛后改为青岛橡胶工业学校,1984 年更名为青岛化工学院,2002 年更名为青岛科技大学。由学院到大学的蝶变求强之路,是青岛科技大学准确抢抓当时历史机遇的结果,是在省、市政府的大力支持下实现的。与此同时,在青岛市及崂山区政府的大力支持下,2002 年 8 月该校崂山校区投入使用,拓展了办学空间,优化了办学条件。2019 年,在青岛市政府谋求中德合作之际,该校抢抓机遇,国际合作区(中德校区)投入使用,学校事业发展不断谱写新篇章。正是在多次抢抓国家和省、市政府改革机遇,积极谋求政府政策和资金支持的基础上,青岛科技大学日益兴盛,已发展为一所水平较高、有特色的多科性地方大学。其中的每一次蝶变求强,都离不开学校的积极作为,也离不开各级政府特别是青岛市政府的大力支持。

两所职业院校在市政府主导力推下应运而生。青岛工程职业学院是在整合青岛职业教育公共实训基地等相关资源的基础上于 2019 年设立的普通高职院校,是培养全日制专科层次学生的职业院校。该校实行省市两级管理、以青岛市为主的管理体制。青岛幼儿师范高等专科学校是 2020 年省政府批准设立的全日制普通高校,实行与青岛工程职业学院一样的管理体制,也是以青岛管理为主。两校均是由青岛市政府积极谋划、主导推动的组织行为,学校在这个过程中的主动作用力不多,主要是听命于市政府的决策部署。

两所民办学院借势升格为本科院校。创建于 1992 年的青岛经济技术开发区私立职业高等中学,先后几次更名。2005 年该校抓住国家鼓励支持的良好环境,在省市政府大力支持下,更名为青岛滨海学院。还有一所民办学院的诞生发展也是借势而为,青岛黄海学院是经教育部批准、具有学士学位颁发资格的普通本科高校;2011 年教育部批准在黄海职业学院基础上成立青岛黄海学院,升格为普通本科高校。这两所民办院校成立和升格的动力主要来源于市场,举办方从谋求各自发展利益出发,积极抢抓机遇,主动寻求政府支持实现的。

2. 不同类型的院校应运而生,成为青岛高等教育繁荣发展新的增长极

两所独立学院成功转设,成为青岛高等教育的新生力量。现在的青岛工学

院是 2011 年由中国海洋大学青岛学院转设的，因其脱胎于"双一流"大学，办学基础比较扎实，传承了中国海洋大学的部分优秀文化基因，办学起点比较高，人才队伍水平也不错。所以说，这所高校根据国家政策要求较早实现转设，为青岛增添了一所较高水平起点的民办高校。青岛城市学院是 2021 年刚刚转设的，前身为青岛理工大学与青岛盛世华侨教育管理有限公司按新机制、新模式举办的独立学院——青岛理工大学琴岛学院。2021 年，在国家相关政策的驱动引领下，正式转设而成。应当说，转设后的学院迎来了新的发展机遇，但同时也面临着更多的挑战和困难，没有了原来"母体"大学文化的滋养和庇护，发展面临诸多难处，如招生资源、人才引进、平台建设都要重新接受社会的审视、评判，质量也随之受到影响，特别是考生家长的认可度、欢迎度也随之下降。但是，只要抓住关键，找准路径，乘势而上的可能性依然存在，其成为城市高等教育发展新的增长点的可能性是较高的。

两所民办职业院校应运而生。2018 年 5 月山东文化产业职业学院新校区在青岛莱西建成使用，该校成立于 2009 年，是一所经山东省人民政府批准、专门为文化产业培养应用型特色人才的全日制普通高校。学院新校区是从烟台蓬莱迁到莱西的，是青岛莱西市政府与高校举办方相互磋商达成的合作，一方面是市场的作用力主导推动，另一方面是政府的积极姿态和优惠政策的吸引拉动，两个维度的作用力促成了这一项目的落地。另外，青岛航空科技职业学院在市场需求、市场资本的推动下，经山东省人民政府批准于 2019 年成立，是由泛美教育集团在中国北方成立的首所航空类高职学院。这所学院的成立，也是获得了政府政策吸引支持才得以在青岛落户。由此可见，这两所民办院校在青岛的落地诞生，主要得益于市场的作用，在市场"看不见的手"的拉动下应运而生，当然这个过程也离不开政府的引导、支持和鼓励、推动。

总之，中华人民共和国成立后的青岛高等教育总体上主要是在政府的主导引领下不断发展变革，作为青岛高等教育创新发展"母本学校"的山东大学发挥了十分重要的作用，改革开放后青岛大学的合并组建，山东科技大学和中国石油大学等多所高校的入驻，青岛理工大学等高校应势而生与借势而升，为青岛高等教育创新发展不断增添新活力，彰显了政府积极作为、主导引领城市高等教育发展的重要功用。当然，其中也不乏有关高校与政府的同心同向和自为努力，形成了有利于高等教育发展的合力。

# 第二节　青岛高等教育创新发展的"三维动力"分析

本节选取某年度发展数据进行横向剖析,着重分析当前"三维动力"中任何一个如何单独发力作用于当前青岛高等教育,从政府的引领、高校的自为、市场的参与三个层面出发,探析其中的经验做法和规律特点。

## 一、政府的引领

改革开放以来特别是进入 21 世纪以来,青岛市政府比较重视高等教育发展,通过政策激励、资金扶持、土地供给、机制创新等行之有效的举措,使高等教育办学规模和水平快速发展。以 2016 年为例,因为这一年是青岛市政府聚力高等教育进一步扩容提速和提质增效十分显著的一年,全市财政教育支出 253.02亿元,其中高等教育支出 7.69 亿元。在增加投入的同时,市政府创新体制机制,加强统筹服务,积极推动校地融合发展,引领推进高等教育规模结构质量效益快速发展。

### (一)政府发展高等教育的机制建设与体制创新

政府推动高等教育发展主要通过强化统筹引领,研究制定和组织实施政策制度,形成一套符合城市实际和高等教育规律的制度体系,创新和理顺相关管理体制,建立起顺畅、好用的工作运行机制。

1. 强化政策统筹引领

2016 年,青岛市以政府名义下发《关于加快引进优质高等教育资源的意见》(青政发[2016]5 号),为城市高等教育资源引进工作明确了努力方向、目标任务和工作措施。青岛市委高校工委(当时的机构名称,现在改为市委教育工委)联合六部门印发了有关引进优质高等教育资源的文件,确定了一系列支持措施,确定了 6 个高校校区、10 个研究生院、20 个高校研究院、10 个中外合作办学机构的引进目标。针对校区建设,制定了《设立教育发展基金、支持六所高校校区建设的支持政策》,经反复论证,多次研究,先后召开专题会议、六所高校联席会议、专家论证会等,积极研究出台相关政策。通过适时出台符合各方需求、具有吸引力的政策,强化统筹和引领青岛高等教育的发展,为吸引、引进名校加盟青岛办学发挥了积极作用,取得了良好效果。

2. 创新体制机制形成工作合力

根据市委、市政府的部署，青岛市委高校工委牵头协调，各部门、各区（市）全面动员，社会各界积极参与，形成了政府领导挂帅指挥、高校工委牵头抓总、相关部门分工负责的工作格局和运行机制。以引进高校为例，青岛市之所以能够引进众多高等教育机构，主要得益于三个方面：一是政府领导高度重视，支持力度空前。建立了由政府分管领导担任总召集人，市各部门和各区（市）政府负责同志组成的青岛市高等教育资源引进工作联席会议，为高校引进和落地提供各项保障。各相关高校分别成立工作领导小组，保障项目落地。政府主要领导还多次带队赴北京、上海等地拜会高校领导，亲自沟通商谈，重大项目亲自调度，重大问题亲自协调，为高校引进工作起到了关键作用、奠定了坚实基础。二是建立工作网络，形成工作合力。市委高校工委通过建立常态化信息沟通联动机制，加强与政府各相关部门的沟通合作，积极与相关部门及各功能区管委会、各区（市）政府联系，围绕高校引进任务，及时统筹研究、沟通会商，形成了工作合力。同时，积极主动地开展内引外联，很好地统筹推进了各方面工作。三是创新管理体制，强化服务保障。鼓励引进的高等教育机构特别是研究院实施理事会领导下的院长负责制，设立事业法人或企业法人主体，为适应形势变化制定实施更加灵活的政策，不断满足政府、高校和市场的需求，实现政产学研资一体化。同时，建立专门的服务团队，为引进的高校在机构设置、财政支持、人才引进、教育教学、学科发展、生活服务等方面做好保障，让高校引得进来、留得下来、长得起来。

**（二）推进符合城市发展需要的学科专业体系构建**

学科建设是高校发展的龙头，专业建设水平是人才培养质量的标志。学科专业建设的目标、思路、理念、举措直接影响乃至决定着高校的办学方向和水平。怎样才能建设符合城市经济社会发展需要及高等教育发展方向的学科专业体系，是非省会中心城市政府应当高度关切的。青岛市政府这些年来对此十分重视，通过组织实施共建项目政策进行重点发力，收效良好。

1. 实施重点学科市校共建工程

截止到 2016 年，青岛本科高校首批 12 个青岛市重点学科期末验收全部以优秀成绩通过，其中 5 个学科达到了省一流学科申报条件。这主要得益于青岛市政府于 2013 年制定实施的《在青本科高校重点学科市校共建工程实施方案》《在青本科高校重点学科市校共建工程管理办法》，经过三年的市校共建，各重点学科共建成效突出,在学科整体水平、创新平台建设、高层次人才引进、毕业生留青率以及面向本市的产学研合作、成果转化、科研设施共享、提供社会培训等多项指标上取得了明显成效,一些重要指标实现大幅度增长,如承担辖区内科研课题数量增长 141.6%,为辖区内行业企业提供技术服务或科技成果转化数量增长 107.8%,与辖区内开展产学研合作的单位数量增长 93.53%,开放服务和共享的设备台数增长 53.9%,拥有省部级以上重点实验室或科研创新应用平台数量增长 52%,为城市提供各级各类社会教育与培训人次增长 49.6%,获得省部级以上科研成果奖励数量增长 38.4%,研究生毕业留本市比例提高 19.2%,本科毕业生留城比例提高 17.16%。通过这一重点工程的组织实施,青岛 12 所高校的重点学科产学研合作进一步深化,学科特色得到强化,大幅提升了服务城市社会发展的能力,与青岛城市现代产业结构相适应的高水平学科体系初步形成。

2. 以重点专业共建提升高职院校办学水平

2016 年青岛市各高职院校专业师资队伍水平明显提升,课程体系与教学内容改革成效显著,实训条件与实践教学效果同步提升,人才培养模式创新优化,校企合作体制机制进一步完善,产学研用一体发展,服务社会的规模效益同步增长,高职院校专任教师数量平均增长 26%,高级职称教师比例由 38.4% 提高到 42.7%,校企合作开发课程数量增长 105%,校内实训室数量增长 300%,校外实习基地数量增长 49%,社会服务项目数增长 109%。这些成果的取得主要归功于从 2013 年开始的青岛市政府实施高职重点专业遴选共建,每年遴选部分城市发展急需的高职专业给予重点建设,经过三年三批的遴选、共建,青岛投入建设了 40 个高职重点专业,形成了 15 个重点专业群,基本覆盖了全市重点产业,一批专业随着整体实力水平的提升,专业品牌效应初步显现,已达到省内领先并在国内同类专业中具有较大影响力。

### (三)统筹服务推动校地融合发展

统筹协调和服务保障城市所有高校,是提升城市政府领导指挥全市高等教育能力的关键所在。青岛市政府一方面通过出台贡献度评价指标体系,用科学的评价来指导和引领城市高等教育围绕城市发展需要积极担当作为,另一方面积极发挥统筹调度推动作用,帮助高校解决发展中的困难和问题,切实推进校地融合。

1. 实施在青高校服务青岛贡献度评价,引领高校建设发展

为客观公正地反映高校对青岛经济社会发展的贡献,建立以绩效与贡献为导向的高校支持投入机制和贡献度评价制度,引导在青高校进一步融入、服务城市,委托有关研究机构设计了《在青岛高校服务城市贡献度评价指标体系》,在青岛与北京邀请相关专家多次召开会议进行研究讨论,并多次征求了高校的意见和建议。青岛市自 2019 年开始利用该评价指标体系进行测评,对青岛市所有高校进行了数据统计、指标测算和分析,根据测评情况不断修订完善指标体系。同时,将测评结果呈报市政府,并将其纳入对高校的考核评价。贡献度评价发挥了指引和领导作用,引领、督促各高校按照政府的需要、要求办学治校,人才培养与学科建设能够更好地贴合城市经济社会的发展需求。

2. 实施高校支持乡村教育志愿服务行动,提升高校服务城市文化水平

为发挥高校人才和文化资源优势,缓解部分地区音乐、体育、美术等学科师资缺乏的现状,2016 年青岛组织开展了以“乡村支教,奉献爱心,育人育己,青春无悔”为主题的大学生乡村支教行动。7 所本科高校 150 余名学生,面向青岛市农村义务教育段音乐、体育、美术、英语、信息技术课程开展了支教。支教工作涌现出一批先进典型,36 名同学荣获“在青岛高校大学生支持乡村教育志愿服务行动先进个人”称号,彰显了城市高校对所在城市文化教育的引领和服务功效。

3. 积极改善高校办学条件,促进高校办学条件和内涵建设双提升

青岛市政府通过积极帮助高校拓展办学空间,协调推进驻青高校办学条件的改善,同时支持高校强化内涵建设。例如,青岛农业大学在县级市创新创业基地(校区)建设的前期工作,青岛理工大学黄岛校区的建设,均由青岛市政府牵头推进;协调市直各部门,发挥青岛大学综合性大学功能,启动省市二期共建,对青岛大学胶州科教园区规划建设进行了积极统筹协调和调度推动;统筹服务山东大学青岛校区启动运行相关工作,使 1005 名新生顺利入学;经过广泛调研,出台《在青岛高校建设一流大学和一流学科实施方案》,进一步科学谋划青岛市高等教育的未来发展,大力支持推动青岛城市高等教育的内涵建设与高质量发展。正是有了市政府的统筹协调、调度推进,青岛诸多高校的办学条件才得以持续改善提升,内涵建设稳步前进。

## 二、高校的自为

青岛现有各类高校 20 余所,为了便于系统探究,以 2020 年的 7 所公办普

通本科高校为一个系统,代表青岛高等教育的高校子系统,其中 B1、B2 是两所部属大学,Q1、Q2、Q3、Q4、Q5 为五所省属地方高校,这七所高校代表了青岛高等教育的主流,其规模水平可以比较有力地代表青岛高等教育的发展。这七所高校中的每所高校作为这个子系统中的一员,对青岛高等教育系统中高校子系统的贡献,也是对青岛高等教育的贡献,集中反映了这所高校作为一维动力的重要组成部分的功用,也体现了对青岛经济社会发展积极作为而形成的贡献力。

### (一)单一高校对青岛高校子系统的静态贡献度

城市高等教育的竞争力和发展力与其拥有的高校数量、办学质量与水平、在校生数量质量及其层次水平、教师数量与质量、学科专业数量与质量等诸多要素密切相关。这些要素形成了高校对城市高校子系统创新发展的贡献,也是对城市高等教育发展的静态贡献。

大学的存在,是一座城市拥有和提升文化内涵的重要力量,对城市高等教育的繁荣发挥着不可替代的推动作用。表 6-1 所列数据为 2021 年统计报表显示的上述七所本科高校发展主要指标数据。

表 6-1　2021 年青岛七所本科高校发展主要指标数据一览表

| 项目 | 大学 | | | | | | |
|---|---|---|---|---|---|---|---|
| | B1 | B2 | Q1 | Q2 | Q3 | Q4 | Q5 |
| 全日制在校生(个) | 32000 | 28000 | 42000 | 33000 | 40000 | 34000 | 30000 |
| 全日制在校本科生数(个) | 16000 | 18900 | 32000 | 30000 | 32000 | 22000 | 29000 |
| 在校硕士研究生(个) | 13000 | 7000 | 9800 | 3000 | 9000 | 1700 | 1000 |
| 在校博士研究生(个) | 2600 | 1700 | 450 | 100 | 500 | 100 | 0 |
| 在校留学生(个) | 500 | 1620 | 1600 | 500 | 600 | 40 | 20 |
| 在职职工(专任教师)(个) | 3800 (2000) | 3380 (1769) | 3900 (2600) | 2800 (2000) | 3300 (1900) | 2500 (1700) | 2100 (1500) |
| 国家级称号人才数(教育部新世纪人才/泰山学者)(个) | 81/38 | 66/16 | 52/33 | 14/25 | 23/10 | 10/11 | 10/12 |
| 两院院士(个) | 16 | 8 | 1 | 2 | 4 | 0 | 0 |
| 本科专业数(个) | 71 | 59 | 102 | 76 | 97 | 63 | 82 |

续表

| 项目 | 大学 | | | | | | |
|---|---|---|---|---|---|---|---|
| | B1 | B2 | Q1 | Q2 | Q3 | Q4 | Q5 |
| 硕士点数(个) | 194<br>(33个一级) | 150<br>(33个<br>一级) | 175<br>(31个<br>一级) | 97<br>(19个<br>一级) | 131<br>(24个<br>一级) | 62<br>(18个<br>一级) | 72<br>(13个<br>一级) |
| 博士点数(个) | 84<br>(13个一级) | 45<br>(11个<br>一级) | 86<br>(13个<br>一级) | 22<br>(3个<br>一级) | 70<br>(11个<br>一级) | 7<br>(1个<br>一级) | 0 |
| 博士后流动站(个) | 13 | 11 | 9 | 5 | 9 | 2 | 0 |
| ESI前1‰学科(个) | 10 | 5 | 11 | 3 | 5 | 1 | 3 |

(资料来源:各高校网站公布和调研数据。)

**1. 七所高校拥有人才的规模质量、学科专业的规模质量静态值贡献比对**

七所高校全日制在校生中,B1占13.39%,B2占11.71%,Q1占17.57%,Q2占13.81%,Q3占16.74%,Q4占14.22%,Q5占12.55%。全日制在校本科生共计179900余人,其中,B1占8.89%,B2占10.51%,Q1占17.79%,Q2占16.68%,Q3占17.79%,Q4占12.23%,Q5占16.12%。全日制在校硕士研究生共计44500余人,其中,B1占29.21%,B2占15.73%,Q1占22.02%,Q2占6.74%,Q3占20.22%,Q4占3.82%,Q5占2.25%。全日制博士研究生共计5450人,其中,B1占47.71%,B2占31.19%,Q1占10.11%,Q2占1.83%,Q3占9.17%,Q4占1.83%,Q5占0%。

七所普通本科高校在职教师和管理服务人员(教职工)共计21780余人,其中,B1占17.45%,B2占15.52%,Q1占17.91%,Q2占12.86%,Q3占15.15%,Q4占11.48%,Q5占9.64%。在职专任教师共计13469余人,其中,B1占14.85%,B2占13.13%,Q1占19.30%,Q2占14.85%,Q3占14.11%,Q4占12.62%,Q5占11.14%。国家级人才数量共计256人,其中,B1占31.64%,B2占25.78%,Q1占20.31%,Q2占5.47%,Q3占8.98%,Q4占3.91%,Q5占3.91%。全聘院士数共计31人,其中,B1占51.61%,B2占25.81%,Q1占3.23%,Q2占6.45%,Q3占12.90%,Q4占0%,Q5占0%。泰山学者(省级人才)共计145人,其中,B1占26.21%,B2占11.03%,Q1占22.76%,Q2占

17.24％,Q3 占 6.90％,Q4 占 7.59％,Q5 占 8.28％。

七所普通本科高校二级学科博士点共计 314 个,其中,B1 占 26.75％,B2 占 14.33％,Q1 占 27.39％,Q2 占 7.01％,Q3 占 22.29％,Q4 占 2.23％,Q5 占 0％。二级学科硕士点共计 881 个,其中,B1 占 22.02％,B2 占 17.03％,Q1 占 19.86％,Q2 占 11.01％,Q3 占 14.87％,Q4 占 7.04％,Q5 占 8.17％。本科专业数共计 550 个,其中,B1 占 12.91％,B2 占 10.73％,Q1 占 18.54％,Q2 占 13.82％,Q3 占 17.64％,Q4 占 11.45％,Q5 占 14.91％。博士后流动站共计 49 个,其中,B1 占 26.53％,B2 占 22.45％,Q1 占 18.37％,Q2 占 10.20％,Q3 占 18.37％,Q4 占 4.08％,Q5 占 0％。ESI 前 1％学科共计 38 个,其中,B1 占 26.32％,B2 占 13.16％,Q1 占 28.95％,Q2 占 7.89％,Q3 占 13.16％,Q4 占 2.63％,Q5 占 7.89％。

根据单项分析,把各类人才进行综合考量、各类学科专业类项进行综合考量,得出人才和学科专业综合考量后的贡献度。

第一,各类人才规模质量综合考量的贡献度。在人才规模和质量静态值的贡献中,综合考量本科生、硕士生、博士生、留学生、在职专任教师、泰山学者、国家级人才等各类人才的社会价值地位、潜在能力作用,以及国家对培养他们所要求的资源投入标准,确定他们之间对城市发展的贡献能力占比为 1∶2∶3∶3∶5∶6∶8。即设定一个本科生为一个标准人才当量,一个硕士生等于 2 个标准人才,一个国家级人才等于 8 个标准人才。为了减小方差,这里选取了一个较为中性的当量比例。当然,人才之间的这个当量比并不是绝对的。一个国家级人才所发挥的作用、做出的贡献可能多于 8 个标准人才,也有可能 10 个高校普通专业任课教师的能力和贡献之和还不如一个国家级人才,或者一个国家级人才的贡献能力水平等于 4 个优秀博士的贡献能力。即使是国家级人才,水平也往往是不同的,甚至会有比较大的差距。一个国家级人才的一个世界级创新成果的价值意义可能是几十个普通博士能比的。对于这类高端人才的贡献,学校科研成果动态贡献中会有所体现。因此,在这里不过多考虑和纠结此因素的影响。统计分析得出 B1、B2、Q1、Q2、Q3、Q4、Q5 等各高校标准当量人才的数量,依次为 62176、52329、71364、48062、63044、34466、38712,总数为 370153 个标准当量人才。由此得出,各高校为城市培养输送标准当量人才的贡献度依次为 16.80％、14.14％、19.28％、12.98％、17.03％、9.31％、10.46％。

第二,学科专业规模质量综合考量的贡献度。为便于量化和比对分析,根据各要素对于城市经济社会发展的作用、水平和建设实现难度,设定一个当量标准,本科专业：硕士点：博士点：ESI 前 1‰学科数量＝1：2：3：6(1/12：1/6：1/4：1/2)。为了减少方差,这个当量标准设定依然坚持中性原则,实际上建设一个博士点和一个本科专业建设的难度以及含金量之比要远大于 3：1。采用归一计算方法,由此得出各高校学科专业综合考量后的规模质量贡献度分别为 22.14％、15.05％、22.29％、10.17％、17.20％、6.15％、7.01％。

### 2. 高校办学水平和声誉对城市高等教育的静态贡献

一所好的高校是一张靓丽的城市名片,更是城市高等教育水平的彰显。高校国内排名与国际排名的提升对于其所在城市高等教育的发展有直接贡献。办学质量、社会声誉的水平主要由国内外高校排名来体现,不同研究机构的指标不同,这导致同一学校在不同排行榜上的位次也会有所不同。另外,目前任何一种排名规则和指标体系,都有自己的特色和侧重,都是有不足的。但是,这些排名机构推出的年度高校排行榜,对于社会的影响客观存在,而且考生和家长也会参考这些排名,公众对高校办学水平的评判也在一定程度上受到这些排名的影响。由此,高校的排名也将影响到城市的声誉。一所高校在全球的排名越是靠前,对一座城市高等教育知名度的贡献就越大。根据"中国大学评价"课题组 2020 年对七所高校的排名,如果排名最靠前的也就是排在第一的高校的排名静态贡献度为"1",其他高校的排名与之相比,贡献度相对比值如下：B1 占比为"1",也就是 100％;B2 占 75.86％;Q1 占 69.47％;Q2 占 50.38％;Q3 占44.89％;Q4 占 24.08％;Q5 占 24.26％。在此基础上,将这七所高校作为一个系统,它们的办学实力排名贡献度比值相加得出总的贡献度相对值之和为3.8894,也就是 388.94％。然后,用每所高校的排名贡献度相对值除以这个总和,得出每所学校对城市的贡献度：B1 为 25.71％,B2 为 19.50％,Q1 占17.60％,Q2 占 11.54％,Q3 占 12.95％,Q4 占 6.19％,Q5 占 6.24％。

再参考世界知名大学排行榜——美国 USNEWS 的 2020 全球高校排名,参照前文的归一计算方法,B2 的排名贡献度为"1",B1 为 76.19％,Q1 为 61.67％,Q2 为 65.41％,Q3 为 44.64％,Q4 为 0％,Q5 为 41.32％。由此,得出 B1 实际贡献度为 19.57％,B2 占比 25.69％,Q1 占比 15.84％,Q2 占比 16.80％,Q3 占比 11.47％,Q4 占比 0％,Q5 占比 10.61％。然后,设定高校国际国内排名的权重各为 50％,综合国际国内排名情况,得出七所高校排名的贡献度依次为22.65％、22.60％、16.74％、11.52％、14.89％、3.11％、8.42％。

### 3. 高水平科研平台对城市高等教育的静态贡献

高校科研平台数量和质量水平的高低,是其服务所在城市科技产业发展能力和水平的重要指标之一,特别是省部级以上高水平科研平台会不同程度地直接或间接影响、推动地方相关产业的研发水平。

根据调查统计分析,七所普通本科高校拥有省部级以上科研平台共计91个,其中,Q3有22个,位列第一;Q1与Q4分别为8个,数量最少。由此,我们可以计算得出,各高校此项的贡献度如下:B1贡献度为14.28%,B2贡献度为13.18%,Q1贡献度为8.79%,Q2贡献度为20.88%,Q3贡献度为24.17%,Q4贡献度为8.79%,Q5贡献度为9.89%。

### (二)单一高校对青岛高校子系统的动态贡献度

所有高校都是动态发展变化的,其招生、毕业生、引进人才、在职教职工的数量和水平每年都会发生不同幅度的新变化(见表6-2)。另外,高校每年的办学目标思路、重点举措也都会有调整。这种调整必然对其服务城市经济社会发展特别是高等教育发展产生影响,从而影响动态贡献度。

表6-2　七所高校招生、毕业生、引进人才、在职教职工数量一览表

| 学校 | 项目 | | | |
| --- | --- | --- | --- | --- |
| | 本科招生数/招收青岛籍人数(个) | 研究生招生数/招收青岛籍人数(个) | 毕业生数/留青工作人数(个) | 留学生招生数(个) |
| B1 | 3818/267 | 2677/334 | 5844/1662 | 624 |
| B2 | 4752/150 | 1962/161 | 6264/975 | 400 |
| Q1 | 9090/1255 | 2137/393 | 10245/6565 | 590 |
| Q2 | 8802/581 | 995/136 | 7658/4516 | 62 |
| Q3 | 9408/764 | 1891/193 | 9487/2980 | 135 |
| Q4 | 8929/651 | 597/119 | 8370/2070 | 32 |
| Q5 | 7814/514 | 558/86 | 7274/3885 | 129 |

(资料来源:各高校官方网站公布和调研获得数据。)

#### 1. 高校人才培养年度动态贡献

一所高校培养和输送人才的数量和质量是考量其服务所在城市能力水平的最重要的指标。高校招收所在城市的户籍学生的数量是判断其服务城市贡献度的重要指标之一;高校每年的毕业生留在高校所在城市就业创业的数量更

是判断其服务城市发展贡献度的最重要的指标。

2020年七所本科高校本科生招生总数为52613人，其中B1占7.25％，B2占9.03％，Q1占17.28％，Q2占16.73％，Q3占17.88％，Q4占16.97％，Q5占14.85％。七所本科高校青岛籍本科生招生总数4182人，其中B1占6.38％，B2占3.58％，Q1占30.01％，Q2占13.90％，Q3占18.26％，Q4占15.56％，Q5占12.29％。七所本科高校研究生（硕博）招生总数为10777人，其中B1占24.84％，B2占18.20％，Q1占19.83％，Q2占9.23％，Q3占17.27％，Q4占5.54％，Q5占5.09％。七所本科高校研究生（硕博）招生中青岛市籍学生为1422人，其中B1占23.49％，B2占11.32％，Q1占27.64％，Q2占9.56％，Q3占14.43％，Q4占8.39％，Q5占5.17％。七所本科高校毕业生（本硕博）留青岛市总数为22653人，其中B1占7.34％，B2占4.30％，Q1占28.98％，Q2占19.93％，Q3占13.15％，Q4占9.14％，Q5占17.15％。七所本科高校招留学生总数为1972人，其中B1占31.64％，B2占20.28％，Q1占29.92％，Q2占3.14％，Q3占6.84％，Q4占1.62％，Q5占6.70％。

以七所高校年度招收青岛市户籍的学生数量和毕业留在青岛市工作的人才的数量为动态贡献研究对象，参照静态贡献度计算方法，考虑到留在青岛市工作的难度和政策条件，留青毕业生中本科生和研究生各占一半，所以B1、B2、Q1、Q2、Q3、Q4、Q5的年度动态培养标准人才总数依次为3428、1934.5、11888.5、7627、5620、3994、6513.5，总计为41005.5。由此得出七所高校人才年度动态贡献度分别为8.36％、4.71％、28.99％、18.59％、13.7％、9.74％、15.88％。

**2. 高校科学研究年度动态贡献**

七所本科高校2020年面向青岛市技术转让年总收入为54553.71万元，其中Q3贡献度最高，占29.04％；Q5占23.01％；Q2占17.74％；Q1占12.17％；B2占10.61％；B1占4.09％；Q4占3.32％。从统计情况看，第一名Q3是最后一名Q4的8倍，是倒数第二名B1的7倍。作为国家部属院校的B1和B2的贡献度并没有我们想象和期待得那样高，这可能与两所学校的学科专业特色有关。由此看来，我们不能仅仅从一所高校的综合实力来判断它的技术转让对于其驻地的贡献度。另外，从统计数据看，B2的发明专利授权量最大，是最后一名的3倍多。同为部属院校且为"985"高校、办学水平最高的B1表现并不佳，排名倒数第二，与其科研实力不相称，与社会对它的期待也有较大距离。

统计分析得出，七所本科高校发明专利授权量总数为1247件，其中B1占

10.50％,B2 占 25.90％,Q1 占 13.47％,Q2 占 14.75％,Q3 占 17.00％,Q4 占 7.05％,Q5 占 11.31％。

再看七所本科高校与青岛辖区内企业合作项目经费,总计为 6823.51 万元,其中 B1 占 28.69％,B2 占 10.33％,Q1 占 13.55％,Q2 占 11.03％,Q3 占 2.58％,Q4 占 24.19％,Q5 占 9.61％。此项指标说明 B1 与青岛市的企业合作的力度和深度最大,合作的能力也最强劲;Q3 的占比最小,两者相差 10 倍多。

比对分析七所本科高校接受青岛市政府、事业单位科研课题的总经费为 6874.73 万元,其中 B1 占 39.93％,B2 占 12.74％,Q1 占 13.83％,Q2 占 3.20％,Q3 占 3.58％,Q4 占 5.42％,Q5 占 21.28％。位列第一的 B1 贡献度是最后一名的 13 倍,彰显了 B1 的科研实力,但 Q2 的占比与其以往的科研力量和声誉不太相称。

高校获取青岛市政府和企业、事业单位科研经费越多,说明其承担的青岛市经济社会发展科技和人文社会科学创新的工作越多,面向青岛的技术转让收入越多,贡献也越大。综上分析,B1、B2、Q1、Q2、Q3、Q4、Q5 的年度动态科研贡献度分别为 24.23％、11.23％、13.03％、10.65％、11.73％、10.97％、17.96％。

3. 高校社会服务动态贡献情况

社会事业包括教育、科技、文化、卫生等方面,对高校来讲主要是在教育、科技、文化三方面为地方社会事业做出贡献,拥有医学院及附属医院的高校还可以在医疗卫生事业方面发挥重要作用。

高校对教育事业的贡献,除了上文提到的本硕博人才培养外,重点是对地方基础教育的贡献,主要体现在几个方面:一是建立高校附中附小,发挥高校资源引领带动基础教育教学和科研水平。二是师范教育直接培养中小学师资。三是高校通过举办培训班对基础教育师资进行继续教育,实现其能力学历的提升。四是高校图书资料、实验室等资源与基础教育资源共享。在这里,Q1 拥有青岛市唯一的师范学院,每年为青岛基础教育师资学历学位提升和职业素养能力培训做出了重要的贡献。另外,每所高校都积极与所在区市共建了一所附中附小,有效解决了本校教职工子女上学的问题,同时在一定程度上也相应地发挥了高校资源的辐射带动作用。

医疗卫生事业是城市居民生活不可或缺的。高校一般都有校医院或职工医院,一般只面向校内师生开展医疗服务,对所在地居民不具有一般意义上的服务功能。只有拥有医学院和附属医院的高校,才具有面向全体市民开展医疗、卫生、健康、养老等方面的职责和能力。Q1 拥有水平较高的医学部，下设基础医学院、公共卫生学院、药学院、口腔学院、护理学院和 12 个临床医学院、2 个附属医院，其中直属附属医院和第一临床医学院在市南区、崂山区、西海岸新区各有一个院区，是青岛目前医疗水平最高的三级甲等医院，也是位居全国百强的著名医院。青岛市市立医院、中心医院、海慈医院等均为 Q1 临床医学院，实现了良好的医教研相长，对青岛市医疗卫生水平的提升发挥了重要作用。因此，可以说对于青岛市医疗卫生事业的贡献，Q1 是唯一的，也是其他高校无法企及的。

七所本科高校仪器设备共享数量为 756 件，其中 B1 占 32.8％，B2 占 3.44％，Q1 占 13.36％，Q2 占 7.93％，Q3 占 16.0％，Q4 占 17.86％，Q5 占 8.59％。这项指标主要体现了高校服务青岛市的主动性，不是其能力的体现。因为，仪器设备共享与否取决于高校服务社会的意识。B2 作为部属院校，其科研仪器的数量与质量都不低于其他省属高校，但其共享仪器的数量和占比最低。相反，办学规模与水平处于较低状态的 Q4，仪器共享数量和水平位列第二，说明其服务青岛的意识强、措施有力。

七所本科高校与青岛市政府、企事业单位合作建立科研平台数量为 152 个，其中 B1 占 21.71％，B2 占 8.55％，Q1 占 26.31％，Q2 占 12.5％，Q3 占 11.18％，Q4 占 3.94％，Q5 占 15.79％。从此项指标比对中可以看出，Q1 的积极性、主动性更高，位列第一，是最后一名的近 7 倍。

在社会服务方面特别是基础教育发展和医疗健康服务领域，Q1 的贡献具有绝对的优势，是独一无二的，基础教育贡献至少占 80％；B1 和 B2 作为部属院校，培养基础教育师资的能力水平和提升附中附小办学水平的带动能力较强，为 5％，其他四所高校均为 2.5％。Q1 的医疗健康服务贡献度至少为 90％以上，B1 在生命科学与药学方面对于健康产业服务也有一定贡献，预计为 5％，其他高校相差不大，均为 1％。文化引领与传承、文化资源共建共享等方面难以进行定量统计分析，且各高校都在积极参与和发挥作用，可以设定为均衡贡献。假定基础教育、医疗健康和科研平台及仪器共享贡献权重均为三分之一（事实上，医疗健康服务对于一个城市来讲是十分重要的，其占比应比教育和科技服务更高一些，但目前没有一个官方或学界公认的标准，故予以平均分配），即可得出社会服务年度动态贡献度分别为 12.41％、3.99％、63.27％、4.57％、5.69％、4.8％、5.23％。

### (三)单一高校对青岛高校系统发展的综合贡献度

在无指标权重和有指标权重两种假定前提下计算得出各高校的两个不同的综合贡献度,在此基础上进行系统比对分析,得出相关启示。

1. 无指标权重假设前提下的综合贡献度

如果不考虑每项指标的权重差别,或者说假设每项指标权重相同,上述四个静态贡献度和三个动态贡献度指标可以叠加求和,得出各高校静态贡献度与动态贡献度的总和,再计算得出各高校最终总贡献度分别为 21.21%、12.65%、23.82%、12.37%、13.22%、7.19%、9.46%(见图 6-1)。

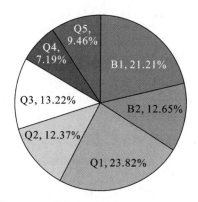

**图 6-1　无指标权重前提下的综合贡献度**

2. 有指标权重假定前提下的综合贡献度

如果按照对各指标重要程度和产生的效用来理解把握,我们可以赋予各指标权重。考虑到人才培养输送和吸收引进人才是高校对城市发展的重要贡献,因此赋予人才静态贡献和动态贡献权重为 40%,两者内部比例为 5∶3;科研平台和年度成果产出贡献权重为 25%,静态与动态贡献度比例为 2∶3;社会服务权重为 15%;排名贡献为 5%;学科专业也就是学术资源贡献 15%。由此,设定各指标的权重如下:拥有的标准人才数量贡献度、学科专业规模质量的贡献度、国际国内综合排名的贡献度、省部级科研平台规模的贡献度、人才培养年度动态贡献度、科研产出年度动态贡献度、社会服务年度动态贡献度分别为 25%、15%、5%、10%、15%、15%、15%。

由此可以推算得出,B1、B2、Q1、Q2、Q3、Q4、Q5 七所高校的综合贡献度依次为 18.88%、12.81%、23.71%、12.68%、13.76%、7.77%、10.28%(见图 6-2)。

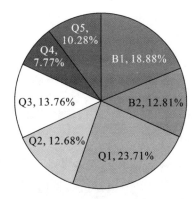

**图6-2　有指标权重前提下的综合贡献度**

综上所述，可以得出以下两方面启示。

第一，从上述研究分析的综合贡献度和科研单项年度贡献度结果看，并不是国家部属院校或者"双一流"高校一定比地方高校的贡献度高。在一定时期内，并非综合排名靠前的高校一定比综合排名靠后的高校的贡献度高，特别是综合学术水平和学科层次高的高校在某个年度的科研贡献度并不一定高于比其层次略低甚至相差较大的高校，如Q5的年度动态科研贡献度位列第二名，排名比其他五所综合实力相对较强的高校都要高，就是很好的例证。

这个研究结果告诉我们，一所高校对其所在城市及其高等教育发展的贡献度并不与人们通常理解的高校办学实力和某方面的水平之间具有很强的正相关。同时，这也给我们一个启示：一所高校只要方法对路、措施到位、发力精准，完全可能超越一般意义上办学水平或某方面能力较强的高校，实现跨越式发展突破。

第二，高校的办学规模，尤其是人才培养规模及学生毕业后留在本市工作的规模，对于其贡献度的影响效度比较大。尽管B1是"双一流"高校，但由于其规模体量远小于Q1，特别是其招收的青岛市生源和毕业生留在青岛市的数量较少，导致其在此方面的贡献度受到较大影响。

这一结果说明，地方高校在我国高等教育大众化发展中发挥着不可替代的重要作用，特别是为地方经济社会发展培养输送一批又一批高级专门人才的主体性作用。

### 三、市场的参与

社会主义市场经济体制建立后，高等教育受到国内外市场的影响程度也与日俱增,特别是高等教育国际化的步伐日益加快。青岛市作为改革开放最前沿的沿海开放城市,从客观上讲受到国际和国内市场的影响必然更早、更大。

### (一)社会主义市场经济体制确立前受市场的影响

改革开放后,我国高等教育国际交流合作越来越广泛,开始积极学习美国、英国、德国、日本、韩国等国家的高等教育理念、经验、模式和方法,与这些国家的交流越来越多,受国际市场的影响自然就更多一些,越来越多的驻青高校选拔学生和教师出国留学、研修、访学、进修等。同时,在对外交流方面,高校依托青岛的城市国际化,积极开展对外交流合作,吸引了众多外国留学生和外籍教师,国际交流蓬勃发展,外籍教师的聘任为这些高校的外语和国际贸易等学科和专业的发展增添了新生力量,提升了人才培养质量。

1985 年,出现了国家计划外的自费生,招生制度变成了不收费与收费并存的"双轨制",从某种意义上说这种情况是市场推动的结果。不过,这个时期的收费也是在国家计划调控和学校自主设置双重计划调配之下的,并不是任由学校主导。[①] 所以,我国这个时期的高等教育领域总体上看不到国内市场这只"看不到的手"的作用,高等教育听命于政府计划安排,有计划地改革渐进,青岛高等教育的发展也不例外。

### (二)社会主义市场经济体制建立后受国内国际两个市场影响

我国社会主义市场经济体制建立后,民办高校的快速发展促进了青岛市高等教育的发展,学生本人及家庭承担的培养成本比例逐步提高,驻青高校也越来越注重以服务市场求发展。

#### 1.民办高校的发展促进了城市高等教育发展

伴随市场经济的发展,高等教育改革步伐不断加快。民办高等教育通过消费、基建投资、满足教育和人力资源需求等对区域经济发展产生了较大的拉动作用,教育市场的需求潜力被激发,特别是教育作为一个产业在有效引导社会消费、扩大内需方面成为一个新的经济增长点,越来越多的民间资本投向高等教育。由表 6-3 所示可以分析得出,从建设到办学,民办高校所需经费都不少,这些民办高校的资源和投入对青岛高等教育的发展发挥了不可小觑的推动作用。

---

① 刘海波.我国高等教育财政思想变迁研究[J].复旦教育论坛,2008(2):23-29.

表6-3　青岛民办高等教育投资办学情况一览表

| 学校 | 建校起始年 | 建筑面积（万平方米） | 在校生人数（个） | 教职工人数（个） | 固定资产（亿元） | 年均固定资产投资（亿元） |
|---|---|---|---|---|---|---|
| 青岛滨海学院 | 1992 | 43 | 18500 | 1100 | 6.6 | 0.41 |
| 青岛黄海学院 | 1996 | 31 | 30000 | 1400 | 4.8 | 0.40 |
| 青岛飞洋学院 | 1996 | 32 | 16000 | 1218 | 4.6 | 0.38 |
| 青岛求实学院 | 1992 | 28 | 18000 | 1013 | 4.2 | 0.26 |
| 青岛恒星学院 | 2001 | 30 | 20000 | 1190 | 4.4 | 0.63 |
| 总计 | | 164 | 102500 | 5921 | 24.6 | 2.08 |

（资料来源：根据青岛滨海学院教育科学研究所调研数据整理。）

**2. 学生本人及家庭承担培养成本比例逐步提高**

在教育产业化理论、联合国教科文组织提倡高等教育经费多元化等因素的引导影响下，不少国家和地区对原来的免费高等教育制度进行了变革，开始收取学费，也有一些国家提高了学费。在这种大背景下，我国于1996年开始实行高等教育全面收费政策。教财［1996］101号文件指出，我国高等教育属于非义务教育阶段，学校应依规向学生收取一定的学费，让学生及家庭承担一定的培养成本。① 由此，学生及家庭承担的人才培养成本所占比例在一个时期内逐步提高。

**3. 高校越来越注重以服务市场求发展**

随着市场经济的发展，高校置身于市场之后，也在积极利用自身拥有的各种资源，通过商业化社会服务项目获得额外收入，通过融入社会，助力学校发展。一方面，根据劳动力市场的需要提供暑期课程、短期课程、晚间课程、网络课程，满足公司企业的发展需要，积极提供咨询服务。另一方面，积极运用丰富的附属机构、基础设施和不动产资源乃至品牌资源，通过出租、合作等形式帮助学校获得市场性收益。据统计，2016年度青岛高校与企事业单位共签订横向科技项目合作协议2310项，合同金额6.45亿元，其中在青岛行政区域内转化科研成果数量为352项。另外，通过成立理事会、董事会，吸纳校友、社会企事业单位参与学校改革发展决策咨询，进行产教融合和订单式人才培养等合作交流，

---

① 王振江. 中国高等教育收费政策的历史演变及原因［J］. 科教导刊（中旬刊），2015(2):1-2＋30.

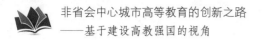

吸引社会各方以捐款、设立基金、设立人才联合培养基地等形式捐助资金或物资,帮助学校加快发展。

# 本章小结

青岛是计划单列市和副省级城市,是典型的非省会中心城市。本章把青岛高等教育的发展作为一个典型案例进行剖析,从青岛高等教育的历史出发,纵向审视"三维动力"推进青岛高等教育发展的进程,剖析近现代青岛高等教育发展,归纳发现青岛高等教育发展呈现出的主要特点:青岛高等教育在德国殖民迫使下拉开帷幕,殖民战争使青岛高等教育跌宕起伏,一战后日本独占青岛,顺势举办医学高等教育,抗战胜利后政府与市场合办私立青岛大学,开启了青岛高等教育新篇章,国民政府力主开办国立青岛大学,铸就了青岛高等教育的辉煌篇章。对中华人民共和国成立后青岛高等教育发展进行分析,发现了其中的规律和特点:政府引领主导城市高等教育调整、改革、振兴,其中山东大学在政府主导的变革中繁衍发展,堪称青岛高等教育的"母本高校",为青岛高等教育发展做出了突出贡献;政府主导高校合力推进青岛高等教育向更大、更高挺进,许多高校应势而诞生、借势而升格,政校联手促成多校迁至青岛,为青岛高等教育不断增添新生力量。同时,分析"三维动力"作用下青岛高等教育的发展,发现在政府引领主导的情况下,政府主要通过强化统筹引领,创新体制机制凝聚合力,建立起顺畅好用的高等教育管理体制和运行机制,推进符合城市发展需要的学科专业体系构建,统筹服务推动校地融合发展。通过对高校自为情况下对青岛高等教育发展的静态贡献、动态贡献和综合贡献进行深度分析,发现并不是"双一流"高校一定比地方高校对其所在城市高等教育的贡献度更高,学校的办学规模尤其是人才培养规模及学生毕业后留在本市工作的规模对其贡献度的影响比较大。分析我国市场经济体制确立前后高等教育受国际和国内市场的影响情况,发现青岛民办高校的发展促进了城市高等教育的发展,高校越来越注重以服务市场求发展。

# 第七章　非省会中心城市高等教育创新发展对策

　　构建有利于非省会中心城市高等教育创新发展的机制、模式,应坚持问题导向、目标导向和需求导向。基于政府、高校、市场"三维动力"模型进行系统分析,找准影响高等教育创新发展的问题,进而探析解决问题的创新性方法路径;从宏观和微观两个层面,系统梳理总结高等教育创新发展的内涵要义,分析要素存在的问题,厘清问题根源,找到解决之策。根据城市高等教育发展的目标与需求,进行展望性的科学设计和论证。

## 第一节　非省会中心城市高等教育创新发展的问题与任务

　　分析影响非省会中心城市高等教育创新发展的因素,要厘清概念、理解内涵,找准存在的真问题,依托非省会中心城市高等教育"三维动力"模型,探究非省会中心城市高等教育创新发展的问题与任务。那么,我国非省会中心城市高等教育的创新发展有哪些要求? 目前面临怎样的困难和问题? 其未来发展的主要任务是什么?

### 一、非省会中心城市高等教育创新发展存在的主要问题

　　纵观我国城市高等教育创新发展历史、理论探究与实践探索,当前,非省会中心城市高等教育创新发展都面临哪些困难和问题呢? 宏观层面系统性问题有哪些? "三维动力"中的单一维度创新发展问题有哪些? 这都是探究非省会中心城市高等教育创新发展需要厘清的重要问题。

#### (一)宏观层面存在的系统性问题

　　从宏观层面看,非省会中心城市高等教育的发展存在多方面的系统性问题,其中既有举措不多成效不够、科学性普遍性不够、不系统不深入的问题,也

有力度深度未跟上发展需求、过多追求外延扩张等问题。

1. 理念创新姿态积极,但举措不多成效不够

城市的高等教育发展理念对于一座城市高等教育的发展至关重要,是城市高等教育发展的"指挥棒"。城市高等教育发展理念主要包括城市把高等教育发展摆在怎样的位置、高校在城市中扮演何种角色、建立怎样的高等教育生态、高等教育治理的基本思路等几个方面。近年来,科技创新、产业创新越来越受到重视,人才竞争愈演愈烈,高等教育强市理念日益进入城市发展决策者的视野并逐渐得到广泛认可和重视,许多有经济实力的非省会中心城市要么千方百计引进国内外知名高等教育机构,要么积极支持参与高等学校建设发展。然而,城市对高校在城市中扮演的角色、所处的历史方位、拥有的现实地位、给予的身份待遇、如何更好地服务而不是管理控制的理念等问题,还没有真正全面地进行更新或改进,更没有生成符合高等教育发展的优良生态,不能从有利于长远发展的角度出发服务高校,服务高校发展的理念停留在口号上的多、落实到具体行动上的少。

2. 理论创新不断推出,但总体上不系统不深入

理论创新是发展和变革的先导,是人们通过创造性活动对原有理论的新突破、新修正、新发展,或者是对未知领域的新探索。[①] 从非省会中心城市高等教育理论研究综述看,有关非省会中心城市高等教育的纯理论研究和著述特别是理论创新并不多,研究者主要是通过对深圳、大连、宁波、青岛等非省会中心城市个案进行剖析,提出某一经过实践检验的经验性、判断性探析,理论高度和系统性阐释不够。这方面较早的研究有,胡赤弟 2002 年在《城市高等教育发展中园区化模式的思考》一文中,从制定我国高等教育区域发展战略和探索高等教育发展模式出发,就高等教育园区化发展思路提出的建议;[②]王保华和张昱琨在2003 年论述了如何发展地级城市高等教育,是较早提出并论证地级市高等教育发展也就是非省会城市高等教育范畴的理论文献;[③]教育部"地市高等教育发展研究"课题组于 2004 年提出了 21 世纪前十年的中国地市高等教育发展的战略构想与对策。[④] 还有一些研究主要围绕深圳高等教育的管理体制及改革、大连

① 杨学兵. 理论创新是社会发展和变革的先导[J]. 理论导刊,2004(1):50-51.
② 胡赤弟. 城市高等教育发展中园区化模式的思考[J]. 教育研究,2002(9):40-44.
③ 王保华,张昱琨. 论发展地级城市高等教育[J]. 教育研究,2003(4):64-68.
④ 教育部"地市高等教育发展研究"课题组. 我国地市高等教育发展战略探讨[J]. 江苏高教,2004(1):35-38.

大学城发展战略等问题展开。这些研究大部分侧重于某一城市，总体上还不够系统、不够深入，有关非省会中心城市高等教育的相关理论创新成果更是鲜有体现，偶有表述也是不深、不透、不系统。

3. 评价机制创新日益受到关注，但科学性普遍性不够

非省会中心城市政府推动城市高等教育发展的积极性越来越高，不少城市对已经拥有的高等教育体系如何发挥更大、更好的作用更加关注和重视，一些城市开始探索建立能够鼓励引导高校积极竞争发展的城市贡献评价体系，以此来引导和约束高校紧紧围绕城市政府工作特别是经济社会发展需要设置学科专业、开展科学研究、引进人才师资、建设科研平台等。从已经建立此类评价体系和考评机制的城市来看，其运行机制鼓励高校发展什么，高校就需要追求什么、侧重发展什么学科和专业，以此来力争获得政府提供的竞争性资源。否则，高校就得不到城市政府的资金支持。这样的机制是否符合高等教育发展规律？其科学性、可行性受到不少质疑。当然，建立更加科学有效的运行机制，对于更好地推动城市高校与城市经济社会发展的互动共进十分重要和必要。在这一方面，我国非省会中心城市的创新还是远远不够的，尚处于起步阶段。

4. 管理体制创新不断求索，但力度深度未跟上发展需求

非省会中心城市政府如何管理高校？管到什么程度？以何种方式管理？这些都牵涉到城市高等教育发展管理体制。从高校外部管理体制层面看，非省会中心城市政府驻地高校的管理权限主要是市属高校、民办高校和省属部属高校三大类型，其中民办高校和省属部属高校的管理体制主要由国家高等教育管理体制改革的政策决定，非省会中心城市政府的自由裁量权很少；近年来，非省会中心城市政府对市属高校管理的改革创新力度也不大，市属高校隶属于非省会中心城市政府，作为政府的事业单位，其干部管理、办学资金管理、人事人才管理、招生管理等基本上都受制于当地政府。当然，国家和省级政府这些年来一直在探索在中央、省、市三级管理体制的大方向下，如何给市级政府放权，从而调动地方政府发展高等教育的积极性、主动性。例如，国家部委与省级政府、市级政府三方共建中央部委院校，就是近些年来经常被使用的创新模式，通过这种方式赋予市政府管理和服务部属院校的积极性、能动性和责任义务。还有的省属高校采取省市共建的方式，如青岛大学在"十二五"期间实现了山东省教育厅与青岛市政府共建，青岛市政府为此在"十二五"期间投入5亿元用于青岛大学的发展，在"十三五"期间投入8亿元；与此同时，市政府在管理调控青岛大学学科专业建设、人才队伍建设、基本建设等方面拥有了更多的权责。这些都

是管理体制上的创新探索,对促进城市政府发展高等教育和高校发展发挥了一定功效。

**5.高等教育发展模式创新乏力,过多追求外延规模扩张**

一方面,近些年非省会中心城市大多注重引入国内外知名高校或建立校区、分校,更加追求高等教育机构数量的增长,更加注重城市高等教育体量的增大,也就是以外延式发展为主。对于原有高等教育的内涵式发展重视度不够,所以,给原有高校的投入增幅不大、积极性不高。另一方面,一些非省会中心城市一味地追求引进"双一流"高校或世界知名院校,但这些高校很难来建分校招生办学,基本看不到这些办学模式给城市发展带来的效益。

**(二)"三维动力"中各维度的创新问题**

从系统论和矛盾论视角看,任何一个系统在其存在和发展历程中都会不断产生和存在各种问题。当前,"三维动力"模型中每个维度的动力作用于非省会中心城市高等教育创新发展均存在三方面突出问题。

**1.政府方面存在的问题**

政府创新发展高等教育主要有三方面问题:一是政府发展高等教育的体制机制创新不够,计划经济管理体制机制的影响依然存在,由全能型政府向服务型政府转变的各种有形和无形的阻力迟滞了现代治理体系的构建和治理能力的提升。二是政府发展高等教育的制度法规创新力度不够,科学系统地谋划城市高等教育、编制城市高等教育发展中长期规划的不多,根据各自城市发展实际勇于创新、大胆突破原有条条框框、出台发展城市高等教育政策性文件制度的不多,观望、犹豫、彷徨者居多,大胆地"吃螃蟹者"很少。三是政府发展高等教育的思路方法不开阔,发展高等教育的路径创新不够。一方面,政府青睐于"短平快"的方式,通过挖名校、建分校或建立研究机构实现城市高等教育规模的扩张和提能升级,未能把提升城市原有高校水平或扩大原有高校办学规模摆在重要日程,有时候很可能是竹篮打水一场空。另一方面,政府发展城市高等教育对如何大力引导和发挥市场资源办学的重视度不够,一味地依靠政府的财政力量,没有积极出台相关政策吸引市场资本来助力,导致一些项目力不从心、进展缓慢。特别是对国家允许的在高校的二级学院进行混合所有制办学这一政策的理解认识还不到位,探索实践也不够积极和果敢。

**2.高校方面存在的问题**

高校创新发展中主要有三个方面问题:一是从高校办学发展理念和模式来

看,越来越多的地方高校追求综合化,建设尽可能多、齐全的学科门类几乎成了高校竞相模仿追赶的"标准化"模式,学科、专业、平台建设同质化越来越明显,具有自身学科特色的高校越来越少。在教育部本科教学水平评估标准化体系的引领下,在新工科、新文科等学科专业人才培养改革的推动下,人才培养模式标准化、规范化进一步被强化,高校根据各自办学理念和特色推动人才培养、教育教学模式创新的机会越来越少、积极性越来越低。非省会中心城市的高校也是如此,无法挣脱中央和省教育主管部门统一标准模式的规束,特色化发展遇到了挑战。二是从高校谋求发展的路径来看,我国非省会中心城市高校过多地依赖省市财政拨款维持,通过积极与城市发展互动共进谋求发展、与企业社会合作共建获取更多资源和力量的有效举措不多,特别是如何积极利用国家的相关政策,通过与市场私有资本有机结合举办混合所有制二级院系,更好地依托市场资源、对接市场需求,提高人才培养质量和社会匹配度的主动性、创新性不够。三是从高校内部治理的科学性创新性来看,高校内部治理体系和治理能力现代化建设的创新度不够,对部门的评价、人才的评价、科技成果的评价、教师职称的评价、学生学业成绩的评价等评价制度的创新不能跟上治理现代化的要求。

3. 市场方面存在的问题

市场参与高等教育创新发展的问题主要体现在三方面:一是大多数市场投资者简单地模仿国内外民办或私立学校的做法,教条式地套用一些所谓的经验模式,积极探索创新的意识不强。二是市场参与高等教育发展的路径方式单一,投资办民办高校是当前市场参与城市高等教育的主要路径方式,另外还有部分市场主体通过捐资助学参加公办高校理事会、董事会、校友会来参与办学,采用公私合营、公办民营、混合所有制等方式路径的比例较少。三是市场参与高等教育发展的出发点和落脚点影响了其发展模式创新,主要通过外延式规模扩张、压低办学成本,来提高所谓的办学经济效益。追求内涵式发展、力求打造高水平教学的民办高校屈指可数。

## 二、创新发展的任务

坚持问题导向、目标导向是实现非省会中心城市高等教育创新发展应坚持和把握的原则与路径方法。创新发展的主要任务是攻克问题、找到破解的"钥匙",实现新发展,坚持瞄准既定目标努力求索,找到实现目标的路径,明确创新发展的任务。

### (一)攻克问题,力求创新发展

非省会中心城市高等教育发展存在的问题已经比较明确,探究找到推进解决这些问题的良策是关键。其重点是力求找准非省会中心城市高等教育发展理念理论创新、体制机制创新、发展模式与路径创新的路径方法,从而明确创新发展的主要任务。

1. 推进理念与理论创新

针对非省会中心城市发展高等教育的理念创新不够的问题,城市上下首先要树立起"高教兴则城市兴"的高等教育强市理念,把高等教育创新发展摆在十分突出的位置,从政府到市场、高校都应高度重视、积极谋划、全力以赴地关心支持高等教育的发展。尤其是要深刻理解和把握高校在城市发展中扮演了不可替代的重要角色、拥有重要的历史和现实地位这一观念,真正树立起服务助力高校发展的理念,并把服务高校发展的理念真正落到具体行动,形成更加符合高等教育发展规律的非省会中心城市高等教育创新发展的理念。

针对相关理论研究成果不深、不系统的问题,要组织发动学界和高等教育管理者关注非省会中心城市高等教育发展这一重要课题,号召和推动国家及省市社科规划部门就此问题进行立项研究,特别是积极推进非省会中心城市政府和高校通过横向或纵向课题的立项研究,汇聚各方研究人员聚焦该领域,进行综述研究、案例分析研究、定性定量研究等多角度、多方法、深层次的研究和著述,经过总结性、批判性、判断性、预测性探究分析,进行更加系统科学和富有创新的理论阐释、归纳凝练、演绎推理,不断提升非省会中心城市高等教育相关理论的高度。

2. 推进体制与机制创新

针对体制机制创新存在的问题,首先要不断推进管理体制创新。在中央省市三级管理、以省为主的宏观管理体制大背景下,通过科学合理地授予非省会中心城市政府更多、更管用的权力,更好地调动城市政府发展高等教育的主动性、能动性。可以采取国家、省、市三方共建或者省市两者共建,赋予城市政府更多的管理和服务高校的权力,以此更好地调动城市政府的积极性,同时也能更好地增强城市政府的责任感和使命感。

其次,要坚持推进治理体系创新。进一步加大高等教育立法工作力度,使得高等教育更加有法可依,在此基础上更好地实现依法办学、依法治校。创新高等教育制度及高校制度,鼓励和吸引市场资本的力量积极参与城市高等教育,尽早构建起现代大学制度体系。在此基础上,构建起以政府依法办学为主导、市场积极参与为补充、高校科学务实治学为基础的城市高等教育治理体系。

最后,还要积极推进城市高等教育系统评价机制创新。着力建立完善城市高等教育发展评价体系,建立起更加科学务实管用的考评机制,通过科学评价机制和体系引导鼓励高校积极建设与城市发展需求相吻合的学科专业,培养与城市发展需求彼此呼应、相辅相成的各类高水平人才。

### 3. 推进发展模式与路径创新

针对发展模式与路径中存在的突出问题,非省会中心城市政府应摒弃一味地追求引进名校、盲目地上项目铺摊子、以外延式发展为主的高等教育发展模式,应当根据本市经济社会发展需要,加大对本市已有高校的资金资源投入力度,把有限的资源更多地投放到已有一定基础的本土高校的内涵建设上。在此基础和前提下,再考虑有针对性地、精准地引进高等教育机构,而且引进和新建高等教育机构必须科学可行,特别是应当量力而行、循序渐进、依法依规。简言之,非省会中心城市政府采用"量力适度精准引进+倾力内部挖潜提升"的发展模式与路径必然更稳妥、更经济、更有效。

非省会中心城市高校也要克服贪大求全的发展模式,不过分追求规模数量的扩大,而是根据国家和省、市高等教育的发展战略,坚持与所在城市同呼吸、共命运,互动发展,科学规划目标定位,在城市高等教育发展大战略指引下,坚持"审慎外延发展+着力内涵建设"的发展模式,以此拉动整个城市高等教育的内涵式发展。这里的审慎外延发展,意思就是应更多、更谨慎地围绕城市经济社会发展,对人才、科技、文化等各方面的需求进行分析研判,提出适度的外延发展计划,一定是在不影响人才培养质量的前提下适度扩容增量。

### 4. 加大政策制度与法律法规创新力度

针对有关政策制度和法律法规创新不够的问题,首先要更加科学、系统地梳理研究本市高等教育的历史、现实,遵循高等教育发展客观规律,借鉴海内外先进城市经验,编制富有创新性的城市高等教育发展中长期规划。非省会中心城市政府不能一味地等待、观望、彷徨,要针对怎样更好地引导鼓励市场积极参与到高等教育发展中来这一问题,制定更加务实有力的政策制度。

着眼于非省会中心城市高等教育的创新发展,一定要敢于和善于通过立法予以城市政府更具权威性的法制保障和引领,积极推进相关法律法规的出台。这个过程一定要解放思想,大胆突破原有的陈规旧律,以此来提升市场的预期和信心,充分调动市场资源向高等教育靠拢,积极利用国家和省市的利好法规制度,加入非省会中心城市高等教育创新发展这一富有意义、前景广阔的事业中。

5."三维动力"各方谋求市场参与的路径创新

当市场作为高等教育举办方时,市场主体的决策者应当在遵循高等教育客观规律的前提下,不断解放思想、拓宽视野、放开手脚,积极利用好国家和省市政策,积极呼吁推动政府和高校出台有利于市场发挥作用的政策措施,创造性地学习和借鉴国内外民办高等教育的先进做法,推进市场参与的路径与方式创新,积极投资兴办高等教育。另外,市场资本的拥有者、办学者应当提升公益情怀,将高等教育发展的出发点、落脚点放到国家利益至上、社会公益至上的高度,瞄准举办高质量的高等教育,力求内涵式发展。当然,也应当遵循市场规则兼顾办学经济效益,防止不必要的损耗浪费。

非省会中心城市已有的高校应当积极与市场接轨,在不违背高等教育办学和教育教学一般规律的基础上,积极创新与市场的交流合作。既要积极引进市场资源,探索实践二级学院实行混合所有制办学的新路径,又要积极服务市场需求,围绕市场需求开展订单式培养和科研项目联合攻关,想方设法引导市场捐资助学,让投资者乐于参与到学校建设发展中,提高他们的主观能动性和代入感、获得感。

另外,政府作为政策法规的主导者,应当在国家政策和法规允许的前提下,积极谋划和出台吸引市场资源积极投身于本市高等教育创新发展的政策、规划、法规,探索采用公办民营、混合所有制等方式,吸引更多、更有实力的投资者参与本市高等教育的发展。

### (二)瞄准目标需求,追求创新发展

坚持目标导向和需求导向,是谋求非省会中心城市高等教育创新发展的又一重要路径和任务。为此,应着重锚定高等教育强国目标,紧跟非省会中心城市发展目标,结合"三维动力"协调发展的需要,努力推动非省会中心城市高等教育的创新发展。

1.锚定强国目标,推动非省会中心城市高等教育的高质量发展

截止到 2035 年,基本实现社会主义现代化和高等教育强国的宏伟目标,是催人奋进、令人鼓舞的目标,是千百年来中华民族伟大复兴梦想走向成功的一个关键环节。世界高等教育发展历史与实践告诉我们,18 世纪以来,高等教育发展与国家的发展息息相关,没有高等教育的强大,就难以实现国家的强大。

我国高等教育的结构布局也告诉我们,非省会中心城市目前拥有的高等教育规模和质量还不能适应这类城市所肩负的历史使命,需要在规模上、结构上、质量上加大创新力度,着力提升已有高等教育的质量和水平。在政策和条件允许的前提下,可以适度引进国外优质高等教育资源或国内其他省市的知名高等教育机构的研究院等。

世界高等教育强国的发展之路也向我们昭示了其中的规律,高等教育强国目标的实现,不能仅仅依靠大部分聚集在省会城市或直辖市的"双一流"高校,因为这些"双一流"高校占比不到全国高校的 5%,不足以代表国家的高等教育。全面实现高等教育强国目标,需要全国各级各类高校质量水平的共同提升,特别是要发挥好非省会中心城市相对强大的经济实力,加快这些城市高等教育的发展。这是当务之急,更是战略需要。因此,非省会中心城市高等教育要在自觉融入和担当高等教育强国战略目标任务中找准定位,勇于创新,提升质量,最终实现高质量创新发展。

2. 紧跟非省会中心城市发展目标,强化其高等教育创新发展

国家和省域对非省会中心城市的发展寄予厚望,赋予了这些城市重要的职责使命。作为中心城市中的一类,优先、快速、高质量地发展起来,进而引领带动周边区域加快发展,是国家和历史赋予非省会中心城市的神圣使命。城市要快速发展,离不开人才支撑引领,也离不开科技支撑引领,更需要先进文化的支撑引领。高等教育是这三个"支撑引领"最直接、最可靠的重要源头和基地。一座城市一旦拥有高质量的高等教育,城市经济的快速发展、社会的繁荣稳定、人民生活水平的持续提升就会拥有强劲、可持续的发展动力。因此,瞄准非省会中心城市战略发展目标需求,动员一切可以动员的力量,创新一切可以改革突破的方面,提供一切可以供给的资源政策,推动城市高等教育的创新发展,应是大势所趋,更是民心所向。

3. 瞄准"三维动力"协调发展需要,力求思想政策措施系统性创新

立足于"三维动力"模型进行分析透视,我们可以看到政府、高校和市场"三个维度"的动力之间的相互作用何时才是最佳状态。只有"三维"同心同向才是最佳组合,才是协调发展的最佳模式,才能够更好地推动城市高等教育的快速健康发展。通过青岛高等教育创新发展案例的分析可以看出,城市政府的政策和调控起到了主导性作用,特别是近十年来青岛高等教育的跨越式发展,离不开市政府强有力的主动谋划与主导引领,离不开政府领导的思想解放、理念革新、高度重视与得力措施。

未来非省会中心城市高等教育要实现更加科学的创新发展,应该使政府从管控为主转为调控与服务相结合,在政府、市场、高校之间选择科学合理的平衡点,既可以使之发挥政府的宏观调控和导向作用,又能够促进市场作用的积极发挥,更有利于高校同频共振、同心同向的积极作为。这就需要通过一系列创新"组合拳",进一步激活城市高等教育包含的各种内在要素,特别是政府、高校、市场"三维动力",提高资源的使用效率和办学效益,从而全面提高城市高等教育的竞争力、创新力。

## 第二节　构建非省会中心城市高等教育创新发展的理想模式

通过对非省会中心城市高等教育发展"三维动力"的各要素间的相互作用力和发展动力"软弱性"的分析,以及青岛高等教育发展案例剖析和非省会中心城市高等教育创新发展的特征、问题、任务的归纳与解析,得出非省会中心城市高等教育创新发展的理想模式:政府引领主导有力＋高校自为同心聚力＋市场参与积极给力。在理想模式下,政府、高校、市场都应负起各自的责任,发挥重要作用。

### 一、政府的作用

在政府引领主导有力的前提下,高校自为发展和市场参与城市高等教育发展的积极性都很高,且与城市政府发展高等教育的理念、思路、要求、举措保持一致,同向发力。在此种情况下,政府、高校和市场"三维动力"要素就会齐心协力。作为城市高等教育发展引领主导者的政府,其理念、思路、举措只要是创新性的,那么城市的高等教育也会实现创新发展。当然,高校和市场如若也能够采取创新性举措,城市高等教育将更好地实现创新发展。反之,如果政府发展高等教育的思路举措不是创新性的,而是墨守成规、因循守旧的,那么在政府强有力的引领主导下,高校和市场只能跟着政府的要求走下去,此时的城市高等教育不可能实现发展,更谈不上创新发展。

如若在政府引领主导的前提下,高校和市场参与城市高等教育发展的积极性都很高,但与城市政府发展高等教育的理念、思路、要求背道而驰,甚至完全相反,在这种特殊情况下,政府、高校和市场"三维动力"的作用力不仅不在同一方向，甚至是恰恰相反的。若作为城市高等教育发展引领主导者的政府的理念、思路、举措是创新性的，但高校和市场两方面的作用力是与其背道而驰，此时非省会中心城市高等教育能否实现创新发展，就要看哪方面的作用力更强。如果政府的引领主导作用力胜过另外两方面的反作用力，就可以产生一定的创新发展力，反之则无法取得创新发展，甚而出现高等教育发展的迟滞、倒退。

当政府引领主导下高校参与城市高等教育发展的积极性高，且与城市政府发展高等教育的理念思路保持一致，密切配合、同向发力，但市场由于种种原因参与积极性不高，或参与积极性高但与政府的方向相反时，此类情况下市场作用于城市高等教育发展的力量不是引领主导力量，一般难以左右高等教育发展的方向。因此，只要城市政府发展高等教育的创新力是正确的、是符合高等教育发展规律的，那么该城市政府主导的高等教育就会实现一定的创新发展。当然，其创新力会受到市场作用力的一些阻滞与干扰，达不到第一种情形的效果。

如果政府引领主导前提下市场参与城市高等教育发展的积极性高，且与城市政府发展高等教育的理念、思路、要求、举措保持一致，同向发力，但高校由于种种原因参与积极性不高，或参与积极性高但与政府主导的创新发展的方向相反，此时高校作为城市高等教育的重要因素，与政府主导作用力不同，必然会对政府高等教育创新发展产生不小的影响，二者也会产生很大的矛盾，抵消政府和市场的力量，导致城市高等教育停滞甚至倒退。因为高校不同于市场，政府有关高等教育的大部分政策措施都要由高校来具体组织落实，高校如果不同意、不认同甚至极力反对的话，这些政策措施即使再好也无法真正落地见效。这种情形不仅不会产生正向推动力，还可能引发高等教育领域的诸多矛盾，导致城市高等教育发展的迟滞、倒退。

非省会中心城市政府如若积极主动谋划、设计、组织、推动本市高等教育的创新发展，成为本市高等教育创新发展的主导性、引领性力量，高校和市场等与城市高等教育相关的要素都能够根据政府的主导意见、要求发挥各自的作用，此种情形下的城市高等教育就为"政府引领主导有力＋高校自为同心聚力＋市场参与积极给力"理想模式的形成奠定了基础。在此基础上，政府、高校、市场三者之间相互作用，任何一个维度的作用力有变化，都会产生不同的走向。

## 二、高校的作用

高校自为同心聚力是非省会中心城市高等教育创新发展理想模式的又一重要环节。在这一环节中，高校与政府、市场之间如何相互作用才能更好地推进城市高等教育创新发展？非省会中心城市的高校如果能够实现自为同心聚力发展，那么这种情形下的城市高等教育创新发展能否实现，就取决于城市政府和市场两个要素是否与高校同心同向。这种情形下，"三维动力"会彼此影响，实现互动共进或者相互干扰，导致高等教育发展阻滞甚至倒退。

如果城市高校都能够自为同心聚力，也就是高校自身积极作为、同心协力、聚合发力，政府和市场与高校创新发展的思路举措也能保持同心同向，这将形成一种符合高等教育发展的最佳创新发展状态，不仅实现了高校按照自己办学实际和办学思路进行自主发展，同时也有政府的同向支持、参与、推动，还有市场的积极参与、正向给力，这就形成了三要素劲儿往一处使的良好局面和氛围。当然，要实现城市高等教育创新发展，就要求高校自为发展的方向、策略、措施是科学的，是符合高等教育规律的，也是符合非省会中心城市高等教育发展需求和实际的。否则，就会南辕北辙，不利于城市高等教育发展，特别是如果背离了高等教育发展规律或城市高等教育发展实际，会给城市高等教育带来灾难性后果。因此，从理论上看这是一种最理想的创新发展情形，但实际上可能会受到许多因素的影响。所以说，这种情形的不可控性是最大的。

假如在高校自为同心聚力发展的情形下，政府与市场创新发展的思路举措都与高校的思路举措背道而驰，高校一味地以自我为中心，即使其创新发展方向是正确的，也会在非省会中心城市政府、市场作用力的阻碍下，遇到相当大的阻碍，有可能两要素的作用力相互抵消，创新力的正向作用为零，甚至可能出现高校的创新力小于政府和市场二者的合力而出现负增长、逆发展的不利局面。

当高校自为同心聚力发展情形下政府创新发展的思路举措与高校创新力不同甚至背道而驰，市场与高校发展方向一致时，假设高校自为发展的创新力是正确的，政府对高等教育发展的思路举措的反作用力必然不利于城市高等教育的发展，但其作用力、阻碍力能否完全抵消高校和市场二者的合力，还取决于三要素作用力的实际情况。

然而，当高校自为同心聚力发展情形下市场创新发展的思路举措与高校背道而驰，政府与高校创新发展思路举措保持一致或不相反时，假设高校自为发展的思路举措是科学的，能否实现城市高等教育的创新发展，依然取决于"三维动力"各要素相互作用的合力是正向还是负向。当然，在我国社会主义市场经济体制当前的发展水平下，如果城市高校都是民办高校，那么市场参与城市高等教育的力量主要是民办高等教育举办者投入的财力和其所行使的办学治校理念等方面，这里的市场应当是高校的举办者，理应代表高校。当然，这种假设情形是不存在的。

### 三、市场的作用

市场作为一只"看不见的手",自社会主义市场经济体制建立以来,参与和推动非省会中心城市高等教育创新发展的积极性越来越高。一方面,市场向民办高等教育进军,兴办高校、参与民办高等教育的能动性在一个时期得到政策激励,在一些城市空前繁荣。另一方面,市场通过项目合作、捐资助学等方式参与公办高等教育建设发展,有的为了实现互惠互利,有的为了得到社会更多的认可,也有的是因为满腔的爱国情怀。在市场对城市高等教育发展的推动力越来越强的情形下,就形成了非省会中心城市高等教育创新发展理想模式中市场参与积极给力的重要一环。

如果在市场参与积极有效的情形下,政府与高校保持与市场创新发展的思路举措同心同向,这种状态与政府引领主导模式中的第一个假设状态和高校自为发展模式中的第一个假设状态的结果,理论上应当是差不多的,只不过这种情形状态下市场参与高等教育的推动力是主要力量,政府与高校的力量是从属或者次要力量。只要市场发展高等教育的方向举措是科学的,那么其推动城市高等教育创新发展的作用力加上政府与高校的作用力,将形成推动城市高等教育发展的强大力量。反之,将对城市高等教育产生破坏性。

在市场参与积极给力的情形下,假如政府与高校发展的思路举措与市场背道而驰,城市高等教育能否实现创新发展,关键要看市场推动力正确与否。如果市场的推动力是科学的、强有力的,政府与高校的反作用力越小,则对高等教育发展的影响力越弱,城市高等教育能够克服另外两个要素的影响继续前行;反之,如若市场的创新发展方向是错误的,政府与高校的作用力大小将决定城市高等教育能否实现正向的创新发展。

然而,当高校与市场创新发展方向一致,政府创新发展的思路举措与市场创新力不同甚至背道而驰时,市场作为城市高等教育发展的有力推动者,高校作为城市高等教育办学者,两大要素保持同心同向,也能产生比较有力的影响。政府与高校和市场的作用力完全不同时,城市高等教育能否实现创新发展,关键看哪一方更符合城市高等教育创新发展的现实条件、客观规律。

当高校创新发展的思路举措与市场背道而驰、政府与市场创新发展思路举措一致时,高校抵触另外两者施加的影响,不能与市场和政府的发展思路保持一致,这种情形一旦出现,对城市高等教育来讲都是十分尴尬的局面。

## 第三节　非省会中心城市高等教育创新发展对策

政府、高校、市场作为非省会中心城市高等教育系统的三个维度，任何一个维度在其发挥作用的过程中都存在"软弱性"或随时可能产生"软弱性"问题。探究城市高等教育创新发展，首先要坚持问题导向，从每个维度的"软弱性"问题入手找到破解之策。要从非省会中心城市的政府、高校和市场"三维动力"的相互作用出发寻求创新之策，同时兼顾从高等教育创新要素存在问题的破解层面探寻创新对策。

### 一、政府应对之策

从发展高等教育力量的"软弱性"问题视角探寻政府应对之策，可以高效解决政府管理意愿、管理能力的"软弱性"问题。分析探求政府引领主导有力的情形下，非省会中心城市高等教育的创新发展，找到政府的应对之策：政府创新引领主导强劲＋高校同心协力配合到位＋市场踊跃参与合理补位。

#### (一)瞄准"软弱性"问题探求创新之策

本书上述研究显示，非省会中心城市政府对高等教育进行有效管理普遍存在诸多"软弱性"问题，大部分非省会中心城市政府发展高等教育的经济支撑力和行政推动力存在一系列不同程度的"软弱性"问题，政府在出台高等教育发展的政策研究上也存在明显的"软弱性"。

这些问题产生和存在的主要根源是什么？究其原因，有些是非省会中心城市政府自身不努力、不作为造成的，有些不是以非省会中心城市政府的意志为转移的，而是取决于上级政府管理政策授权与否，有的问题既受国家税费法规政策影响，也受本级政府积极性、能动性的影响。其中，非省会中心城市对高校的行政管理的"软弱性"主要体现在国家和省级政府授权多少上。截至目前，中央政府层面给地市级政府授权管理高等教育的政策文件还不多，特别是对普通高校的管理，基本没有系统明确的文件或法律法规方面的表述界定，只是在民办教育和职业教育有关法律法规中点出了县级以上政府要对这两类教育进行统筹管理。所以说，这里的症结主要是非省会中心城市政府想管而无权管的问题。中央和省级政府如果能根据高等教育强国建设发展的需要，鼓励非省会中心城市政府积极管理和服务高校,授予其更多更具体的管理权力,这将在很大程度上有利于这一级政府的能动性和创造性的发挥,紧密结合本市经济社会发展需要,创新高等教育建设发展的理念、方法、路径和内容。在授权的同时,也将给政府增加建设发展和监管的职责、压力,自然而然地提升政府的责任心、使命感,进而把压力变为动力。因此,通过给非省会中心城市政府授权增压,这个问题能够得到化解,原来存在的非省会中心城市出台政策的"软弱性"、管理意愿的"软弱性"、管理能力的"软弱性"等一系列问题也就有可能迎刃而解。因为,其权责进一步增加和明确后,非省会中心城市政府管理所有的驻地高校时,就师出有名、名正言顺,同时对于出现的问题也责无旁贷,由此政府必然、必须履职尽责,想方设法地推动城市高等教育创新发展,积极研究制定政策,积极组织实施,其管理意愿和能力都将随之提升。

另外,针对制度法规和体制机制创新不够的问题,我们应探求哪些创新发展之策呢? 首先,要积极推进高等教育管理体制相关的制度和法规体系的建设与创新,有针对性地完善创新非省会中心城市政府积极履职尽责的考评制度,推动有利于提升高等教育创新发展积极性、主动性和责任感、使命感的制度体系建设,进而完善相关国家法律法规体系,给非省会中心城市政府授权、赋能、压责,其中包括创新完善国家和省有关高等教育、民办教育的法律法规,创新城市高等教育发展规划和相关规章制度体系。要建立完善和不断创新评价制度体系,包括评价城市所有高校服务城市高等教育发展水平的评价制度、政府支持服务高校评估制度等,通过建设实施一系列评价制度体系,建立起更加科学、务实、高效的城市高等教育运行机制。

### (二)构建政府引领主导的高等教育创新发展体系

当非省会中心城市政府获得授权,能够引领主导本市高等教育发展时,如果政府能够按照高等教育规律、结合本地实际进行科学谋划、组织、推动高等教育发展,成为城市高等教育创新发展的引领性主导力量,此时的城市高等教育能否实现创新发展,主要看政府和高校、市场三个维度的作用力结果是否大于零,也就是能否实现正增长。其中,理论上最佳组合应当是高校、市场两个维度的目标思路和举措与政府保持高度一致,这种情况下政府引领主导创新的作用力就可以发挥得淋漓尽致,高校全心协同配合政府的政策举措,市场资源能够在法规和政策的引领、刺激、推动下向高等教育汇聚,实现天时、地利、人和的最佳格局。

当然，一旦政府发展高等教育的思路和措施不是创新的、正确的，而是错误的，高校和市场如果依然跟着政府的要求走下去，城市高等教育不仅不能实现正确的创新发展，还会朝着错误的方向越走越远，给城市高等教育的发展带来困境乃至灾难。也有可能出现高校的思路方向与政府的配合不合拍、市场与政府的思路方向保持一致的情况，或者是市场的意愿与政府的配合不合拍、但高校与政府的理念思路一致，也就是出现只有一维动力与政府作用力同心同向的情况。在此类情况发生时，只要政府发展高等教育的创新力是正确的、是符合高等教育发展规律的，该城市政府主导的高等教育就有可能实现一定的创新发展，只是创新力会受到一些干扰，达不到最佳效果。其中，如果高校与政府主导的创新发展方向相反，其反作用力可能会比较大，因为高校作为城市高等教育政策的执行者，即使政府的思路和政策、措施再好，也可能很难有效落地。由此总结归纳，政府引领主导有力的情形下，非省会中心城市高等教育创新发展的良策是：政府创新引领主导强劲＋高校同心协力配合到位＋市场踊跃参与补位有效。

## 二、市场应对之策

如何基于市场参与高等教育发展的"软弱性"问题，寻求创新发展应对之策？我们可以通过建立和完善法律法规体系给市场参与高等教育发展赋权、增信、压责，有效激活市场潜力与动力。市场参与积极有效的情形下，城市高等教育创新发展之策是：市场参与积极科学有力量＋政府认可支持有度量＋高校紧密合作有质量。

### （一）瞄准市场参与的"软弱性"问题寻求创新发展之策

市场参与高等教育发展主要是投资兴办民办高等学校，其次是参与普通高校混合所有制的二级学院建设，以及公办高校建设发展中面向市场的一些发展项目，如后勤物业服务、基本建设、仪器设备购置、科研平台建设、人才联合培养。我国高等教育市场竞争尚处于非完全性竞争阶段，政府为了保障教育的公益性和办学质量、办学方向对市场参与高等教育的行为进行干预、监管，设置了诸多法规和政策限制，导致市场参与非省会中心城市高等教育能动性的"软弱"问题。

那么，怎么解决这一问题呢？在保证高等教育办学方向和质量的前提和基础上，政府除了对市场资本举办民办高等教育进行必要的监管外，应积极科学地放权搞活,通过建立完善有利于中国特色民办高等教育高质量发展的政策法规,让市场资源放心、用心、倾心地向民办高等教育汇聚,既能够放心投资办学,又能安心、用心、倾心地开展内涵建设,不断提高师资队伍水平和教育教学质量。从国家层面来说,应将民办高等教育与民办义务教育发展的目标原则区分开来,尽快制定完善有利于发展民办高等教育的法规或细则,用法律法规的形式为市场积极参与高等教育发展赋权、增信、明责、定标。至于市场参与公办高等学校发展中的某些环节,应参照政府购买服务的方式,将能够交给市场做的事大胆地交给市场,借助市场的效率提高高校办学的效率,使高校腾出更多精力、财力用于内涵建设和高质量发展。当然,在放权给市场的同时,必须对市场应履行的职责进行全面细致的设定,并抓好执行监督管控。所以说,放权搞活是创新解决市场参与的"软弱性"问题的应对之策。

### (二)基于市场参与积极有效的情形下的创新发展之策

社会主义市场经济体制建立以来,伴随着国家相关法律法规的出台,市场参与高等教育发展的积极性越来越高,兴办高校、参与民办高等教育建设发展的能动性得到有效激励;同时,市场还通过一些方式参与公办高校的建设发展,实现互利共赢,提高高校办学效能和质量。

在市场参与积极有效的情形下,政府与高校两个维度能否保持与市场的思路举措一致,是城市高等教育能否实现创新发展的关键一环。市场的一般原则是追求利润,但办中国特色社会主义高等教育,市场需要把公益、公平和提高办学质量摆在首位,要符合高等教育办学规律、符合城市高等教育发展趋势和需求、符合人民群众对高质量高等教育的需要,确保办学行为合法合规、科学规范。在这样一个前提基础上,政府才可能予以其肯定和支持。诚然,在符合法律规章的前提下,政府要创造良好的、宽松的发展环境,不能人为地设定条条框框。市场举办的民办高校必然会按照市场的要求指令,与其保持同心同向;与市场开展合作的公办高校也应从创新发展高等教育的大局出发,与其紧密合作,实现责权明晰、互利共赢。因此,市场参与积极有效的情形下非省会中心城市高等教育创新发展的良策是:市场参与积极科学有力量+政府认可支持有度量+高校紧密合作有质量。

### 三、高校应对之策

立足于高校"软弱性"问题寻找创新对策,高校积极争取赋权增资是应选之举,也就是政府应给本地高校一个监督政府各有关部门向本市高校进行高等教育资源应给全给或倾斜投放的赋权,力争把本市可用于高等教育的资源全部用来扶持、滋养本市高校。针对高校办学模式单一化、同质化发展等"软弱性"问题,要创新实践多种办学治校和特色化发展模式。高校自为情形前提下的创新发展良策是:高校自为创新有定力+政府支持鼓励善给力+市场积极参与乐助力。

### (一)瞄准高校的"软弱性"问题探求创新对策

尽管我国高等教育办学体制已由中央、省级二级管理逐步向中央、省级、城市三级管理体制变革,但城市这一级对高等教育的管理权限并不多。如果政府不重视把城市中所有可以用于本市高校发展的资源向本地高校汇聚,高校一般也不会真正关心城市高等教育整体发展问题。因此,在给城市政府授权的同时,政府应给本地高校一个权力——赋予本地高校监督政府各部门,是否把能够与本地高校合作的项目通过一定方式交给本地高校,真正实现校地互帮互助、互动共进、荣辱与共。

针对高校"筹财力"和"聚才力"比较"软弱"的问题,应采取哪些创新突破之策呢? 高校财力"软弱",主要根源是非省会中心城市高校主体是省属或市属高校,来自中央财政的资金少得可怜,而城市政府和社会给予省属高校的资金支持也是杯水车薪,市属高校得到的财政拨款基本上只够维持其基本办学。要解决这一问题,关键就是城市政府增加对本地高校的资金拨付力度。当然,要更好地化解这一问题,国家应在税制改革中给城市政府留出用于本地高等教育发展的专项财税,使城市政府发展高等教育有更多财力支撑。

如何破解高校办学模式单一化、同质化发展等"软弱性"问题呢? 从高校外部来看,我国公办高校要么是国家财政拨款,要么是省财政拨款,要么是市县财政拨款,每类高校的办学经费和管理体制模式都比较单一。对于一个城市来讲,不管高校是国家所属还是省市所属,都有责任义务参与或指导高校的建设发展,特别是部属和省属的高校。可以通过国家和省市共建、合建模式以及市场合作等多种办学治校模式,帮助高校既能获得国家、省级层面的资金、政策支持,还能获得驻地城市的资源支持,也能够充分合理地利用市场资源。另外,对于民办高校,也不应仅仅让市场自行调控,政府应借鉴相关经验做法,积极进行指导、督导。同时,通过一定的政策,明确给予民办高校财政拨款或者奖励,也可以通过政府入股的形式提升民办学校的办学治理水平,通过公有资本的参与和政策支持,吸引更多的市场资源投向高等教育,安心用心发展高等教育,政府也可以更规范、更有力地监管民办高校的办学方向和质量。从高校内部办学模式看,要解决高校追求学科门类综合化、培养模式趋同化的问题,高校应当根据各自学科专业特色,紧密结合城市经济社会发展需求,注重建设富有本校优势和特色的学科、专业、平台,坚持人无我有、人有我优、人优我特的人才培养理念,把培养有特色、高质量、符合区域经济社会发展需求的人才作为办学的终极目标来重视和推动。如若各高校都能够这样办学,城市高等教育将是一个富有活力、互为补充、相得益彰的体系,城市高等教育的创新力、竞争力、服务力必将不断提升。

另外,针对理论和理念创新不系统、不深入的问题,应主要由高校发挥理论研究"主力军"作用,鼓励引导更多学者在更深层次上关注这一领域的学术研究。既要从实践中总结凝练经验教训,发现或揭示相关发展的理性认识和规律,又要积极借鉴国内外城市高等教育的发展经验、理论和办学理念,积极运用多学科知识、多视角切入,进行思辨研究,系统分析和归纳演绎。要善于借鉴引用古今中外哲学、经济学、社会学、法学、动力学等学科领域的理论和理念,与非省会中心城市高等教育发展有机融合,指导推动城市高等教育实现创新发展。当然,城市高等教育"三维动力"各方都要积极进行改革创新实践,大胆干、勇敢闯、善开拓,闯出、干出新业绩、新模式、新天地,进而凝练提升形成新经验、新理论、新理念。

### (二)基于高校自为同心聚力发展情形的创新发展对策

如果高校在非省会中心城市政府不对其进行制约、管束的情况下,可以实现自为自主发展,这种情形下的城市高等教育怎样才能实现更好的创新发展?一方面,取决于高校选择的发展思路、举措是否有利于自身和城市高等教育的创新发展,并能够保持定力、锲而不舍地朝着既定目标奋勇前进。另一方面,还要看政府和市场两个要素的作用力是否与高校的发展方向一致,或者即使不能同向也要不反对或反作用力小于高校的力量。

这就要求高校按照自己的办学实际和高等教育发展规律进行自主发展,同时能够充分考虑、紧密结合非省会中心城市经济社会发展需求,特别是高等教育发展趋势,从而获得城市政府的赞同和全方位支持,这应当是实现该理想模式的关键要领。另外,高校的自主发展策略还要尽可能符合市场规则、市场需求,能够吸引市场乐于将其资源投向高校,乐于同高校合作共赢。综上所述,高

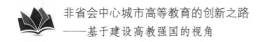
校自为同心聚力发展情形下的非省会中心城市高等教育创新发展良策是:高校自为创新有定力＋政府支持鼓励善给力＋市场积极参与乐助力。

# 本章小结

本章主要分析了非省会中心城市高等教育创新发展对策,阐释了非省会中心城市高等教育创新发展应包括的要素,剖析了非省会中心城市高等教育创新发展面临的困难问题和任务,阐明了四个方面的创新发展路径。同时,解析阐明了理想模式下政府的作用、高校的作用、市场的作用及其应担当的角色,归纳得出非省会中心城市高等教育创新发展的理想模式:政府引领主导有力＋高校自为同心聚力＋市场参与积极有效。从发展高等教育力量的"软弱性"问题视角找到政府应对之策:为非省会中心城市授权增压,解决政府管理意愿、管理能力"软弱性"问题;政府引领主导有力情形下的政府应对之策:政府创新引领主导强劲＋高校同心协力配合到位＋市场踊跃参与合理补位。基于市场参与高等教育发展的"软弱性"问题得出市场应对之策:给市场参与高等教育发展赋权增信,激活市场潜力;市场参与积极给力情形下的创新发展之策:市场参与积极科学有力量＋政府认可支持有度量＋高校紧密合作有质量。另外,立足于高校"软弱性"问题找到的高校应对之策:积极争取赋权增资;高校自为发展情形下的创新发展良策:高校自为创新有定力＋政府支持鼓励善给力＋市场积极参与乐助力。

# 第八章 结论与展望

本书运用多学科理论,系统分析了我国非省会中心城市高等教育发展历史、现状和存在的"软弱性"问题,从历史纵向和当前横向分别剖析阐释了青岛高等教育历史发展与现实境况。从建构"三维动力"模型和非省会中心城市高等教育创新发展的理想模式入手,本着问题导向、目标导向、需求导向原则,深入分析总结非省会中心城市高等教育的特征,探寻创新发展的对策,获得了一些有价值的研究结论,实现了一定的创新,对该主题未来研究趋势进行了预判与展望。

## 一、研究结论

除去绪论与研究结论部分,本书正文内容共有六章。每一部分所要解决的问题各有不同。第二章主要围绕高等教育与非省会中心城市的关系进行论述,着重进行相关概念和关系的界定廓清。第三章着重阐述非省会中心城市发展历史与现况、我国高等教育发展演变的特点、非省会中心城市高等教育发展与治理体制改革等背景,非省会中心城市高等教育创新发展面临的国际国内挑战、机遇与需要等发展愿景,总结归纳非省会中心城市高等教育具有的五大特征。第四章主要是分析论述非省会中心城市高等教育创新发展的动力机制,从不同理论视角看非省会中心城市高等教育,建构"三维动力"模型并分析不同情形式下"三维动力"的相互作用关系。第五章着力分析非省会中心城市高等教育中创新发展动力的"软弱性",找准存在的政府引领主导和高校自为、市场参与高等教育的"软弱性"问题。第六章围绕青岛市高等教育发展这一典型案例,从历史纵向和当前横向看"三维动力"如何推动青岛高等教育发展,总结归纳蕴含的规律与经验启示。第七章分析非省会中心城市高等教育创新发展的任务和主要问题,理出非省会中心城市高等教育创新发展的理想模式,提出非省会中心城市高等教育创新发展对策。结合高等教育发展的现状和一般规律,通观全书研究论述,可以得出如下几个结论。

### (一)非省会中心城市高等教育创新发展迈入充满机遇的新时代,在高教强国建设中的历史地位将日益显现

伴随着国家经济实力的不断攀升、高等教育强国战略的深入实施,我国高等教育布局的不平衡和发展的不充分与高教强国建设的矛盾将在一定时期内显得更加突出,解决这一矛盾问题已然成为实现高等教育由大到强转变的重要环节之一,非省会中心城市高等教育能否很好地创新发展是其中的重要突破口。高等教育地方化、普及化也为非省会中心城市高等教育加快发展、创新发展创造了许多难得的机遇,当然也带来不少的挑战,非省会中心城市高等教育必将在未来高等教育日益强大的进程中拥有举足轻重的地位。换句话说,我国高等教育强国建设和普及化水平的提升,应当更多地依赖非省会中心城市高等教育的提速扩容和提质增效,这是我国高等教育发展的历史必然。

### (二)非省会中心城市高等教育发展水平与中国式现代化建设密切相关,其量与质的"双提升"是实现我国高等教育现代化的应有之路

从研究综述中可以探寻和切实感受到,随着我国经济社会文化的繁荣发展,以及高等教育规模、结构和质量的不断改善,高等教育与城市发展的相关性越来越受到关注和重视。非省会中心城市已然成为中国式现代化建设的"生力军"和"潜力股",非省会中心城市高等教育创新发展是高等教育强国和现代化建设不可或缺的要素。没有非省会中心城市高等教育的发展,我国非省会中心城市的现代化将很难取得;没有非省会中心城市的现代化,难以真正实现高等教育强国和中国式现代化。高等教育区域结构不断调整优化,向广大非省会城市特别是非省会中心城市倾斜调整,是建设高等教育强国和中国式现代化的必由之路。我们应根据区域经济发展水平、人口密度等要素,有计划地加快推动非省会中心城市高等教育的规模扩大、结构优化和质量提升,也就是量与质的"双提升"。

### (三)我国非省会中心城市高等教育创新发展动力存在政府经济支撑力与行政推动力弱、高校聚才难与留才难等诸多"软弱性"问题

世界高等教育国际化和我国高等教育地方化、普及化为非省会中心城市高等教育的发展带来许多新机遇。与此同时,非省会中心城市高等教育发展也面临着诸多来自国际和国内的挑战,非省会中心城市政府对驻地高校的经济支撑力和行政推动力都存在相对"软弱"的突出问题,其中,财政收入、生产总值相对

"软弱"是经济支撑力弱小的两个主要方面。行政推动力"软弱"主要体现在行政管理权、管理意愿、管理能力都较弱。办学体制机制导致非市属高校助力本地高等教育发展动力的弱化,政府助力高校发展的机制也尚未有效调动高校的能动力。因为来源于中央财政的办学经费少和城市政府、社会给予资金支持的能力较软弱等,导致高校办学经费相对较少,助推非省会中心城市高等教育发展的驱动力也比较弱。非省会中心城市提供给人才的经济收益、城市环境吸引力、个人成长发展机会等存在不同程度的弱势,加上受直辖市和省会城市的虹吸效应、非省会中心城市人才发展政策创新力度不够、助力人才不断提升自我和高品质生活的后续服务保障机制不完善等因素影响,"聚才难"的问题困扰着非省会中心城市的高等教育发展。我国市场经济客观存在的"软弱性"和非省会中心城市高等教育市场发展的"软弱性"问题,也是制约城市高等教育创新发展的重要影响因子。

### (四)基于"三维动力"模型的运用和比对分析发现,政府引领主导是未来我国非省会中心城市高等教育创新发展的最重要动力

从城市政府引领主导、高校自为发展、市场参与推动三种高等教育创新发展情形呈现出来的"三维动力"相互作用来看,每种情形中都会有若干种组合的子情形,但只有当"三维动力"均按照科学的主导力量同心同向,形成最佳的高等教育发展合力,产生相互作用力的合力才是最大的。由此可见,发挥政府和市场两个维度的作用,特别是充分发挥政府引领主导和市场参与推动的作用力,是当前和今后一个时期我国非省会中心城市高等教育创新发展的主要动力,其中政府引领主导又是重中之重,是最重要的动力。所以说,在推进非省会中心城市高等教育创新发展实践中,应把如何发挥非省会中心城市政府引领主导作用摆在首位,进一步加大相关体制机制创新力度。

### (五)政府引领主导在青岛高等教育发展中发挥了关键作用,未来须通过更充分地发挥此作用来加快非省会中心城市高等教育的创新发展

通过对青岛这一典型的非省会中心城市高等教育发展的历史纵深和当前现实状况的剖析,可以十分清晰地看到,青岛高等教育从 20 世纪初开始酝酿诞生,是由当时的德国政府和清政府合力合资兴办的。后来的私立青岛大学如果没有当时青岛市政府的支持推动也很难办成,国立青岛大学、国立山东大学都是当时的国民政府力主举办的。中华人民共和国成立后,青岛高等教育的调

整、撤并、发展等主要是在国家和省市政府的主导下开展的。直到社会主义市场经济体制建立后,才有市场资本开始参与举办民办高等教育机构。当前一个时期,青岛高等教育大发展的良好态势也应主要归功于政府的积极主导引领、科学谋划布局、创新体制机制,着力推动形成了高等教育发展的合力。青岛作为我国典型的非省会中心城市,特别是其丰富的高等教育发展历程,使其发展经验教训更具有代表性、普适性。因此,青岛高等教育的发展历史和现实表现都清晰地表明,城市政府引领主导在我国非省会中心城市高等教育发展中的重要性,今后只有更加充分地调动和发挥此作用,才能有利于非省会中心城市高等教育创新发展和高等教育强国的早日实现。

**(六)促进非省会中心城市高等教育的创新发展,应坚持问题导向和目标导向,着力给政府"授权增压"、为市场"放权增责"、向高校"赋权增资"**

从政府、市场、高校中的每个要素存在的"软弱性"问题入手进行深入剖析,可以得出给政府"授权增压"、为市场"放权增责"、向高校"赋权增资",分别是政府、市场和高校破解"软弱性"问题的良策。从"三维动力"的系统作用入手,"政府创新引领主导强劲＋高校同心协力配合到位＋市场踊跃参与合理补位""市场参与积极科学有力量＋政府认可支持有度量＋高校紧密合作有质量""高校自为创新有定力＋政府支持鼓励善给力＋市场积极参与乐助力"分别是政府引领主导、市场参与推动、高校自为发展三种情形下非省会中心城市高等教育创新发展的理想之策。

## 二、研究创新与不足

本书在前人研究的基础上,遵循高等教育发展的一般规律,坚持问题导向、目标导向,力求研究问题、方法、视角、内容和观点的创新性。本书的主要创新点体现在五个方面:研究问题的新颖性,研究视角的独特性,研究方法的系统性,研究内容的典型性,研究观点的前瞻性。

### (一)聚焦尚未被重视和系统研究的问题

相关文献研究显示,到目前为止,学界有关城市高等教育的传统研究大部分聚焦于省会城市高等教育、中心城市高等教育、城市群高等教育或者直接研究某具体城市的高等教育,以"非省会中心城市高等教育"为主题的研究尚处于相对空白的阶段。本书通过系统全面的梳理汇总、比对分析国内外有关城市高等教育的研究成果,更加深入地洞悉掌握世界上有关城市高等教育发展的历史进程、目前的境况、发展的态势、存在的突出问题、形成的经验教训、蕴藏的一般规律,进而归纳出可复制、可推广的发展模式,研判和展望非省会中心城市高等教育未来创新发展的重点、难点,其中发现的许多新问题、总结的新经验、提出的新模式、得出的新结论等都具有一定的创新价值。另外,本书着重分析并阐释回答了几个方面的问题,即"怎样建构分析'三维动力'模型""非省会中心城市高等教育发展动力有哪些'软弱性'问题""理想模式下政府高校市场之间的关系如何""非省会中心城市高等教育创新发展有哪些规律",这些问题的提出及分析阐释,本身就包含着一些创新的理念、思路和研究范式。本书研究阐释这些问题,本身就是在高等教育的一个未知域中进行创新探索。

### (二)建构和运用"三维动力"模型分析非省会中心城市高等教育的发展

学习借鉴伯顿·克拉克"三角协调模式"等理论,创新性地提出和建构了"三维动力"模型,并以此为主要理论工具,通篇围绕政府、高校、市场"三维动力"的相互作用展开分析。本书既以政府、高校、市场三大要素中的每一个要素、维度为研究对象,进行微观层面的具体分析,又以三维立体相互作用形成的理想目标和模式为对象进行相对宏观的、系统的分析,同时还穿插分析其中的两维作用力之间的相互作用。如此从一维到二维再到三维的层层递进、点线面体同时交错分析探究,使得研究的深度、广度进一步提升,比对分析、综合研判、归纳推断也就更加辩证、系统、全面和准确,也更加富有新意,更有可能推导出新论断、得出新发现。

### (三)探索非省会中心城市高等教育创新发展规律

非省会中心城市高等教育作为一个系统、一项事业和一个事物,是不断变化、革新、发展的,其中的政府、市场和高校三大要素本身也在不断地变化发展着。其发展变化一定遵循着某些规律,也必定蕴藏着事物自身发展的客观规律,还可能表现出一些看似正确但实际上并不符合高等教育规律的假想和伪命题、伪道理。这些都需要我们不断深入研究挖掘、梳理总结和系统分析。非省会中心城市的发展,在不同阶段或不同的主导条件下会表现出某种特定模式及特殊形态,每种理想模式下的发展情形都有其独特的政府目标和措施、高校意愿和态度、市场意向和行为,也会有不同的思想、理念、路径、制度。其中,政府引领的高等教育创新发展情形下"政府引领主导创新发展准确有力度",高校自为的高等教育创新发展情形下"高校自为创新发展科学有内涵",市场参与的高等教育创新发展情形下"市场参与推动创新发展积极有效率",这些都是非省会中心城市高等教育实现理想创新发展模式的充分条件。在此基础上,只要另外两维动力均按照主导力方向积极发挥作用,该模式形成的高等教育创新发展的作用力必然是同等条件下最强的。

### (四)有新意的结论

本书紧扣非省会中心城市创新发展的问题,通过系统研究和案例分析,提出一些具有新意的思想观点。

1. 伴随高教强国和现代化建设,非省会中心城市高等教育应当进入创新提升加速期

纵观国内外高等教育发展历史进程和经验,我国非省会城市高等教育从无到有、由弱小到逐步强大,经历了萌芽成长期(1895～1949 年)、调整趋缓期(1949～1957 年)、加速发展期(1957～1993 年)、改革趋稳期(1993 年至今)等发展阶段。高等教育地方化、普及化和经济的全球化、高等教育国际化发展势不可挡,这些都为非省会中心城市高等教育创造了不同层面、不同程度的利好要素,也产生了来自国际和国内的诸多挑战。特别是面对 2035 年要基本实现社会主义现代化建设的目标使命和高等教育强国梦想,时间紧迫,时不我待,必须统筹好全国的高等教育"大盘",而不仅仅是侧重于省会城市的高等教育和"双一流"高校,非省会城市特别是非省会中心城市高等教育亟需加足马力、迎头赶上。因此,未来非省会中心城市高等教育应当进入"创新提升加速期"。

2. 非省会中心城市高等教育创新发展一般是"三维动力"相互作用的结果

城市高等教育是基于培养高级人才、进行科学研究和社会服务而形成的一个复杂的教育系统,是政府、高校、市场之间相互作用合力锻造的成果。这三个主体要素两两之间可以相互作用,也可以三个力量同时相互影响,最终汇聚形成一个作用于城市高等教育系统的合力。

3. 非省会中心城市高等教育的发展须解决授权、放权和赋权问题

从政府、市场、高校中各单维层面分析得出的非省会中心城市高等教育创新发展的对策"授权增压""放权增责""赋权增资",可以看到它们共同聚焦于一个"权"字。由此可以推断,围绕中央和省级政府给非省会中心城市建设和管理高等教育多"授权",给市场参与高等教育多"放权",为高校自为发展多"赋权",

是我国当前和今后非省会中心城市高等教育发展关键中的关键。也就是说,加快推进非省会中心城市高等教育创新发展,必须解决授权、放权和赋权问题。

4."三维动力"同向发力是非省会中心城市高等教育发展的必要条件,政府的引领主导是关键

在我国社会主义市场经济体制不断发展的现实环境下,应切实加强党对高等教育的领导,给城市政府授权压责,使其成为担当有为的政府,进而出台科学务实的政策法规来吸引、鼓励、推动市场积极参与城市高等教育发展,推动高校遵循高等教育办学规律和服务区域经济社会发展需要特别是政府的要求,办高质量的教育。劲儿往一处使,必然能实现城市高等教育的创新发展。其中最为关键的是政府作为高等教育的领导者、管理者,其办学方针政策必须是科学的、合时宜的。

本书在尝试进行些许创新的同时,也遇到了一些困难、存在一些不足,这是难以回避的客观事实,主要体现在两个方面:一是有关政府和高校相关数据资料的获取渠道不畅通,公开的统计数据不能满足研究的需要。二是有关"三维动力"模型的构建,还只停留在理论模型阶段,尚未建构起能够进行科学计算分析的数学模型。

## 三、未来展望

论述至此,本书的相关工作已接近尾声。"路漫漫其修远兮,吾将上下而求索"。为了弥补本书的不足与缺陷,笔者会在后续的研究工作中进一步拓展和下移研究视角,着力提升定量研究的科学性、系统性和定性研究的合理性、现实性,并对研究结论进行进一步修正。在接下来的研究中,笔者需要围绕"三维动力"模型的量化研究,设计符合本书需要的指标体系,建立数理模型。

同时,进行深入的调查研究,主动联系和争取尽可能多的非省会中心城市的政府和高校、市场主体,邀请政府教育部门、高校和市场主体进行合作与联合攻关,力求获得有代表性的样本和客观真实的数据,并据此进行深入探析,提出更有针对性、科学性的建议对策。

# 附录1　我国各省级单位(港澳台及直辖市除外)非省会中心城市高等教育2016年有关情况统计一览表

| 省份 | 城市(高校数) | 高校 | 在校学生数(个) |
|---|---|---|---|
| 湖南省 | 岳阳(共5所) | 湖南理工学院 | 17000 |
| | | 湖南理工学院南湖学院 | 6000 |
| | | 岳阳职业技术学院 | 16000 |
| | | 湖南石油化工职业技术学院 | 4000 |
| | | 湖南民族职业学院 | 13000 |
| | 合计 | | 56000 |
| | 怀化(共3所) | 怀化学院 | 18057 |
| | | 湖南医药学院 | 8995 |
| | | 怀化职业技术学院 | 8000 |
| | 合计 | | 35052 |
| | 郴州(共3所) | 湘南学院 | 19532 |
| | | 郴州职业技术学院 | 8000 |
| | | 湘南幼儿师范高等专科学校 | 8000 |
| | 合计 | | 35532 |
| 湖北省 | 宜昌(共5所) | 三峡大学 | 26817 |
| | | 三峡大学科技学院 | 10300 |
| | | 湖北三峡职业技术学院 | 16200 |
| | | 三峡电力职业学院 | 10000 |
| | | 三峡旅游职业技术学院 | 4546 |
| | 合计 | | 67863 |

续表

| 省份 | 城市(高校数) | 高校 | 在校学生数(个) |
|---|---|---|---|
| 湖北省 | 襄阳(共 4 所) | 湖北文理学院 | 17000 |
| | | 湖北文理学院理工学院 | 6000 |
| | | 襄阳职业技术学院 | 20000 |
| | | 襄阳汽车职业技术学院 | 6500 |
| | 合计 | | 49500 |
| | 黄石(共 4 所) | 湖北师范大学 | 20000 |
| | | 湖北理工学院 | 16310 |
| | | 湖北师范大学文理学院 | 6000 |
| | | 湖北工程职业学院 | 10000 |
| | 合计 | | 52310 |
| 四川省 | 绵阳(共 10 所) | 西南科技大学 | 36000 |
| | | 绵阳师范学院 | 19000 |
| | | 西南财经大学天府学院 | 23964 |
| | | 四川文化艺术学院 | 16000 |
| | | 西南科技大学城市学院 | 10000 |
| | | 绵阳职业技术学院 | 11000 |
| | | 四川中医药高等专科学校 | 13000 |
| | | 四川幼儿师范高等专科学校 | 11000 |
| | | 四川汽车职业技术学院 | 8000 |
| | | 四川电子机械职业技术学院 | 10214 |
| | 合计 | | 158178 |
| | 乐山(共 3 所) | 乐山师范学院 | 18000 |
| | | 成都理工大学工程技术学院 | 20000 |
| | | 乐山职业技术学院 | 18000 |
| | 合计 | | 56000 |
| | 南充(共 5 所) | 川北医学院 | 18000 |
| | | 西华师范大学 | 33000 |
| | | 西南交通大学希望学院 | 15000 |

续表

| 省份 | 城市（高校数） | 高校 | 在校学生数（个） |
|---|---|---|---|
| 四川省 | 南充（共5所） | 南充科技职业学院 | 3000 |
| | | 南充职业技术学院 | 14404 |
| | 合计 | | 83404 |
| | 泸州（共5所） | 西南医科大学 | 20000 |
| | | 四川警察学院 | 5391 |
| | | 四川化工职业技术学院 | 8000 |
| | | 泸州职业技术学院 | 12000 |
| | | 四川三河职业学院 | 5400 |
| | 合计 | | 50791 |
| 云南省 | 曲靖（共4所） | 曲靖师范学院 | 15000 |
| | | 云南能源职业技术学院 | 11653 |
| | | 曲靖医学高等专科学校 | 8400 |
| | | 曲靖职业技术学院 | 3500 |
| | 合计 | | 38553 |
| 贵州省 | 遵义（共7所） | 遵义医学院 | 16000 |
| | | 遵义师范学院 | 15507 |
| | | 遵义医学院医学与科技学院 | 8000 |
| | | 茅台学院 | 1749 |
| | | 贵州航天职业技术学院 | 8000 |
| | | 遵义职业技术学院 | 11000 |
| | | 遵义医药高等专科学校 | 12670 |
| | 合计 | | 72926 |
| | 六盘水（共3所） | 六盘水师范学院 | 11500 |
| | | 六盘水职业技术学院 | 8000 |
| | | 六盘水幼儿师范高等专科学校 | 8000 |
| | 合计 | | 27500 |
| | 铜仁（共5所） | 铜仁学院 | 7938 |
| | | 铜仁职业技术学院 | 21432 |

我国各省级单位(港澳台及直辖市除外)非省会中心城市高等教育 2016 年有关情况统计一览表

续表

| 省份 | 城市(高校数) | 高校 | 在校学生数(个) |
|---|---|---|---|
| 贵州省 | 铜仁(共 5 所) | 铜仁幼儿师范高等专科学校 | 9764 |
| | | 贵州工程职业学院 | 11000 |
| | | 贵州健康职业学院 | 10000 |
| | 合计 | | 60134 |
| 新疆维吾尔自治区 | 喀什(共 1 所) | 喀什大学 | 14832 |
| | 合计 | | 14832 |
| 青海省 | 海东(共 1 所) | 青海高等职业技术学院 | 5000 |
| | 合计 | | 5000 |
| 甘肃省 | 酒泉(共 3 所) | 酒泉职业技术学院 | 8000 |
| | | 兰州理工大学新能源学院 | 500 |
| | | 西北师范大学敦煌学院 | 200 |
| | 合计 | | 8700 |
| | 天水(共 4 所) | 天水师范学院 | 16124 |
| | | 甘肃林业职业技术学院 | 9200 |
| | | 甘肃工业职业技术学院 | 8177 |
| | | 甘肃机电职业技术学院 | 7856 |
| | 合计 | | 41357 |
| 宁夏回族自治区 | 固原(共 1 所) | 宁夏师范学院 | 6294 |
| | 合计 | | 6294 |
| 内蒙古自治区 | 包头(共 5 所) | 内蒙古科技大学 | 26167 |
| | | 包头职业技术学院 | 9199 |
| | | 包头轻工职业技术学院 | 15000 |
| | | 包头钢铁职业技术学院 | 6000 |
| | | 包头铁道职业技术学院 | 11000 |
| | 合计 | | 67366 |
| 陕西省 | 宝鸡(共 4 所) | 宝鸡文理学院 | 20000 |
| | | 宝鸡职业技术学院 | 16000 |
| | | 陕西机电职业技术学院 | 5000 |

续表

| 省份 | 城市(高校数) | 高校 | 在校学生数(个) |
|---|---|---|---|
| 陕西省 | 宝鸡(共4所) | 宝鸡三和职业学院 | 4000 |
| | | 合计 | 45000 |
| | 榆林(共2所) | 榆林学院 | 13000 |
| | | 榆林职业技术学院 | 8000 |
| | | 合计 | 21000 |
| | 汉中(共3所) | 陕西理工学院 | 20000 |
| | | 陕西航空职业技术学院 | 9000 |
| | | 汉中职业技术学院 | 11000 |
| | | 合计 | 40000 |
| | 渭南(共3所) | 渭南师范学院 | 17000 |
| | | 陕西铁路工程职业技术学院 | 16000 |
| | | 渭南职业技术学院 | 11115 |
| | | 合计 | 44115 |
| 山西省 | 大同(共3所) | 山西大同大学 | 27506 |
| | | 大同煤炭职业技术学院 | 6200 |
| | | 大同师范高等专科学校 | 3306 |
| | | 合计 | 37012 |
| | 运城(共7所) | 运城学院 | 20900 |
| | | 山西水利职业技术学院 | 8557 |
| | | 山西运城农业职业技术学院 | 189 |
| | | 运城幼儿师范高等专科学校 | 6855 |
| | | 运城职业技术学院 | 5460 |
| | | 运城护理职业学院 | 6000 |
| | | 运城师范高等专科学校 | 6000 |
| | | 合计 | 53961 |
| | 长治(共5所) | 长治医学院 | 11486 |
| | | 长治学院 | 12689 |
| | | 长治职业技术学院 | 4000 |

我国各省级单位(港澳台及直辖市除外)非省会中心城市高等教育 2016 年有关情况统计一览表

| 省份 | 城市(高校数) | 高校 | 在校学生数(个) |
|---|---|---|---|
| 山西省 | 长治(共5所) | 山西机电职业技术学院 | 7400 |
| | | 潞安职业技术学院 | 2600 |
| | 合计 | | 38175 |
| 河南省 | 洛阳(共7所) | 河南科技大学 | 41000 |
| | | 洛阳师范学院 | 28000 |
| | | 洛阳理工学院 | 28800 |
| | | 河南林业职业学院 | 7019 |
| | | 河南推拿职业学院 | 6000 |
| | | 洛阳职业技术学院 | 15000 |
| | | 洛阳科技职业学院 | 4000 |
| | 合计 | | 129819 |
| | 开封(共5所) | 河南大学 | 50000 |
| | | 河南大学民生学院 | 15000 |
| | | 开封大学 | 14367 |
| | | 黄河水利职业技术学院 | 21000 |
| | | 开封文化艺术职业学院 | 10000 |
| | 合计 | | 110367 |
| | 南阳(共6所) | 南阳师范学院 | 26350 |
| | | 南阳理工学院 | 20000 |
| | | 河南工业职业技术学院 | 21000 |
| | | 南阳医学高等专科学校 | 11500 |
| | | 南阳职业学院 | 7300 |
| | | 南阳农业职业学院 | 9000 |
| | 合计 | | 95150 |
| 河北省 | 唐山(共11所) | 华北理工大学 | 34423 |
| | | 唐山师范学院 | 17871 |
| | | 唐山学院 | 17096 |
| | | 华北理工大学轻工学院 | 15000 |

续表

| 省份 | 城市(高校数) | 高校 | 在校学生数(个) |
|---|---|---|---|
| 河北省 | 唐山(共11所) | 华北理工大学冀唐学院 | 8000 |
| | | 河北能源职业技术学院 | 3500 |
| | | 唐山职业技术学院 | 12000 |
| | | 唐山工业职业技术学院 | 16000 |
| | | 唐山科技职业技术学院 | 3000 |
| | | 唐山幼儿师范高等专科学校 | 400 |
| | | 曹妃甸职业技术学院 | 2017年招生 |
| | 合计 | | 127290 |
| | 保定(共16所) | 河北大学 | 42000 |
| | | 河北农业大学 | 39731 |
| | | 保定学院 | 15000 |
| | | 河北金融学院 | 11800 |
| | | 中央司法警官学院 | 6264 |
| | | 河北科技学院 | 20000 |
| | | 河北大学工商学院 | 16000 |
| | | 华北电力大学科技学院 | 7000 |
| | | 河北农业大学现代科技学院 | 8500 |
| | | 中国地质大学长城学院 | 14000 |
| | | 河北软件职业技术学院 | 10500 |
| | | 保定职业技术学院 | 12200 |
| | | 保定电力职业技术学院 | 4000 |
| | | 冀中职业学院 | 2500 |
| | | 保定幼儿师范高等专科学校 | 5268 |
| | | 河北工艺美术职业学院 | 3000 |
| | 合计 | | 217763 |
| | 邯郸(共5所) | 河北工程大学 | 26544 |
| | | 邯郸学院 | 14798 |
| | | 河北工程大学科信学院 | 10000 |

我国各省级单位(港澳台及直辖市除外)非省会中心城市高等教育 2016 年有关情况统计一览表

续表

| 省份 | 城市(高校数) | 高校 | 在校学生数(个) |
|---|---|---|---|
| 河北省 | 邯郸(共 5 所) | 邯郸职业技术学院 | 15000 |
| | | 河北司法警官职业学院 | 4622 |
| | 合计 | | 70964 |
| 山东省 | 青岛(共 20 所) | 中国海洋大学 | 27300 |
| | | 山东科技大学 | 36127 |
| | | 中国石油大学(华东) | 19000 |
| | | 青岛科技大学 | 37931 |
| | | 青岛理工大学 | 34279 |
| | | 青岛农业大学 | 30000 |
| | | 青岛滨海学院 | 20000 |
| | | 青岛大学 | 46000 |
| | | 青岛恒星科技学院 | 13206 |
| | | 青岛黄海学院 | 20000 |
| | | 青岛理工大学琴岛学院 | 16000 |
| | | 青岛工学院 | 11519 |
| | | 北京电影学院现代创意媒体学院 | 2000 |
| | | 青岛职业技术学院 | 11800 |
| | | 青岛飞洋职业技术学院 | 9600 |
| | | 山东外贸职业学院 | 10000 |
| | | 青岛酒店管理职业技术学院 | 14000 |
| | | 青岛港湾职业技术学院 | 12000 |
| | | 青岛求实职业技术学院 | 18000 |
| | | 青岛远洋船员职业学院 | 4800 |
| | 合计 | | 393562 |
| | 烟台(共 13 所) | 鲁东大学 | 31000 |
| | | 烟台大学 | 30000 |
| | | 山东工商学院 | 20851 |
| | | 烟台南山学院 | 20000 |

续表

| 省份 | 城市(高校数) | 高校 | 在校学生数(个) |
|---|---|---|---|
| 山东省 | 烟台(共13所) | 烟台大学文经学院 | 13000 |
| | | 青岛农业大学海都学院 | 8083 |
| | | 烟台职业学院 | 16000 |
| | | 烟台工程职业技术学院 | 7100 |
| | | 山东中医药高等专科学校 | 12000 |
| | | 山东商务职业学院 | 15000 |
| | | 烟台汽车工程职业学院 | 12300 |
| | | 山东文化产业职业学院 | 35000 |
| | | 烟台黄金职业学院 | 5000 |
| | 合计 | | 225334 |
| | 临沂(共3所) | 临沂大学 | 40000 |
| | | 山东医学高等专科学校 | 19188 |
| | | 临沂职业学院 | 10950 |
| | 合计 | | 70138 |
| 江苏省 | 无锡(共13所) | 江南大学 | 30378 |
| | | 无锡太湖学院 | 19000 |
| | | 南京信息工程大学滨江学院 | 10000 |
| | | 无锡职业技术学院 | 13800 |
| | | 无锡科技职业学院 | 7200 |
| | | 无锡商业职业技术学院 | 13000 |
| | | 太湖创意职业技术学院 | 880 |
| | | 无锡南洋职业技术学院 | 4500 |
| | | 江南影视艺术职业学院 | 4197 |
| | | 江苏信息职业技术学院 | 12000 |
| | | 江阴职业技术学院 | 6000 |
| | | 无锡城市职业技术学院 | 10000 |
| | | 无锡工艺职业技术学院 | 8000 |
| | 合计 | | 138955 |

我国各省级单位(港澳台及直辖市除外)非省会中心城市高等教育 2016 年有关情况统计一览表

续表

| 省份 | 城市(高校数) | 高校 | 在校学生数(个) |
|---|---|---|---|
| 江苏省 | 南通(共9所) | 南通大学 | 40000 |
| | | 南通理工学院 | 11000 |
| | | 南通大学杏林学院 | 11500 |
| | | 江苏工程职业技术学院 | 10000 |
| | | 南通职业大学 | 18000 |
| | | 南通科技职业学院 | 10000 |
| | | 南通航运职业技术学院 | 2000 |
| | | 江苏商贸职业学院 | 8831 |
| | | 南通师范高等专科学校 | 8600 |
| | | 合计 | 119931 |
| | 淮安(共7所) | 淮阴师范学院 | 20000 |
| | | 淮阴工学院 | 21000 |
| | | 淮安信息职业技术学院 | 11000 |
| | | 炎黄职业技术学院 | 5000 |
| | | 江苏食品药品职业技术学院 | 11000 |
| | | 江苏财经职业技术学院 | 8845 |
| | | 江苏护理职业学院 | 7000 |
| | | 合计 | 83845 |
| | 苏州(共25所) | 苏州大学 | 38102 |
| | | 苏州科技大学 | 17800 |
| | | 常熟理工学院 | 18150 |
| | | 苏州大学文正学院 | 10700 |
| | | 苏州大学应用技术学院 | 7300 |
| | | 苏州科技大学天平学院 | 8261 |
| | | 江苏科技大学苏州理工学院 | 6000 |
| | | 西交利物浦大学 | 10554 |
| | | 苏州工艺美术职业技术学院 | 5000 |
| | | 苏州农业职业技术学院 | 8000 |

续表

| 省份 | 城市(高校数) | 高校 | 在校学生数(个) |
|---|---|---|---|
| 江苏省 | 苏州(共25所) | 苏州经贸职业技术学院 | 10000 |
| | | 苏州卫生职业技术学院 | 8000 |
| | | 苏州工业园区服务外包职业学院 | 5300 |
| | | 苏州信息职业技术学院 | 5000 |
| | | 苏州市职业大学 | 13522 |
| | | 苏州工业职业技术学院 | 8000 |
| | | 苏州幼儿师范高等专科学校 | 2400 |
| | | 沙洲职业工学院 | 4439 |
| | | 苏州健雄职业技术学院 | 4940 |
| | | 苏州百年职业学院 | 1840 |
| | | 苏州工业园区职业技术学院 | 4275 |
| | | 苏州托普信息职业技术学院 | 4335 |
| | | 硅湖职业技术学院 | 6600 |
| | | 昆山登云科技职业学院 | 4600 |
| | | 苏州高博软件技术职业学院 | 8000 |
| | 合计 | | 221118 |
| | 徐州(共12所) | 中国矿业大学 | 31777 |
| | | 徐州医科大学 | 14006 |
| | | 江苏师范大学 | 19472 |
| | | 徐州工程学院 | 22100 |
| | | 中国矿业大学徐海学院 | 7900 |
| | | 江苏师范大学科文学院 | 8819 |
| | | 江苏建筑职业技术学院 | 12971 |
| | | 徐州工业职业技术学院 | 12000 |
| | | 徐州幼儿师范高等专科学校 | 5000 |
| | | 徐州生物工程职业技术学院 | 6000 |
| | | 江苏安全技术职业学院 | 8700 |
| | | 九州职业技术学院 | 4000 |
| | 合计 | | 152745 |

续表

| 省份 | 城市(高校数) | 高校 | 在校学生数(个) |
|------|------|------|------|
| 安徽省 | 芜湖(共10所) | 安徽工程大学 | 22000 |
| | | 皖南医学院 | 24000 |
| | | 安徽师范大学 | 23700 |
| | | 安徽信息工程学院 | 10000 |
| | | 安徽师范大学皖江学院 | 35000 |
| | | 芜湖职业技术学院 | 20000 |
| | | 安徽商贸职业技术学院 | 12000 |
| | | 安徽中医药高等专科学校 | 9000 |
| | | 安徽机电职业技术学院 | 10000 |
| | | 安徽扬子职业技术学院 | 4730 |
| | | 合计 | 170430 |
| | 蚌埠(共6所) | 蚌埠医学院 | 14003 |
| | | 安徽财经大学 | 21016 |
| | | 蚌埠学院 | 14627 |
| | | 安徽财经大学商学院 | 5408 |
| | | 安徽电子信息职业技术学院 | 7039 |
| | | 蚌埠经济技术职业学院 | 3000 |
| | | 合计 | 65093 |
| | 安庆(共5所) | 安庆师范大学 | 20000 |
| | | 安庆职业技术学院 | 9000 |
| | | 安庆医药高等专科学校 | 8000 |
| | | 桐城师范高等专科学校 | 5000 |
| | | 安徽黄梅戏艺术职业学院 | 779 |
| | | 合计 | 42779 |
| 浙江省 | 宁波(共14所) | 浙江万里学院 | 20000 |
| | | 宁波工程学院 | 13500 |
| | | 宁波大学 | 16856 |
| | | 宁波财经学院 | 20000 |
| | | 浙江大学宁波理工学院 | 10873 |

续表

| 省份 | 城市(高校数) | 高校 | 在校学生数(个) |
|---|---|---|---|
| 浙江省 | 宁波(共14所) | 宁波大学科学技术学院 | 9990 |
| | | 宁波诺丁汉大学 | 8000 |
| | | 宁波职业技术学院 | 9000 |
| | | 宁波城市职业技术学院 | 10000 |
| | | 浙江工商职业技术学院 | 9800 |
| | | 浙江医药高等专科学校 | 8200 |
| | | 浙江纺织服装职业技术学院 | 10000 |
| | | 宁波卫生职业技术学院 | 6700 |
| | | 宁波幼儿师范高等专科学校 | 4000 |
| | | 合计 | 156919 |
| | 温州(共11所) | 温州医科大学 | 13328 |
| | | 温州大学 | 16754 |
| | | 温州医科大学仁济学院 | 7000 |
| | | 温州大学瓯江学院 | 8058 |
| | | 温州商学院 | 8000 |
| | | 温州肯恩大学 | 2500 |
| | | 温州职业技术学院 | 11100 |
| | | 浙江工贸职业技术学院 | 10000 |
| | | 浙江东方职业技术学院 | 8000 |
| | | 温州科技职业学院 | 9700 |
| | | 浙江安防职业技术学院 | 4000 |
| | | 合计 | 98440 |
| | 金华(共7所) | 浙江师范大学 | 26000 |
| | | 浙江师范大学行知学院 | 8000 |
| | | 上海财经大学浙江学院 | 6000 |
| | | 金华职业技术学院 | 20000 |
| | | 义乌工商职业技术学院 | 8800 |
| | | 浙江广厦建设职业技术学院 | 8000 |
| | | 浙江横店影视职业学院 | 6000 |
| | | 合计 | 82800 |

我国各省级单位(港澳台及直辖市除外)非省会中心城市高等教育 2016 年有关情况统计一览表

续表

| 省份 | 城市(高校数) | 高校 | 在校学生数(个) |
|---|---|---|---|
| 福建省 | 厦门(共16所) | 厦门大学 | 40000 |
| | | 集美大学 | 27000 |
| | | 厦门理工学院 | 19943 |
| | | 厦门医学院 | 6500 |
| | | 厦门华厦学院 | 4406 |
| | | 厦门工学院 | 10000 |
| | | 集美大学诚毅学院 | 14000 |
| | | 厦门海洋职业技术学院 | 10000 |
| | | 厦门演艺职业学院 | 1000 |
| | | 厦门华天涉外职业技术学院 | 6290 |
| | | 厦门城市职业学院 | 6818 |
| | | 厦门兴才职业技术学院 | 6000 |
| | | 厦门软件职业技术学院 | 8000 |
| | | 厦门南洋职业学院 | 10000 |
| | | 厦门东海职业技术学院 | 3000 |
| | | 厦门安防科技职业学院 | 4000 |
| | 合计 | | 176957 |
| | 泉州(共18所) | 华侨大学 | 25551 |
| | | 泉州师范学院 | 18000 |
| | | 仰恩大学 | 24000 |
| | | 闽南理工学院 | 15000 |
| | | 福建师范大学闽南科技学院 | 7400 |
| | | 泉州信息工程学院 | 7038 |
| | | 黎明职业大学 | 14000 |
| | | 福建电力职业技术学院 | 1600 |
| | | 泉州医学高等专科学校 | 9014 |
| | | 泉州纺织服装职业学院 | 3000 |
| | | 泉州华光职业学院 | 5000 |

续表

| 省份 | 城市(高校数) | 高校 | 在校学生数(个) |
|---|---|---|---|
| 福建省 | 泉州(共18所) | 泉州理工职业学院 | 5944 |
| | | 泉州经贸职业技术学院 | 6000 |
| | | 泉州工艺美术职业学院 | 4000 |
| | | 泉州海洋职业学院 | 2000 |
| | | 泉州轻工职业学院 | 7000 |
| | | 泉州幼儿师范高等专科学校 | 5000 |
| | | 泉州工程职业技术学院 | 3000 |
| | | | |
| | 合计 | | 162547 |
| 江西省 | 九江(共7所) | 九江学院 | 34000 |
| | | 南昌大学共青学院 | 4719 |
| | | 九江职业大学 | 16600 |
| | | 九江职业技术学院 | 20000 |
| | | 江西财经职业学院 | 13000 |
| | | 江西枫林涉外经贸职业学院 | 3000 |
| | | 共青科技职业学院 | 6041 |
| | 合计 | | 97360 |
| | 赣州(共10所) | 赣南医学院 | 12810 |
| | | 赣南师范大学 | 20000 |
| | | 江西理工大学应用科学学院 | 8000 |
| | | 赣南师范大学科技学院 | 3900 |
| | | 江西理工大学 | 33000 |
| | | 赣州职业技术学院 | 3000 |
| | | 江西环境工程职业学院 | 12000 |
| | | 江西应用技术职业学院 | 12600 |
| | | 赣州师范高等专科学校 | 11640 |
| | | 赣南卫生健康职业学院 | 2000 |
| | 合计 | | 118950 |

续表

| 省份 | 城市(高校数) | 高校 | 在校学生数(个) |
|---|---|---|---|
| 广东省 | 深圳(共 8 所) | 深圳大学 | 41164 |
| | | 南方科技大学 | 4089 |
| | | 香港中文大学(深圳) | 5600 |
| | | 深圳北理莫斯科大学 | 461 |
| | | 深圳技术大学 | 22750 |
| | | 深圳职业技术学院 | 23845 |
| | | 广东新安职业技术学院 | 4300 |
| | | 深圳信息职业技术学院 | 16000 |
| | | 合计 | 118209 |
| | 汕头(共 3 所) | 汕头大学 | 12291 |
| | | 广东以色列理工学院 | 741 |
| | | 汕头职业技术学院 | 9932 |
| | | 合计 | 22964 |
| | 湛江(共 6 所) | 广东海洋大学 | 33000 |
| | | 广东医科大学 | 20000 |
| | | 岭南师范学院 | 23000 |
| | | 广东海洋大学寸金学院 | 22000 |
| | | 广东文理职业学院 | 8545 |
| | | 湛江幼儿师范专科学校 | 10326 |
| | | 合计 | 116871 |
| 海南省 | 三亚(共 6 所) | 海南热带海洋学院 | 18200 |
| | | 三亚学院 | 20859 |
| | | 三亚城市职业学院 | 2000 |
| | | 三亚航空旅游职业学院 | 8000 |
| | | 三亚理工职业学院 | 5000 |
| | | 三亚中瑞酒店管理职业学院 | 3600 |
| | | 合计 | 57659 |

续表

| 省份 | 城市(高校数) | 高校 | 在校学生数(个) |
|---|---|---|---|
| 广西壮族<br>自治区 | 柳州(共6所) | 广西科技大学 | 29000 |
| | | 广西科技大学鹿山学院 | 12000 |
| | | 柳州职业技术学院 | 13000 |
| | | 广西生态工程职业技术学院 | 12000 |
| | | 柳州铁道职业技术学院 | 14115 |
| | | 柳州城市职业学院 | 15578 |
| | | 合计 | 95693 |
| | 桂林(共9所) | 桂林电子科技大学 | 41000 |
| | | 桂林理工大学 | 34000 |
| | | 桂林医学院 | 30000 |
| | | 广西师范大学 | 27000 |
| | | 桂林航天工业学院 | 15650 |
| | | 桂林旅游学院 | 13000 |
| | | 广西师范大学漓江学院 | 12312 |
| | | 桂林电子科技大学信息科技学院 | 12600 |
| | | 桂林理工大学博文管理学院 | 13000 |
| | | 合计 | 198562 |
| 黑龙江省 | 齐齐哈尔<br>(共6所) | 齐齐哈尔大学 | 25731 |
| | | 齐齐哈尔医学院 | 16703 |
| | | 齐齐哈尔工程学院 | 6325 |
| | | 齐齐哈尔高等师范专科学校 | 5000 |
| | | 黑龙江交通职业技术学院 | 10468 |
| | | 齐齐哈尔理工职业学院 | 880 |
| | | 合计 | 65107 |
| | 大庆(共5所) | 东北石油大学 | 23848 |
| | | 黑龙江八一农垦大学 | 16300 |
| | | 大庆师范学院 | 10647 |
| | | 大庆职业学院 | 2386 |
| | | 大庆医学高等专科学校 | 3201 |
| | | 合计 | 56382 |

我国各省级单位(港澳台及直辖市除外)非省会中心城市高等教育 2016 年有关情况统计一览表

续表

| 省份 | 城市(高校数) | 高校 | 在校学生数(个) |
|---|---|---|---|
| 黑龙江省 | 佳木斯(共 4 所) | 佳木斯大学 | 23957 |
| | | 黑龙江农业职业技术学院 | 6016 |
| | | 黑龙江三江美术职业学院 | 2380 |
| | | 佳木斯职业学院 | 5569 |
| | 合计 | | 37922 |
| 吉林省 | 吉林(共 8 所) | 东北电力大学 | 20000 |
| | | 吉林化工学院 | 16500 |
| | | 北华大学 | 26926 |
| | | 吉林农业科技学院 | 12100 |
| | | 吉林医药学院 | 9923 |
| | | 吉林电子信息职业技术学院 | 10000 |
| | | 吉林工业职业技术学院 | 4900 |
| | | 吉林铁道职业技术学院 | 10128 |
| | 合计 | | 110477 |
| | 延吉(共 3 所) | 延边大学 | 24257 |
| | | 延边职业技术学院 | 7000 |
| | | 吉林职业技术学院 | 6700 |
| | 合计 | | 37957 |
| 辽宁省 | 大连(共 30 所) | 大连理工大学 | 36625 |
| | | 大连交通大学 | 17036 |
| | | 大连海事大学 | 20000 |
| | | 大连工业大学 | 14800 |
| | | 大连海洋大学 | 13600 |
| | | 大连医科大学 | 13200 |
| | | 辽宁师范大学 | 18400 |
| | | 大连外国语大学 | 14282 |
| | | 东北财经大学 | 16275 |
| | | 辽宁对外经贸学院 | 11780 |

续表

| 省份 | 城市（高校数） | 高校 | 在校学生数（个） |
|---|---|---|---|
| 辽宁省 | 大连（共 30 所） | 大连大学 | 16000 |
| | | 辽宁警察学院 | 4880 |
| | | 大连民族大学 | 15000 |
| | | 大连理工大学城市学院 | 8700 |
| | | 大连工业大学艺术与信息工程学院 | 7500 |
| | | 大连科技学院 | 12000 |
| | | 大连医科大学中山学院 | 5368 |
| | | 大连财经学院 | 11000 |
| | | 大连艺术学院 | 12500 |
| | | 大连东软信息学院 | 15000 |
| | | 大连职业技术学院 | 10800 |
| | | 辽宁税务高等专科学校 | 2000 |
| | | 大连商务职业学院 | 6000 |
| | | 大连软件职业学院 | 3000 |
| | | 大连翻译职业学院 | 未查到 |
| | | 大连枫叶职业技术学院 | 6400 |
| | | 大连航运职业技术学院 | 5000 |
| | | 大连装备制造职业技术学院 | 5000 |
| | | 大连汽车职业技术学院 | 1600 |
| | | 辽宁轻工职业学院 | 6600 |
| | 合计 | | 330346 |
| | 锦州（共 9 所） | 辽宁工业大学 | 14000 |
| | | 锦州医科大学 | 12910 |
| | | 渤海大学 | 21900 |
| | | 锦州医科大学医疗学院 | 6900 |
| | | 辽宁理工学院 | 6000 |
| | | 锦州师范高等专科学校 | 7000 |
| | | 辽宁理工职业学院 | 5261 |

我国各省级单位(港澳台及直辖市除外)非省会中心城市高等教育 2016 年有关情况统计一览表

续表

| 省份 | 城市(高校数) | 高校 | 在校学生数(个) |
|---|---|---|---|
| 辽宁省 | 锦州(共 9 所) | 辽宁石化职业技术学院 | 4500 |
| | | 辽宁铁道职业技术学院 | 7514 |
| | | 合计 | 85985 |
| | 丹东(共 3 所) | 辽东学院 | 13985 |
| | | 辽宁机电职业技术学院 | 8000 |
| | | 辽宁地质工程职业学院 | 7334 |
| | | 合计 | 29319 |

(资料来源:各学校官方网站和调研掌握数据。)

# 附录 2 我国各省级单位(港澳台及直辖市除外)非省会中心城市高等教育2021 年有关情况统计一览表

| 省份 | 城市(高校数) | 高校 | 在校学生数(个) |
|---|---|---|---|
| 湖南省 | 岳阳(共 5 所) | 湖南理工学院 | 23000 |
| | | 湖南理工学院南湖学院 | 6000 |
| | | 岳阳职业技术学院 | 16000 |
| | | 湖南石油化工职业技术学院 | 6000 |
| | | 湖南民族职业学院 | 13000 |
| | | 合计 | 64000 |
| | 怀化(共 4 所) | 怀化学院 | 20986 |
| | | 湖南医药学院 | 11227 |
| | | 怀化师范高等专科学校 | 5280 |
| | | 怀化职业技术学院 | 8000 |
| | | 合计 | 45493 |
| | 郴州(共 3 所) | 湘南学院 | 20032 |
| | | 郴州职业技术学院 | 8000 |
| | | 湘南幼儿师范高等专科学校 | 7000 |
| | | 合计 | 35032 |
| 湖北省 | 宜昌(共 5 所) | 三峡大学 | 29576 |
| | | 三峡大学科技学院 | 10800 |
| | | 湖北三峡职业技术学院 | 17000 |
| | | 三峡电力职业学院 | 10000 |
| | | 三峡旅游职业技术学院 | 7000 |
| | | 合计 | 74376 |

我国各省级单位(港澳台及直辖市除外)非省会中心城市高等教育 2021 年有关情况统计一览表

续表

| 省份 | 城市(高校数) | 高校 | 在校学生数(个) |
|---|---|---|---|
| 湖北省 | 襄阳(共 4 所) | 湖北文理学院 | 19028 |
| | | 湖北文理学院理工学院 | 6000 |
| | | 襄阳职业技术学院 | 21000 |
| | | 襄阳汽车职业技术学院 | 20000 |
| | 合计 | | 66028 |
| | 黄石(共 4 所) | 湖北师范大学 | 20000 |
| | | 湖北理工学院 | 18480 |
| | | 湖北师范大学文理学院 | 9600 |
| | | 湖北工程职业学院 | 11000 |
| | 合计 | | 59080 |
| 四川省 | 绵阳(共 10 所) | 西南科技大学 | 39000 |
| | | 绵阳师范学院 | 19000 |
| | | 西南财经大学天府学院 | 28000 |
| | | 四川文化艺术学院 | 19143 |
| | | 绵阳城市学院<br>(原西南科技大学城市学院) | 15000 |
| | | 绵阳职业技术学院 | 12000 |
| | | 四川中医药高等专科学校 | 13000 |
| | | 四川幼儿师范高等专科学校 | 12000 |
| | | 四川汽车职业技术学院 | 10000 |
| | | 四川电子机械职业技术学院 | 12000 |
| | 合计 | | 179143 |
| | 乐山(共 3 所) | 乐山师范学院 | 18000 |
| | | 成都理工大学工程技术学院 | 20000 |
| | | 乐山职业技术学院 | 13000 |
| | 合计 | | 51000 |
| | 南充(共 6 所) | 川北医学院 | 19000 |
| | | 西华师范大学 | 30000 |
| | | 南充科技职业学院 | 9000 |

| 省份 | 城市（高校数） | 高校 | 在校学生数（个） |
|---|---|---|---|
| 四川省 | 南充（共6所） | 南充电影工业职业学院 | 4000 |
| | | 南充文化旅游职业学院 | 5100 |
| | | 南充职业技术学院 | 16472 |
| | 合计 | | 83572 |
| | 泸州（共7所） | 西南医科大学 | 8000 |
| | | 四川警察学院 | 5468 |
| | | 四川化工职业技术学院 | 11000 |
| | | 泸州职业技术学院 | 15818 |
| | | 江阳城建职业学院 | 10000 |
| | | 泸州医疗器械职业学院 | 3000 |
| | | 四川三河职业学院 | 11455 |
| | 合计 | | 64741 |
| 云南省 | 曲靖（共4所） | 曲靖师范学院 | 15000 |
| | | 云南能源职业技术学院 | 13483 |
| | | 曲靖医学高等专科学校 | 9000 |
| | | 曲靖职业技术学院 | 3509 |
| | 合计 | | 40992 |
| 贵州省 | 遵义（共7所） | 遵义医科大学 | 19000 |
| | | 遵义师范学院 | 14035 |
| | | 遵义医科大学医学与科技学院 | 15000 |
| | | 茅台学院 | 4881 |
| | | 贵州航天职业技术学院 | 14000 |
| | | 遵义职业技术学院 | 13000 |
| | | 遵义医药高等专科学校 | 14000 |
| | 合计 | | 93916 |
| | 六盘水（共3所） | 六盘水师范学院 | 11000 |
| | | 六盘水职业技术学院 | 8343 |
| | | 六盘水幼儿师范高等专科学校 | 4780 |
| | 合计 | | 24123 |

我国各省级单位(港澳台及直辖市除外)非省会中心城市高等教育 2021 年有关情况统计一览表

| 省份 | 城市(高校数) | 高校 | 在校学生数(个) |
|---|---|---|---|
| 贵州省 | 铜仁(共5所) | 铜仁学院 | 8867 |
| | | 铜仁职业技术学院 | 18916 |
| | | 铜仁幼儿师范高等专科学校 | 12000 |
| | | 贵州工程职业学院 | 12680 |
| | | 贵州健康职业学院 | 12000 |
| | | 合计 | 64463 |
| 新疆维吾尔自治区 | 喀什(共1所) | 喀什大学 | 23054 |
| | | 合计 | 23054 |
| 青海省 | 海东(共1所) | 青海高等职业技术学院 | 5000 |
| | | 合计 | 5000 |
| 甘肃省 | 酒泉(共3所) | 酒泉职业技术学院 | 13244 |
| | | 兰州理工大学新能源学院 | 755 |
| | | 西北师范大学敦煌学院 | 400 |
| | | 合计 | 14399 |
| | 天水(共4所) | 天水师范学院 | 17000 |
| | | 甘肃林业职业技术学院 | 9100 |
| | | 甘肃工业职业技术学院 | 10492 |
| | | 甘肃机电职业技术学院 | 11298 |
| | | 合计 | 47890 |
| 宁夏回族自治区 | 固原(共1所) | 宁夏师范学院 | 8965 |
| | | 合计 | 8965 |
| 内蒙古自治区 | 包头(共7所) | 内蒙古科技大学 | 26167 |
| | | 包头医学院 | 13000 |
| | | 包头师范学院 | 13769 |
| | | 包头职业技术学院 | 9505 |
| | | 包头轻工职业技术学院 | 10990 |
| | | 包头钢铁职业技术学院 | 6000 |
| | | 包头铁道职业技术学院 | 10800 |
| | | 合计 | 90231 |

续表

| 省份 | 城市（高校数） | 高校 | 在校学生数（个） |
|---|---|---|---|
| 陕西省 | 宝鸡（共4所） | 宝鸡文理学院 | 20000 |
| | | 宝鸡职业技术学院 | 18000 |
| | | 陕西机电职业技术学院 | 9000 |
| | | 宝鸡三和职业学院 | 2723 |
| | | 合计 | 49723 |
| | 榆林（共4所） | 榆林学院 | 15000 |
| | | 神木职业技术学院 | 5000 |
| | | 榆林能源科技职业学院 | 4000 |
| | | 榆林职业技术学院 | 8000 |
| | | 合计 | 32000 |
| | 汉中（共3所） | 陕西理工学院 | 20000 |
| | | 陕西航空职业技术学院 | 12000 |
| | | 汉中职业技术学院 | 15000 |
| | | 合计 | 47000 |
| | 渭南（共3所） | 渭南师范学院 | 18000 |
| | | 陕西铁路工程职业技术学院 | 17000 |
| | | 渭南职业技术学院 | 14700 |
| | | 合计 | 49700 |
| 山西省 | 大同（共4所） | 山西大同大学 | 30186 |
| | | 大同煤炭职业技术学院 | 4000 |
| | | 山西通用航空职业技术学院 | 6000 |
| | | 大同师范高等专科学校 | 4660 |
| | | 合计 | 44846 |
| | 运城（共7所） | 运城学院 | 20900 |
| | | 山西水利职业技术学院 | 8557 |
| | | 山西运城农业职业技术学院 | 6000 |
| | | 运城幼儿师范高等专科学校 | 6364 |
| | | 运城职业技术大学 | 6691 |

我国各省级单位(港澳台及直辖市除外)非省会中心城市高等教育 2021 年有关情况统计一览表

续表

| 省份 | 城市(高校数) | 高校 | 在校学生数(个) |
|---|---|---|---|
| 山西省 | 运城(共7所) | 运城护理职业学院 | 6000 |
| | | 运城师范高等专科学校 | 6973 |
| | 合计 | | 61485 |
| | 长治(共5所) | 长治医学院 | 11678 |
| | | 长治学院 | 12689 |
| | | 长治职业技术学院 | 4000 |
| | | 山西机电职业技术学院 | 10000 |
| | | 潞安职业技术学院 | 4200 |
| | 合计 | | 42567 |
| 河南省 | 洛阳(共7所) | 河南科技大学 | 42000 |
| | | 洛阳师范学院 | 28000 |
| | | 洛阳理工学院 | 28300 |
| | | 河南林业职业学院 | 8000 |
| | | 河南推拿职业学院 | 6000 |
| | | 洛阳职业技术学院 | 20000 |
| | | 洛阳科技职业学院 | 28000 |
| | 合计 | | 160300 |
| | 开封(共7所) | 河南大学 | 50000 |
| | | 河南开封科技传媒学院 | 15176 |
| | | 开封大学 | 16088 |
| | | 黄河水利职业技术学院 | 21000 |
| | | 河南对外经济贸易职业学院 | 2281 |
| | | 兰考三农职业学院 | 2000 |
| | | 开封文化艺术职业学院 | 12000 |
| | 合计 | | 118545 |
| | 南阳(共6所) | 南阳师范学院 | 27705 |
| | | 南阳理工学院 | 21159 |
| | | 河南工业职业技术学院 | 20000 |

续表

| 省份 | 城市(高校数) | 高校 | 在校学生数(个) |
|---|---|---|---|
| 河南省 | 南阳(共6所) | 南阳医学高等专科学校 | 15906 |
| | | 南阳职业学院 | 15000 |
| | | 南阳农业职业学院 | 24000 |
| | | 合计 | 123770 |
| 河北省 | 唐山(共12所) | 华北理工大学 | 47126 |
| | | 唐山师范学院 | 18442 |
| | | 唐山学院 | 17096 |
| | | 华北理工大学轻工学院 | 18751 |
| | | 华北理工大学冀唐学院 | 6375 |
| | | 河北能源职业技术学院 | 9939 |
| | | 唐山职业技术学院 | 13700 |
| | | 唐山工业职业技术学院 | 17000 |
| | | 唐山科技职业技术学院 | 3369 |
| | | 唐山幼儿师范高等专科学校 | 3255 |
| | | 曹妃甸职业技术学院 | 15000 |
| | | 唐山海运职业学院 | 3620 |
| | | 合计 | 173673 |
| | 保定(共16所) | 河北大学 | 40000 |
| | | 河北农业大学 | 32000 |
| | | 保定学院 | 15453 |
| | | 河北金融学院 | 14135 |
| | | 中央司法警官学院 | 6777 |
| | | 河北科技学院 | 15000 |
| | | 河北大学工商学院 | 7700 |
| | | 华北电力大学科技学院 | 7173 |
| | | 河北农业大学现代科技学院 | 9600 |
| | | 保定理工学院 | 19004 |
| | | 河北软件职业技术学院 | 12000 |

我国各省级单位(港澳台及直辖市除外)非省会中心城市高等教育 2021 年有关情况统计一览表

续表

| 省份 | 城市(高校数) | 高校 | 在校学生数(个) |
|---|---|---|---|
| 河北省 | 保定(共 16 所) | 保定职业技术学院 | 14000 |
| | | 保定电力职业技术学院 | 2300 |
| | | 冀中职业学院 | 4200 |
| | | 保定幼儿师范高等专科学校 | 7000 |
| | | 河北工艺美术职业学院 | 4700 |
| | 合计 | | 211042 |
| | 邯郸(共 7 所) | 河北工程大学 | 23104 |
| | | 邯郸学院 | 18702 |
| | | 河北工程大学科信学院 | 10000 |
| | | 邯郸职业技术学院 | 15000 |
| | | 邯郸幼儿师范高等专科学校 | 5000 |
| | | 邯郸科技职业学院 | 6000 |
| | | 河北司法警官职业学院 | 5947 |
| | 合计 | | 83753 |
| 山东省 | 青岛(共 25 所) | 中国海洋大学 | 27000 |
| | | 山东科技大学 | 34300 |
| | | 中国石油大学(华东) | 28500 |
| | | 青岛科技大学 | 30000 |
| | | 青岛理工大学 | 34339 |
| | | 青岛农业大学 | 30000 |
| | | 青岛滨海学院 | 23000 |
| | | 青岛大学 | 42000 |
| | | 青岛恒星科技学院 | 15116 |
| | | 青岛酒店管理职业技术学院 | 14000 |
| | | 青岛黄海学院 | 27000 |
| | | 青岛城市学院 | 17277 |
| | | 青岛工学院 | 14106 |
| | | 青岛港湾职业技术学院 | 11000 |

续表

| 省份 | 城市(高校数) | 高校 | 在校学生数(个) |
|---|---|---|---|
| 山东省 | 青岛(共25所) | 青岛电影学院 | 2279 |
| | | 青岛职业技术学院 | 11860 |
| | | 青岛农业大学海都学院 | 8107 |
| | | 青岛飞洋职业技术学院 | 9600 |
| | | 山东外贸职业学院 | 10000 |
| | | 青岛求实职业技术学院 | 9506 |
| | | 青岛远洋船员职业学院 | 5000 |
| | | 青岛航空科技职业学院 | 814 |
| | | 山东文化产业职业学院 | 9000 |
| | | 青岛幼儿师范高等专科学校 | 1460 |
| | | 青岛工程职业学院 | 3737 |
| | | 合计 | 419001 |
| | 烟台(共15所) | 鲁东大学 | 30000 |
| | | 烟台大学 | 30000 |
| | | 山东工商学院 | 21310 |
| | | 烟台南山学院 | 35451 |
| | | 烟台理工学院 | 15030 |
| | | 烟台科技学院 | 14836 |
| | | 青岛农业大学海都学院 | 8107 |
| | | 烟台职业学院 | 17000 |
| | | 烟台工程职业技术学院 | 10211 |
| | | 山东中医药高等专科学校 | 12000 |
| | | 烟台幼儿师范高等专科学校 | 3882 |
| | | 山东商务职业学院 | 17000 |
| | | 烟台汽车工程职业学院 | 12300 |
| | | 烟台文化旅游职业学院 | 432 |
| | | 烟台黄金职业学院 | 8000 |
| | | 合计 | 235559 |

我国各省级单位(港澳台及直辖市除外)非省会中心城市高等教育 2021 年有关情况统计一览表

| 省份 | 城市(高校数) | 高校 | 在校学生数(个) |
|---|---|---|---|
| 山东省 | 临沂(共 4 所) | 临沂大学 | 42000 |
| | | 山东医学高等专科学校 | 27180 |
| | | 临沂职业学院 | 14000 |
| | | 临沂科技职业学院 | 6437 |
| | 合计 | | 89617 |
| 江苏省 | 无锡(共 13 所) | 江南大学 | 30713 |
| | | 无锡学院 | 8440 |
| | | 无锡太湖学院 | 18071 |
| | | 无锡职业技术学院 | 13800 |
| | | 无锡科技职业学院 | 9000 |
| | | 无锡商业职业技术学院 | 14000 |
| | | 太湖创意职业技术学院 | 1032 |
| | | 无锡南洋职业技术学院 | 5500 |
| | | 江南影视艺术职业学院 | 5197 |
| | | 江苏信息职业技术学院 | 12000 |
| | | 江阴职业技术学院 | 8000 |
| | | 无锡城市职业技术学院 | 10677 |
| | | 无锡工艺职业技术学院 | 9000 |
| | 合计 | | 145430 |
| | 南通(共 9 所) | 南通大学 | 33358 |
| | | 南通理工学院 | 18329 |
| | | 南通大学杏林学院 | 12000 |
| | | 江苏工程职业技术学院 | 10000 |
| | | 南通职业大学 | 18000 |
| | | 南通科技职业学院 | 10000 |
| | | 南通航运职业技术学院 | 10000 |
| | | 江苏商贸职业学院 | 11721 |
| | | 南通师范高等专科学校 | 10000 |
| | 合计 | | 133408 |

| 省份 | 城市(高校数) | 高校 | 在校学生数(个) |
|---|---|---|---|
| 江苏省 | 淮安(共7所) | 淮阴师范学院 | 20000 |
| | | 淮阴工学院 | 21000 |
| | | 江苏电子信息职业学院 | 14259 |
| | | 炎黄职业技术学院 | 4000 |
| | | 江苏食品药品职业技术学院 | 11000 |
| | | 江苏财经职业技术学院 | 10567 |
| | | 江苏护理职业学院 | 7000 |
| | 合计 | | 87826 |
| | 苏州(共26所) | 苏州大学 | 50173 |
| | | 苏州科技大学 | 23000 |
| | | 常熟理工学院 | 18000 |
| | | 苏州城市学院 | 11000 |
| | | 苏州大学应用技术学院 | 9000 |
| | | 苏州科技大学天平学院 | 9000 |
| | | 江苏科技大学苏州理工学院 | 6000 |
| | | 西交利物浦大学 | 13000 |
| | | 昆山杜克大学 | 1160 |
| | | 苏州工艺美术职业技术学院 | 5400 |
| | | 苏州农业职业技术学院 | 11000 |
| | | 苏州经贸职业技术学院 | 11411 |
| | | 苏州卫生职业技术学院 | 10000 |
| | | 苏州工业园区服务外包职业学院 | 5500 |
| | | 苏州信息职业技术学院 | 6000 |
| | | 苏州市职业大学 | 15000 |
| | | 苏州工业职业技术学院 | 9000 |
| | | 苏州幼儿师范高等专科学校 | 2527 |
| | | 沙洲职业工学院 | 6130 |
| | | 苏州健雄职业技术学院 | 7000 |
| | | 苏州百年职业学院 | 13000 |

我国各省级单位(港澳台及直辖市除外)非省会中心城市高等教育2021年有关情况统计一览表

续表

| 省份 | 城市(高校数) | 高校 | 在校学生数(个) |
|---|---|---|---|
| 江苏省 | 苏州(共26所) | 苏州工业园区职业技术学院 | 8500 |
| | | 苏州托普信息职业技术学院 | 6500 |
| | | 硅湖职业技术学院 | 6500 |
| | | 昆山登云科技职业学院 | 8000 |
| | | 苏州高博软件技术职业学院 | 8000 |
| | 合计 | | 279801 |
| | 徐州(共12所) | 中国矿业大学 | 37540 |
| | | 徐州医科大学 | 17000 |
| | | 江苏师范大学 | 26794 |
| | | 徐州工程学院 | 22300 |
| | | 中国矿业大学徐海学院 | 8800 |
| | | 江苏师范大学科文学院 | 12985 |
| | | 江苏建筑职业技术学院 | 15000 |
| | | 徐州工业职业技术学院 | 13000 |
| | | 徐州幼儿师范高等专科学校 | 6400 |
| | | 徐州生物工程职业技术学院 | 10000 |
| | | 江苏安全技术职业学院 | 11000 |
| | | 九州职业技术学院 | 6206 |
| | 合计 | | 187025 |
| 安徽省 | 芜湖(共10所) | 安徽工程大学 | 23000 |
| | | 皖南医学院 | 26000 |
| | | 安徽师范大学 | 47900 |
| | | 安徽信息工程学院 | 12000 |
| | | 安徽师范大学皖江学院 | 8803 |
| | | 芜湖职业技术学院 | 20000 |
| | | 安徽商贸职业技术学院 | 12000 |
| | | 安徽中医药高等专科学校 | 9000 |
| | | 安徽机电职业技术学院 | 11000 |
| | | 安徽扬子职业技术学院 | 8120 |
| | 合计 | | 177823 |

| 省份 | 城市(高校数) | 高校 | 在校学生数(个) |
|---|---|---|---|
| 安徽省 | 蚌埠(共6所) | 蚌埠医学院 | 14331 |
| | | 安徽财经大学 | 21000 |
| | | 蚌埠学院 | 15000 |
| | | 蚌埠工商学院 | 6600 |
| | | 安徽电子信息职业技术学院 | 10365 |
| | | 蚌埠经济技术职业学院 | 4938 |
| | 合计 | | 72234 |
| | 安庆(共5所) | 安庆师范大学 | 24163 |
| | | 安庆职业技术学院 | 12000 |
| | | 安庆医药高等专科学校 | 7012 |
| | | 桐城师范高等专科学校 | 5000 |
| | | 安徽黄梅戏艺术职业学院 | 776 |
| | 合计 | | 48951 |
| 浙江省 | 宁波(共14所) | 浙江万里学院 | 20000 |
| | | 宁波工程学院 | 13800 |
| | | 宁波大学 | 16856 |
| | | 宁波财经学院 | 20000 |
| | | 浙大宁波理工学院 | 10343 |
| | | 宁波大学科学技术学院 | 11101 |
| | | 宁波诺丁汉大学 | 8000 |
| | | 宁波职业技术学院 | 9782 |
| | | 宁波城市职业技术学院 | 10000 |
| | | 浙江工商职业技术学院 | 12000 |
| | | 浙江药科职业大学 | 12000 |
| | | 浙江纺织服装职业技术学院 | 10000 |
| | | 宁波卫生职业技术学院 | 7100 |
| | | 宁波幼儿师范高等专科学校 | 4366 |
| | 合计 | | 165348 |

我国各省级单位(港澳台及直辖市除外)非省会中心城市高等教育 2021 年有关情况统计一览表

续表

| 省份 | 城市(高校数) | 高校 | 在校学生数(个) |
|---|---|---|---|
| 浙江省 | 温州(共11所) | 温州医科大学 | 18239 |
| | | 温州大学 | 21095 |
| | | 温州医科大学仁济学院 | 7370 |
| | | 温州理工学院 | 8768 |
| | | 温州商学院 | 12358 |
| | | 温州肯恩大学 | 3500 |
| | | 温州职业技术学院 | 12000 |
| | | 浙江工贸职业技术学院 | 11900 |
| | | 浙江东方职业技术学院 | 10000 |
| | | 温州科技职业学院 | 11152 |
| | | 浙江安防职业技术学院 | 8900 |
| | 合计 | | 125282 |
| | 金华(共7所) | 浙江师范大学 | 28243 |
| | | 浙江师范大学行知学院 | 8500 |
| | | 上海财经大学浙江学院 | 7300 |
| | | 金华职业技术学院 | 22000 |
| | | 义乌工商职业技术学院 | 12000 |
| | | 浙江广厦建设职业技术大学 | 6067 |
| | | 浙江横店影视职业学院 | 3692 |
| | 合计 | | 87802 |
| 福建省 | 厦门(共17所) | 厦门大学 | 40000 |
| | | 厦门大学嘉庚学院 | 18000 |
| | | 集美大学 | 27000 |
| | | 厦门理工学院 | 20000 |
| | | 厦门医学院 | 10000 |
| | | 厦门华厦学院 | 6791 |
| | | 厦门工学院 | 10000 |
| | | 集美大学诚毅学院 | 15000 |

续表

| 省份 | 城市（高校数） | 高校 | 在校学生数（个） |
|---|---|---|---|
| 福建省 | 厦门（共17所） | 厦门海洋职业技术学院 | 13000 |
| | | 厦门演艺职业学院 | 2228 |
| | | 厦门华天涉外职业技术学院 | 6245 |
| | | 厦门城市职业学院 | 10300 |
| | | 厦门兴才职业技术学院 | 6000 |
| | | 厦门软件职业技术学院 | 10034 |
| | | 厦门南洋职业学院 | 12662 |
| | | 厦门东海职业技术学院 | 5000 |
| | | 厦门安防科技职业学院 | 4000 |
| | 合计 | | 216260 |
| | 泉州（共18所） | 华侨大学 | 30038 |
| | | 泉州师范学院 | 18000 |
| | | 仰恩大学 | 7767 |
| | | 闽南理工学院 | 17000 |
| | | 闽南科技学院 | 9600 |
| | | 泉州信息工程学院 | 11898 |
| | | 黎明职业大学 | 16000 |
| | | 福建电力职业技术学院 | 2235 |
| | | 泉州医学高等专科学校 | 9243 |
| | | 泉州纺织服装职业学院 | 12680 |
| | | 泉州华光职业学院 | 7119 |
| | | 泉州职业技术大学 | 9000 |
| | | 泉州经贸职业技术学院 | 10000 |
| | | 泉州工艺美术职业学院 | 4556 |
| | | 泉州海洋职业学院 | 10190 |
| | | 泉州轻工职业学院 | 8159 |
| | | 泉州幼儿师范高等专科学校 | 8746 |
| | | 泉州工程职业技术学院 | 10263 |
| | 合计 | | 202494 |

我国各省级单位(港澳台及直辖市除外)非省会中心城市高等教育 2021 年有关情况统计一览表

续表

| 省份 | 城市(高校数) | 高校 | 在校学生数(个) |
|---|---|---|---|
| 江西省 | 九江(共 7 所) | 九江学院 | 33000 |
| | | 南昌大学共青学院 | 5075 |
| | | 九江职业大学 | 18800 |
| | | 九江职业技术学院 | 22000 |
| | | 江西财经职业学院 | 15000 |
| | | 江西枫林涉外经贸职业学院 | 2371 |
| | | 共青科技职业学院 | 6041 |
| | 合计 | | 102287 |
| | 赣州(共 10 所) | 赣南医学院 | 12429 |
| | | 赣南师范大学 | 20000 |
| | | 赣南师范大学科技学院 | 4089 |
| | | 江西理工大学 | 26000 |
| | | 赣南科技学院 | 8620 |
| | | 赣州职业技术学院 | 9500 |
| | | 江西环境工程职业学院 | 16000 |
| | | 江西应用技术职业学院 | 16000 |
| | | 赣州师范高等专科学校 | 12000 |
| | | 赣南卫生健康职业学院 | 10000 |
| | 合计 | | 134638 |
| 广东省 | 深圳(共 8 所) | 深圳大学 | 41164 |
| | | 南方科技大学 | 6535 |
| | | 香港中文大学(深圳) | 7000 |
| | | 深圳北理莫斯科大学 | 1340 |
| | | 深圳技术大学 | 8000 |
| | | 深圳职业技术学院 | 24257 |
| | | 广东新安职业技术学院 | 5600 |
| | | 深圳信息职业技术学院 | 15000 |
| | 合计 | | 108896 |

| 省份 | 城市（高校数） | 高校 | 在校学生数（个） |
|---|---|---|---|
| 广东省 | 汕头（共3所） | 汕头大学 | 17000 |
| | | 广东以色列理工学院 | 999 |
| | | 汕头职业技术学院 | 13588 |
| | 合计 | | 31587 |
| | 湛江（共6所） | 广东海洋大学 | 35000 |
| | | 广东医科大学 | 20000 |
| | | 岭南师范学院 | 15000 |
| | | 湛江科技学院 | 20000 |
| | | 广东文理职业学院 | 12650 |
| | | 湛江幼儿师范专科学校 | 13476 |
| | 合计 | | 116126 |
| 海南省 | 三亚（共6所） | 海南热带海洋学院 | 18200 |
| | | 三亚学院 | 23274 |
| | | 三亚城市职业学院 | 2393 |
| | | 三亚航空旅游职业学院 | 8700 |
| | | 三亚理工职业学院 | 7022 |
| | | 三亚中瑞酒店管理职业学院 | 2403 |
| | 合计 | | 61992 |
| 广西壮族自治区 | 柳州（共6所） | 广西科技大学 | 30000 |
| | | 柳州工学院 | 12000 |
| | | 柳州职业技术学院 | 15000 |
| | | 广西生态工程职业技术学院 | 15000 |
| | | 柳州铁道职业技术学院 | 15829 |
| | | 柳州城市职业学院 | 17681 |
| | 合计 | | 105510 |
| | 桂林（共10所） | 桂林电子科技大学 | 43000 |
| | | 桂林理工大学 | 40000 |
| | | 桂林医学院 | 14049 |

我国各省级单位(港澳台及直辖市除外)非省会中心城市高等教育 2021 年有关情况统计一览表

续表

| 省份 | 城市(高校数) | 高校 | 在校学生数(个) |
|---|---|---|---|
| 广西壮族自治区 | 桂林(共 10 所) | 广西师范大学 | 34000 |
| | | 桂林航天工业学院 | 16647 |
| | | 桂林旅游学院 | 12000 |
| | | 桂林师范高等专科学校 | 12000 |
| | | 桂林学院 | 12630 |
| | | 桂林信息科技学院 | 12500 |
| | | 南宁理工学院 | 17000 |
| | 合计 | | 213826 |
| 黑龙江省 | 齐齐哈尔(共 6 所) | 齐齐哈尔大学 | 28249 |
| | | 齐齐哈尔医学院 | 14895 |
| | | 齐齐哈尔工程学院 | 6291 |
| | | 齐齐哈尔高等师范专科学校 | 6000 |
| | | 黑龙江交通职业技术学院 | 5000 |
| | | 齐齐哈尔理工职业学院 | 864 |
| | 合计 | | 61299 |
| | 大庆(共 5 所) | 东北石油大学 | 24371 |
| | | 黑龙江八一农垦大学 | 16000 |
| | | 大庆师范学院 | 11453 |
| | | 大庆职业学院 | 4480 |
| | | 大庆医学高等专科学校 | 5217 |
| | 合计 | | 61521 |
| | 佳木斯(共 4 所) | 佳木斯大学 | 25000 |
| | | 黑龙江农业职业技术学院 | 5653 |
| | | 黑龙江三江美术职业学院 | 5360 |
| | | 佳木斯职业学院 | 8000 |
| | 合计 | | 44013 |

续表

| 省份 | 城市(高校数) | 高校 | 在校学生数(个) |
|---|---|---|---|
| 吉林省 | 吉林(共8所) | 东北电力大学 | 21000 |
| | | 吉林化工学院 | 16914 |
| | | 北华大学 | 26945 |
| | | 吉林农业科技学院 | 12584 |
| | | 吉林医药学院 | 10957 |
| | | 吉林电子信息职业技术学院 | 11000 |
| | | 吉林工业职业技术学院 | 11464 |
| | | 吉林铁道职业技术学院 | 11140 |
| | 合计 | | 122004 |
| | 延吉(共3所) | 延边大学 | 23019 |
| | | 延边职业技术学院 | 3200 |
| | | 吉林职业技术学院 | 6112 |
| | 合计 | | 32331 |
| 辽宁 | 大连(共27所) | 大连理工大学 | 44829 |
| | | 大连交通大学 | 17056 |
| | | 大连海事大学 | 20000 |
| | | 大连工业大学 | 15000 |
| | | 大连海洋大学 | 15000 |
| | | 大连医科大学 | 14100 |
| | | 辽宁师范大学 | 13000 |
| | | 大连外国语大学 | 15000 |
| | | 东北财经大学 | 16000 |
| | | 辽宁对外经贸学院 | 11856 |
| | | 大连大学 | 16000 |
| | | 辽宁警察学院 | 5335 |
| | | 大连民族大学 | 19423 |
| | | 大连理工大学城市学院 | 6483 |
| | | 大连工业大学艺术与信息工程学院 | 7500 |

我国各省级单位(港澳台及直辖市除外)非省会中心城市高等教育 2021 年有关情况统计一览表

续表

| 省份 | 城市(高校数) | 高校 | 在校学生数(个) |
|---|---|---|---|
| 辽宁 | 大连(共 27 所) | 大连科技学院 | 12000 |
| | | 大连医科大学中山学院 | 4765 |
| | | 大连财经学院 | 13400 |
| | | 大连艺术学院 | 13000 |
| | | 大连东软信息学院 | 18000 |
| | | 大连职业技术学院 | 12731 |
| | | 大连软件职业学院 | 2216 |
| | | 大连枫叶职业技术学院 | 9000 |
| | | 大连航运职业技术学院 | 6800 |
| | | 大连装备制造职业技术学院 | 5000 |
| | | 大连汽车职业技术学院 | 1993 |
| | | 辽宁轻工职业学院 | 9192 |
| | | 合计 | 344679 |
| | 锦州(共 9 所) | 辽宁工业大学 | 14500 |
| | | 锦州医科大学 | 12135 |
| | | 渤海大学 | 22000 |
| | | 锦州医科大学医疗学院 | 6500 |
| | | 辽宁理工学院 | 7000 |
| | | 锦州师范高等专科学校 | 8719 |
| | | 辽宁理工职业大学 | 9291 |
| | | 辽宁石化职业技术学院 | 5000 |
| | | 辽宁铁道职业技术学院 | 8722 |
| | | 合计 | 93867 |
| | 丹东(共 3 所) | 辽东学院 | 14249 |
| | | 辽宁机电职业技术学院 | 10346 |
| | | 辽宁地质工程职业学院 | 7234 |
| | | 合计 | 31829 |

# 后　记

　　本书是我近些年来主持的山东省社会科学规划研究重点项目等多个省市级课题和博士论文、城市与高等教育发展相关研究所形成的一系列研究成果的结晶。伴随着这些研究的深入和拓展，我已经在高水平学术期刊上发表十余篇论文，其中三篇发表在 CSSCI 来源期刊上，阶段性研究成果获省部级领导肯定性批示。回首这个历程，本书成稿的过程是我学术人生中的苦修提升之旅、追梦圆梦之旅，也是值得总结与纪念的重要奋进之旅！

　　本书能够出版，要感谢在我开启高等教育学术研究后尤其是读博期间许多专家、学者给予的指导，特别是我的博导别敦荣教授给了我悉心的教导和不断的鼓励，引领和推动了我深入系统地开展高等教育研究。本书成稿过程中还得到了厦门大学教育研究院和青岛大学教育发展研究院、数学与统计学院、经济学院等学术机构的许多专家、教授及亲友的指导相助，他们以不同的方式给予我无私的关心、支持、鼓励和帮助。在此一并致以衷心的感谢！

　　本书得以出版，要感谢中国海洋大学出版社的领导和编辑。他们的付出和支持使得本书得以成稿并顺利出版。

　　非省会中心城市高等教育创新发展之路既是一个理论课题，又是一个实践课题。本书虽已成稿出版，但非省会中心城市高等教育创新发展的理论研究和实践探索不会终止，这个领域仍有很多亟待进一步探讨的理论与实践问题。期待有更多的专家学者参与到非省会中心城市高等教育创新发展研究和实践中来，更期待专家学者能对本书不吝赐教。

于红波

于山东石油化工学院主楼

2025 年 4 月 16 日